VIE DE MADAME MOLÉ

OUVRAGES DU MÊME AUTEUR

1375. — ABBEVILLE. — TIP. ET STÉR. GUSTAVE RETAUX.

VIE

DE

MADAME MOLÉ

FONDATRICE DE L'INSTITUT

DES SŒURS DE LA CHARITÉ DE SAINT-LOUIS

1763-1825

PAR

Le marquis de SÉGUR

PARIS

BRAY ET RETAUX, LIBRAIRES-ÉDITEURS

82, RUE BONAPARTE, 82

—

1880

PRÉFACE

Le Père Placide Levez, de la Compagnie de Jésus, a publié en 1856, à la demande des Sœurs de la charité de Saint-Louis, une biographie très-pieuse de madame Molé, composée à l'aide de documents fournis par la communauté.

Cette biographie, divisée en deux parties, l'une assez succincte, qui raconte le vie de la sainte fondatrice, l'autre, plus développée, consacrée à l'analyse et à l'exposé de ses vertus, ne manque ni de valeur historique, ni de talent littéraire. Mais le plan adopté par l'auteur diminue l'intérêt en le divisant, et donne à l'ouvrage l'apparence d'un livre de piété plutôt que d'un livre d'histoire.

En composant cette nouvelle *Vie de madame Molé* sur un plan tout différent et avec de nombreux documents qui avaient manqué à son premier biographe, j'ai obéi au vœu des sœurs de la charité de Saint-Louis, en même temps qu'à un attrait personnel. Admis, en qualité d'arrière-petit-neveu de cette sainte femme, à connaître le détail de ses œuvres et à vénérer ses filles spirituelles, héritières de sa mission et de ses vertus, j'ai pensé que sa vie, si dramatique dans la première moitié, si admirablement féconde et mortifiée dans la seconde, méritait d'être de nouveau et plus complétement racontée.

Je présente aujourd'hui au public le volume que j'ai consacré à cette sainte et noble figure. J'ai l'espoir et la confiance qu'il l'accueillera avec une bienveillante sympathie, et qu'il saluera en madame Molé la digne émule de sainte Jeanne-Françoise de Chantal, avec laquelle elle eut tant de traits de ressemblance.

Le marquis DE SÉGUR.

Le Sablen, janvier 1880.

VIE DE MADAME MOLÉ

CHAPITRE PREMIER

NAISSANCE DE MADAME MOLÉ. — LA FAMILLE DE LAMOI-
GNON. — LES FRÈRES ET SŒURS DE LOUISE. — SON
ÉDUCATION. — SA GRAND-MÈRE, MADAME BERRYER.

Dans l'histoire des peuples, la première place appartient aux fondateurs d'empires et de dynasties, et c'est justice. Pour fonder un grand établissement politique ou social, il faut la réunion de deux qualités qui se trouvent rarement à égal degré dans une âme, quelque haute qu'elle soit, le génie qui conçoit et la volonté qui exécute. Il y faut, de plus, le concours des circonstances, cette complicité des événements qui, dans la langue chrétienne s'appelle l'action de la Providence.

Dans l'histoire de l'Église, le titre de fondateur est aussi un des plus grands et des plus vénérés. Il est donné à ceux qui établissent, non par le glaive ou la force, ni par les savants calculs de la politique, mais par l'ascendant de la sainteté et le secours de la grâce divine, ces empires pacifiques ou plutôt ces pieuses républiques qu'on nomme les ordres religieux. Il appartient à ces hommes de Dieu ou à ces femmes chrétiennes, qui, par une vocation spéciale, forment ces sociétés parfaites, ces familles spirituelles où se réalise l'admirable formule, déshonorée par les fureurs et les mensonges de la Révolution : Liberté, Égalité, Fraternité ; où la liberté de l'âme vit et fleurit sous une règle volontairement acceptée ; où l'égalité des enfants de Dieu se maintient dans une hiérarchie pleine de mansuétude et de justice ; où la fraternité porte ses fruits célestes sous une autorité toute paternelle ; où les chefs n'ont d'autre titre que celui de père ou de mère ; où les sujets s'appellent tous du nom de frères ou de sœurs ; où tout est ordonné dans une pensée unique et tend à un seul but, la gloire de Dieu et le salut des âmes.

Comme le nombre et l'importance des ordres religieux varient à l'infini, depuis les grands instituts tels que ceux des Jésuites, des Dominicains ou des Franciscains, jusqu'à ces humbles communautés de femmes qui se consacrent, sur tous les points du monde catholique et sous des dénominations diverses, à la prière, au soin des malades et des pauvres, à l'instruction des enfants du peuple, on conçoit que le titre de fondateur et de fondatrice s'élève ou se rabaisse suivant le caractère et l'étendue de la fondation. Mais du moment qu'une œuvre est consacrée par l'Église et par les bienfaits qu'elle répand dans le peuple chrétien, du moment qu'elle est connue et bénie des pauvres et du Dieu des pauvres, du moment qu'elle a résisté au cours des temps, aux épreuves de l'adversité et de la prospérité, le nom de son fondateur ou de sa fondatrice est digne de la reconnaissance de l'Église et du souvenir des hommes.

Ne fût-ce qu'à ce titre, la vie de madame Molé, fondatrice de la communauté des Sœurs de la charité de Saint-Louis, méritait d'être racontée. Cette pieuse congrégation, approuvée canoniquement par le Saint-Siège après une épreuve de près de cinquante années, compte de nombreuses maisons répandues dans les diocèses de Vannes et de Rennes. Depuis bientôt quatre-vingts ans, elle sanctifie les âmes, élève des enfants, des orphelins, ramène à Dieu par des retraites d'un caractère tout particulier et dont nous aurons occasion de parler longuement, les populations encore si chrétiennes de la Bretagne, et répand dans toute cette province la bonne odeur de Jésus-Christ. C'est donc une fondation relativement importante que celle de madame Molé, et après les grandes congrégations de femmes comme celles des filles de Saint-Vincent de Paul ou des Petites-Sœurs des pauvres, il en est peu de plus considérables et de plus dignes d'intérêt.

Mais la vie de madame Molé se recommandait à ma sympathie quasi-filiale, et j'ose le dire, à celle du public, par d'autres raisons encore. Fille des Lamoignon, entrée par son mariage dans la famille des Molé, que son fils devait illustrer après elle à l'égal des grands hommes qui l'avaient portée si haut dans le passé, ayant connu toutes les grandeurs et toutes les misères humaines, depuis les splendeurs de la cour de France jusqu'aux horreurs des prisons révolutionnaires, et ayant su garder parmi tant de vicissitudes son âme à la hauteur de toutes les épreuves, elle offre un spectacle et une étude dignes d'intérêt pour tous ceux que touchent encore les traditions des anciennes familles, la vertu aux prises avec ce que le malheur a de plus poignant, avec ce que le vice triomphant a de plus odieux, et le sacrifice des espérances humaines généreusement accompli au pied des autels, dans les saintes austérités du cloître. A ces divers points de vue, la vie de madame Molé, fondatrice des filles de la charité de Saint-Louis a de grands rapports avec celle de sainte Françoise de Chantal, fondatrice sous la direction de saint François de Sales, de l'ordre de la Visitation, et nous aurons à revenir plus d'une fois sur ces similitudes dans le cours de cette histoire.

Marie-Louise-Élisabeth de Lamoignon, naquit à Paris, le 3 octobre 1763, du mariage du marquis de Lamoignon de Basville, président à mortier du Parlement de Paris et garde des sceaux de France, et de Marie-Élisabeth Berryer, fille de M. Berryer, conseiller d'État et ancien garde des sceaux comme M. de Lamoignon. Si le nom de sa mère était un des plus honorablement connus par les grandes charges exercées dans la magistrature, celui de son père était un des plus considérables de la vieille société française.

La famille de Lamoignon, originaire du Nivernais, y possédait depuis le XIIIe siècle le fief dont elle a gardé le nom. Avant de s'illustrer dans la haute magistrature, elle avait figuré avec éclat pendant plusieurs siècles dans la noblesse d'épée. De saint Louis à François Ier, on retrouve le nom de ses membres dans les armées de tous les rois de France. Charles de Lamoignon, seigneur de Basville et autres lieux, fut le premier de sa race, qui, bravant les préjugés du temps, déposa l'épée pour la robe. Successivement maître des Requêtes et conseiller d'État, il mourut en 1572, honoré de l'estime et de l'affection du roi Charles IX qui le visita plusieurs fois pendant sa dernière maladie.

Son petit-fils, Guillaume de Lamoignon, nommé premier Président du Parlement de Paris en 1658, fut l'égal des plus grands magistrats de son siècle. Protecteur et ami des écrivains de génie qui jetèrent tant d'éclat sur le règne de Louis XIV, il mérita cette parole que le grand roi lui adressa en lui annonçant sa nomination de premier Président : « Si j'avais connu un plus homme de bien que vous et un plus digne sujet, je l'aurais choisi. » Et après sa mort, dans son oraison funèbre, Fléchier put dire sans craindre un démenti : « La famille de Lamoignon est une de celles où l'on ne semble né que pour exercer la justice et la bienfaisance ; où la vertu se communique avec le sang, s'entretient par les bons conseils, s'excite par les grands exemples. »

Pour ne pas nous arrêter davantage aux gloires du monde, ajoutons que la maison de Lamoignon donna deux admirables religieuses à l'ordre naissant de la Visitation, et qu'une des filles du grand Président, Madeleine de Lamoignon, fut aussi célèbre par sa charité que par l'amitié de saint Vincent de Paul.

Telle était la famille où il plut à la Providence de faire naître la sainte femme dont nous racontons la vie. On voit qu'elle n'avait qu'à jeter les yeux sur les générations qui l'avaient précédée pour y trouver l'exemple de toutes les vertus.

Louise de Lamoignon eut trois frères et trois sœurs qui lui survécurent, à l'exception d'un de ses frères dont nous raconterons plus tard la mort tragique. Plus âgée que ses frères, elle était plus jeune que ses sœurs. Celles-ci firent de brillants établissements dans le monde. L'aînée épousa le comte de Caumont-Laforce qui, par la mort de son frère aîné, devint plus tard duc de Laforce. La seconde épousa le marquis de Brou, et la troisième le marquis d'Aguesseau, petit-fils du célèbre chancelier et frère de cette admirable duchesse d'Ayen dont la mort sur l'échafaud, entre sa belle-mère et sa fille, est un des épisodes les plus touchants de la Terreur.

Louise de Lamoignon avait reçu en partage comme ses trois sœurs, le don si souvent fatal de la beauté. Dans le parloir du couvent qu'elle fonda plus tard à Vannes et où repose sa dépouille mortelle, on voit encore sept portraits de petite dimension, mais d'une excellente peinture et ravissants de visage : ce sont les sept enfants du marquis de Lamoignon. Louise ne fit jamais, en ce qui la concerne, plus de cas de ce don que de ceux de la naissance et de la richesse. Elle parut toujours ignorer qu'elle était belle, et même quand elle fut mariée, elle donnait si peu de soin à sa toilette et cherchait avec tant d'humilité à dissimuler sa beauté que son mari lui disait souvent en riant : « Vous faites tout ce que vous pouvez pour vous rendre laide, mais vous n'y pouvez pas réussir.'»

Par cette sorte de prédestination qu'on remarque dans beaucoup de saints et qui est un des mystères de la grâce divine, elle montra dès sa première enfance un goût extraordinaire pour la piété. — La candeur de son âme était telle qu'on eût pu croire qu'en effaçant chez elle le péché originel, le baptême y avait détruit tous les mauvais penchants de la nature. Elle allait à Dieu par un attrait puissant et instinctif qui se manifestait dans ses moindres actions, et l'innocence de son âme brillait avec un si visible éclat sur son front et dans ses yeux que ses sœurs plus âgées qu'elle et ses parents eux-mêmes ne pouvaient la regarder sans une sorte de respect.

Madame Berryer, sa grand-mère maternelle, femme d'une éminente vertu, fut la première à reconnaître, par cette correspondance mystérieuse que l'Esprit-Saint établit entre les âmes prédestinées, les grâces extraordinaires déposées comme en germe dans le cœur de sa petite-fille. Elle ne tarda pas à la prendre en affection toute spéciale, et elle demanda à madame de Lamoignon de lui confier l'éducation de cette enfant de prédilection. Louise fut heureuse de se trouver ainsi dans la société continuelle et sous la direction de sa sainte aïeule, et rien n'était plus touchant que le spectacle de leur mutuelle affection. A voir la tendre sollicitude de madame Berryer et l'aimable attention de sa petite-fille à l'écouter et à lui obéir, on eût dit sainte Anne instruisant la vierge Marie.

A cette école aussi douce que grave, Louise fit de rapides progrès dans la vertu. Elle préférait aux divertissements accoutumés de la jeunesse et aux plaisirs brillants que ses sœurs trouvaient dans la maison paternelle, la vie retirée et studieuse qu'elle menait chez sa grand'mère. La prière était le principal attrait et le plus cher aliment de son âme, et après la prière, l'étude était sa plus agréable occupation. Son esprit vif et pénétrant s'ouvrait sans peine à toutes les connaissances. Non contente des leçons ordinaires de français, de littérature, d'histoire et de géographie qu'on donne aux jeunes filles, elle voulut apprendre le latin, et plus tard elle se perfectionna si bien dans cette étude qu'elle pouvait lire sans difficulté dans cette langue la sainte Écriture et les ouvrages des Pères de l'Église.

Elle cultivait les arts avec le même succès et le même goût que les lettres, et elle ne tarda pas à devenir si bonne et si habile musicienne, qu'elle égalait sur le clavecin les meilleurs artistes. Le célèbre organiste Claude Balbâtre, élève de Rameau, qui lui donnait des leçons, en était dans l'admiration, et il venait chez elle non plus, disait-il, pour la perfectionner dans son art, mais pour l'entendre jouer et pour faire de la musique avec elle.

C'est dans ces exercices variés, dans ces études sérieuses ou charmantes et surtout dans la pratique de la retraite et des vertus chrétiennes que s'écoula, sous les yeux de son aïeule, l'heureuse et féconde jeunesse de Louise de Lamoignon.

CHAPITRE II

PREMIÈRE COMMUNION DE LOUISE. — SON MARIAGE.
LA FAMILLE MOLÉ.

Le seul grand événement que nous ayons à signaler durant cette phase paisible d'une existence qui devait être si cruellement agitée, c'est la première communion de Louise. On peut s'imaginer ce que dut être, pour une âme comme la sienne, la préparation à ce grand devoir et dans quels sentiments elle le remplit. De même que la vie tout entière du chrétien n'est qu'une préparation à l'union éternelle avec Dieu qui ne s'accomplit qu'à la mort, toute l'existence de l'enfant pieux, ses désirs, ses prières, toute la floraison de ses vertus naissantes, ne sont que la préparation à l'union eucharistique qui s'accomplit au moment de la première communion. Quand cette première visite de l'Époux divin se fait dans une âme vierge, elle y laisse des traces ineffaçables et des parfums qui la gardent du mal jusqu'à sa sortie de ce monde. Il en dut être ainsi, je puis même dire qu'il en fut ainsi pour Louise de Lamoignon. Tous ceux qui l'entouraient à ce moment béni de son existence en eurent la très-vive impression. Son recueillement plus qu'ordinaire étonnait sa mère et sa pieuse aïeule elle-même. La présence de Dieu était visible en elle.

Comme toujours, l'humilité, si chère au Sauveur, fut la vertu maîtresse qui lui ouvrit la porte de ce cœur innocent. Louise était si absorbée dans l'attente du Dieu vivant qui allait se donner à elle, qu'elle ne semblait plus sensible aux choses de la terre. Le matin de la cérémonie, ses sœurs, soit par légèreté, soit pour éprouver jusqu'où allait son détachement, au lieu de la revêtir de ses riches habits de première communion, lui mirent d'abord les vêtements de madame Berryer, sa grand'mère. Elle sembla n'y prendre pas garde, et par recueillement ou par vertu elle se fût rendue à l'église dans cet étrange accoutrement, si on ne l'eût avertie que c'était une plaisanterie et qu'il fallait revêtir la robe blanche et le voile, parure accoutumée de ce grand jour. Tout en s'y prêtant de bonne grâce, elle ne put s'empêcher de soupirer en pensant au contraste du luxe de cet habit de fête avec le dénuement du Dieu qu'elle allait recevoir. Elle finit par obtenir qu'on retranchât tout ce qui, dans sa parure, sentait trop le luxe et la vanité, et jamais jeune fille de son rang ne se rendit à l'autel avec un plus complet mépris des grandeurs mondaines. Aussi sa première communion laissa-t-elle en son âme de telles impressions que, de ce moment, sa vie ne fut plus qu'un don continuel d'elle-même à Celui qui venait de se donner à elle dans le sacrement de son amour.

Dans l'ancienne société française, les jeunes filles faisaient leur première communion tard et se mariaient de bonne heure. L'intervalle qui sépara ces deux grands actes de la vie de Louise de Lamoignon ne fut donc que de courte durée, et ne fut signalé que par le mariage de ses sœurs aînées. Celui de madame de Caumont-Laforce s'accomplit dans des conditions singulières, bien qu'elles ne fussent pas sans exemple chez les personnes du grand monde. Elle avait douze ans et son futur en avait à peine quinze. On les fiança, on les maria, puis la jeune épouse, au sortir de l'église où elle avait reçu la bénédiction nuptiale, fut reconduite au couvent, et le marié partit pour un voyage en Europe avec son précepteur. Les époux ne furent réunis qu'au bout de deux ans, quand on les trouva d'un âge à peu près raisonnable pour entrer en ménage.

Le mariage de Louise s'accomplit dans des circonstances moins exceptionnelles. Elle était dans sa dix-septième année, et sa piété, les qualités charmantes de son esprit et de son cœur n'avaient fait que croître en même temps que sa beauté. Bien que Dieu, dans le secret de sa Providence, la destinât à être un jour toute à lui, il ne semble pas qu'elle ait eu dès lors le pressentiment de sa vocation, ni qu'elle ait opposé la moindre résistance aux desseins de ses parents sur elle. L'époux qu'ils lui avaient choisi était digne d'elle par sa naissance et sa grande situation dans le monde, comme par ses vertus. C'était M. Édouard-François-Mathieu Molé, comte de Champlâtreux.

La famille des Molé, dans laquelle Louise allait entrer par son mariage, était une des premières dans cette haute noblesse de robe qui, grandissant sans cesse depuis Henri IV, rivalisait par la fortune et l'importance politique avec la noblesse d'épée. Sa place dans l'État s'étendait, de règne en règne, avec la puissance des parlements qui, par la force des choses, par la faiblesse croissante de l'aristocratie et par la nécessité d'un contrôle sur les actes de l'autorité royale, avaient fini par attirer à eux toute la vie politique et sociale du pays. Comme la plupart des pouvoirs humains, le parlement de Paris, que sa situation près du souverain et du centre des affaires avait mis hors de pair parmi tous les autres, avait abusé de sa prépondérance et ne prétendait à rien moins qu'à absorber la puissance royale au lieu de l'éclairer et de la contrôler. Au moment du mariage de Louise de Lamoignon avec le jeune comte Molé, l'heure de la réaction avait déjà sonné, et le parlement de Paris, violemment dispersé et reconstitué sous l'autorité du président de Maupoue, montrait vis-à-vis du gouvernement une docilité que les hontes du règne de Louis XV rendaient aussi difficiles à expliquer qu'à excuser.

Le comte Molé, père du fiancé de Louise de Lamoignon, premier Président du Parlement de Paris depuis 1757, avait lutté avec énergie pour soutenir les droits, l'honneur de sa compagnie, et aussi ses prétentions excessives et il était tombé noblement avant elle et pour elle. Il avait apporté dans cette lutte toute la fermeté et la hauteur d'âme qui, sous la Fronde, avaient fait de son illustre aïeul une des plus grandes figures de son temps.

On sait quel rôle joua Mathieu Molé pendant les

troubles si graves qui signalèrent la régence d'Anne d'Autriche et l'enfance de Louis XIV. Alors la cause royale se confondait avec celle du parlement, et c'était leur double autorité que voulait battre en brèche la coalition des bourgeois démagogues et des grands seigneurs, préludant, plus d'un siècle d'avance, aux ambitions et aux apostasies de 1789. Au milieu des désordres inouis de cette époque néfaste, la figure du Président Mathieu Molé se détache entre toutes par son inviolable dévouement au droit et à la justice, par son mépris de la force brutale et son dédain intrépide de la popularité. Quand on lui disait qu'il devait moins s'exposer à la fureur du peuple, il répondait « que six pieds de terre feraient toujours raison du plus grand homme du monde ». et il mérita du cardinal de Retz, son adversaire politique, ce double éloge qui caractérise son courage et son patriotisme : « Si ce n'était un blasphème de dire qu'il y a dans notre siècle quelqu'un de plus intrépide que le grand Gustave (roi de Suède) et le prince de Condé, je dirais que, ç'a été Mathieu Molé, premier Président ; » et plus loin : « Mathieu Molé voulait le bien de l'Etat préférablement à toutes choses. »

Bien que la famille de Mathieu Molé fût très-anciennement connue dans la haute magistrature et qu'un de ses membres ait eu en 1429 l'insigne honneur d'ouvrir les portes de Troyes à Charles VII se rendant à Reims avec Jeanne d'Arc pour y être sacré roi de France, on peut dire que ce fut ce grand homme qui la mit en pleine lumière et qui, de la notoriété, la fit entrer dans l'illustration. Il mourut garde des sceaux en 1656, et il semble qu'il ait légué à ses descendants, comme une part de son héritage, le droit d'occuper et de remplir dignement les plus hautes charges du parlement.

Cependant, quand Louise de Lamoignon épousa en 1780 l'arrière petit fils du grand Molé, le divorce entre sa famille et la magistrature semblait accompli. Dès l'avènement à la présidence du parlement de Nicolas de Maupoue en 1763, le père du jeune comte Molé, vaincu et désespérant du succès, avait pris sa retraite, et le futur époux d'Elisabeth, alors âgé de trois ans, avait grandi loin de cette haute compagnie où l'appelaient toutes les traditions de sa famille. Il était arrivé à l'âge de vingt ans, menant une vie retirée et studieuse qui avait plus d'un rapport avec celle de sa fiancée, et il est probable que le projet de cette union entre les deux premières familles de la première magistrature de France sortit comme d'elle-même de la similitude de leurs goûts unie à tant d'autres convenances. Il était rare à cette triste époque de trouver des jeunes gens de haute naissance et de grande situation, n'ayant ressenti aucune atteinte du souffle d'impiété voltairienne qui flétrissait dans sa fleur toute la noblesse française, et pouvant apporter à leur fiancée, au jour charmant du mariage, un cœur pur et chrétien et des habitudes sincèrement religieuses. Louise de Lamoignon avait rencontré tout cela dans M. Mathieu Molé et c'est pour cette raison sans doute qu'elle consentit sans aucune hésitation à lui donner sa main.

Le mariage eut lieu en 1780, et jamais union ne

parut présenter plus de chance de bonheur. L'épouse avait seize ans, l'époux en avait vingt, et tous deux joignaient à ce charme si souvent fragile et trompeur de la jeunesse les qualités sérieuses, la haute raison et les habitudes pieuses d'un âge plus avancé. Beauté, naissance, noblesse, esprit et vertu, ils réunissaient tout, et leur bonheur semblait si complet que l'église, en les bénissant, n'avait à demander pour eux à la bonté divine que de le faire durer. Les circonstances extérieures concordaient avec ces heureuses prévisions. C'était l'aurore du règne de Louis XVI. Louis XV, qui après avoir vécu comme un Sultan avait au moins su mourir avec l'humilité d'un chrétien et qui, devant le prêtre lui apportant le saint Viatique, avait dit à haute voix que c'était trop d'honneur pour un chien comme lui, Louis XV avait emporté dans sa tombe les ignominies de la Cour de France, et Versailles purifié offrait au monde le spectacle nouveau de la tendresse et de la fidélité conjugales sur le trône. La révolution qui devait éclater neuf ans plus tard préparait déjà ses intrigues homicides, mais elle les préparait dans l'ombre, et la calomnie, prélude de la trahison, se taisait encore devant l'amour que la bonté de Louis XVI et les grâces de Marie-Antoinette inspiraient à leur peuple. Ce fut donc un beau jour pour les familles de Louise de Lamoignon et de Mathieu Molé que celui de leurs noces, et malgré les menaces de l'avenir, il eût fallu un œil bien perçant pour découvrir, par delà cette sérénité, les orages qui devaient assombrir un ciel si pur et détruire sitôt leur bonheur.

CHAPITRE III

VIE DE MADAME MOLÉ DANS LE MONDE. — SA CHARITÉ.
SON UNION AVEC SON MARI.

Bien que le mariage n'ait rien changé aux sentiments de la jeune femme et que Louise de Lamoignon se continuât et se retrouvât tout entière en madame Molé, il y eut cependant une modification forcée dans son genre de vie. Jusqu'alors elle n'avait guère quitté sa retraite, et son existence s'était écoulée dans la compagnie et sous les yeux de sa vénérable grand-mère, madame Berryer. Elle n'avait connu aucun des plaisirs, aucune des grandes réunions du monde, et les fêtes religieuses, l'étude des lettres et des arts, à peine quelques soirées musicales, avaient été ses seules distractions.

Une fois mariée, il en devait être et il en fut autrement. Visites de noces, présentation à la cour, fêtes de Versailles et de Paris, il fallut remplir toutes ces obligations de son nouvel état et de son rang, obligations si chères à tant de jeunes femmes qui ne voient dans le mariage que le moyen et le droit de prendre part à toutes les joies du monde, mais qui, pour la pieuse Louise, demeurèrent toujours à l'état de devoirs. Elle ne se donna jamais au monde, elle ne goûta à ses plaisirs que du bout des lèvres, et elle ne leur livra de sa vie et de son temps que ce que les convenances lui commandaient de leur abandonner. Dans les plus brillantes réunions, sous les plus riches parures, elle gardait la pleine possession d'elle-même et continuait cet entretien intime avec Dieu qui est, pour les âmes chrétiennes, ce qu'est la respiration pour la vie du corps.

Sa vraie existence, son vivant amour étaient ailleurs. Dieu, son mari, ses enfants et les pauvres, c'était là ce qui occupait, ce qui remplissait sa vie. Les doux devoirs de la maternité ne tardèrent pas à lui apporter des raisons ou des prétextes très-plausibles pour diminuer de plus en plus la part de temps qu'elle devait aux exigences du monde. Elle eut à peu d'années d'intervalle, cinq enfants dont les deux aînés ne lui furent que prêtés pour un moment par la Providence. Leur mort fut la seule mais douloureuse épreuve des dix premières années de son mariage. Par ces avertissements de la fragilité des espérances humaines, Dieu la préparait aux coups terribles qu'il lui réservait.

Ses matinées appartenaient tout entières à la charité sous ses deux formes également admirables, Dieu et les pauvres. Elle commençait par l'église, assistait à la messe où elle communiait souvent. Puis elle faisait sa tournée charitable. Le curé de Saint-Sulpice lui avait remis une liste des pauvres les plus nécessiteux de sa paroisse. Elle les visitait successivement, ne s'arrêtant ni devant la fatigue de monter plusieurs fois cinq ou six étages, ni devant le dégoût naturel qu'inspire le spectacle de la misère ou du vice dans ce qu'ils ont de plus repoussant. La malpropreté et la mauvaise odeur, la vue des plaies, la grossièreté des sentiments et du langage, suite trop ordinaire de la pauvreté, rien ne la rebutait. Elle ne voyait dans les pauvres que les membres souffrants de Jésus-Christ, et entrait dans leur mansarde comme à l'église. Elle les secourait, les lavait de ses mains, leur donnait de l'argent, des vêtements, et, don plus précieux encore et plus rare, de bonnes et douces paroles. Elle caressait leurs enfants, s'informait de leurs besoins, des causes de leur misère, des moyens d'en sortir ; puis, s'élevant des nécessités du corps à celles de l'âme, elle leur parlait de Dieu, de son Église, de ses sacrements, de son amour pour les pauvres, des consolations et des espérances de la foi, du prix dont il couronnerait plus tard leurs souffrances chrétiennement acceptées. Alors elle se retirait, promettant de revenir, mais refusant de dire son nom, et ne voulant être pour ces infortunés que le messager anonyme de la Providence. Un exemple pris entre mille montrera à quel point elle était digne de ce titre.

Un jour d'hiver, elle découvrit dans un galetas où le vent et la neige pénétraient de toutes parts, une famille réduite à la plus affreuse misère. Sur un tas de paille humide, une pauvre femme gisait, à demi couverte de haillons, si pâle, si languissante qu'elle semblait près de rendre le dernier soupir. Au milieu

de la chambre, six petits enfants, presque nus comme
leur mère, accroupis autour d'un baquet, y cherchaient quelques épluchures de légumes mêlées de
neige, qu'ils avaient ramassées au coin des bornes.
À ce spectacle lamentable, madame Molé ne put
retenir ses larmes. Elle interrogea la pauvre mère
qui pouvait à peine parler, et apprit d'elle qu'elle
était veuve et n'avait pas mangé depuis plusieurs
jours. La faim était sa seule maladie, maladie devenue presque mortelle après une si longue attente.

Madame Molé ne perdit pas un instant. Elle courut
à son hôtel, fit porter sur-le-champ à l'infortunée
des provisions de toute sorte, lui envoya son médecin
pour lui donner les soins que nécessitait son état.
La faim est un mal dont on meurt à coup sûr quand
il se prolonge, mais dont on guérit aussi sûrement et
plus vite encore. En peu de jours, la pauvre femme
bien nourrie, bien vêtue, bien chauffée par les soins
de sa bienfaitrice, eût retrouvé toute sa santé. Madame Molé lui procura du travail, la meilleure
aumône quand on peut la faire, et grâce à elle, cette
malheureuse famille échappa à la misère et à la mort.

La pauvre mère ne savait comment exprimer sa
reconnaissance à la grande dame dont elle eut bien
voulu savoir le nom. Mais, fidèle à la règle qu'elle
s'était imposée, madame Molé se refusa en ce seul
point à la contenter : « Bénissez, lui disait-elle, la
divine Providence qui a bien voulu se servir de moi
pour vous soulager, et pratiquez désormais cette religion sainte qui inspire la compassion aux riches et
la résignation à ceux qui souffrent. »

L'heureuse veuve, ne pouvant l'appeler de son nom, l'appelait son ange : « Mon ange est venu hier ; j'attends mon ange ce soir, » disait-elle, et les enfants lui donnaient ce même nom qu'elle méritait si bien. —Cette pauvre famille que la misère et l'abandon des hommes avaient éloignée de Dieu y revint bientôt par le bien-être et la reconnaissance. Par les soins de leur bienfaitrice, les six enfants furent instruits de la religion, élevés pieusement, et plusieurs années après, madame Molé eut la joie d'apprendre qu'ils vivaient en bon chrétiens et que leur travail, béni de Dieu, les avait mis avec leur mère au-dessus du besoin. C'est ainsi qu'elle savait joindre l'aumône spirituelle à l'aumône matérielle, et qu'en secourant le corps, elle atteignait et sauvait l'âme des pauvres de Jésus-Christ.

Bien qu'elle voulut, par une humilité qu'on pourrait trouver excessive, garder l'incognito dans ses visites de charité, madame Molé ne se bornait pas à des aumônes individuelles. Elle connaissait les bénédictions promises et accordées aux prières, aux bonnes œuvres accomplies en commun, et elle faisait partie des associations de dames pieuses qui, dans ces temps comme de nos jours, se consacraient au soulagement de la misère humaine sous toutes ses formes. A la tête de cette armée pacifique de la charité se trouvaient des personnes de la famille royale, entre autres la princesse de Condé et madame Élisabeth, la sainte sœur du roi Louis XVI, qui répandait partout les bienfaits et qui devait expier sur l'échafaud son amour de Dieu et des âmes. Par son rang comme par son angélique piété madame Molé, se trouvait en rapport fréquent avec ces admirables chrétiennes qui, sur les marches du trône et au sein d'une cour corrompue malgré les exemples des nouveaux souverains, donnaient le spectacle de tous les dévouements et de toutes les vertus.

M. Molé, digne d'une pareille compagne, s'associait aux bonnes œuvres de sa femme en tenant à la disposition de sa charité les ressources de sa grande fortune. Jamais il ne trouvait à redire à ses saintes prodigalités, et il se contentait de lui dire en plaisantant: « Vous faites mieux que le proverbe. Le proverbe dit que, par le moyen de l'aumône, on entre dans le ciel dans une voiture à six chevaux : du train que vous y allez, vous y entrerez dans une voiture à douze chevaux. Si vous y arrivez la première, faites en sorte de me préparer une place auprès de vous ».

M. Molé faisait plus que de tenir sa bourse toujours ouverte à la disposition de sa femme. Il écartait loin de lui toute pensée de jalousie vis-à-vis de Dieu et des pauvres, et lui laissait toute liberté de donner à la charité qui remplissait son âme le temps qu'elle jugeait convenable. Il savait que son zèle ne l'entraînerait jamais au-delà des limites raisonnables et que la droiture de son jugement ferait toujours la part convenable à chacun de ses devoirs.

Autour de lui, tout le monde n'avait point cette élévation de sentiments, et jusque dans sa famille la conduite de madame Molé n'était point jugée avec la même bienveillance. Non-seulement on la blâmait de donner trop de temps à l'église et aux pauvres, et d'en garder trop peu pour son mari, ses enfants et ses devoirs du monde, mais on allait plus loin. Quelques-uns l'accusaient de compromettre sa dignité et sa réputation en fréquentant des quartiers et des maisons mal famés, en allant chercher la misère jusque dans le voisinage du vice, et ils reprochaient à son mari une condescendance qu'ils traitaient de faiblesse.

M. Molé laissait dire, ne se fâchait même pas contre ces donneurs d'avis importuns, et les remerciant de l'intérêt qu'ils voulaient bien prendre à sa femme et à lui, il se contentait de leur répondre : « Je connais madame Molé et je sais trop quelle est sa vertu pour avoir à ce sujet la moindre inquiétude. Je n'ai qu'un regret, c'est de la suivre de si loin dans le bien qu'elle fait et dans les vertus dont elle me donne journellement l'exemple. D'ailleurs je sais toutes ses démarches, et elle ne fait rien sans mon aveu. »

Un jour pourtant, l'insinuation fut si grave et vint d'une telle bouche que M. Molé ne crut pas pouvoir répondre avec cette dédaigneuse politesse. Sa mère, aigrie par une longue maladie et se laissant aller vis-à-vis de sa belle-fille à ce sentiment de jalousie malveillante trop commune chez les belles-mères, se fit l'écho de méchants bruits qu'elle aurait dû repousser avec mépris, et elle exprima devant son fils des soupçons injurieux sur la cause des absences si longues et multipliées de la jeune femme. Confiant en sa sainte épouse, M. Molé n'avait pas à s'éclairer, mais il avait à défendre et à justifier la réputation de sa femme si injustement soupçonnée. Il consentit donc à la faire épier en secret. On suivit ses pas, et on la trouva chez des pauvres, au chevet d'un malade qu'elle secourait et consolait à son ordinaire. Sa belle-mère, convaincue et repentante, demanda pardon à son fils, et depuis ce moment elle témoigna à sa belle-fille, à défaut d'une tendresse maternelle, une profonde estime et un véritable respect.

On peut aisément se figurer quels étaient les sentiments de madame Molé pour un pareil époux. Sa confiance en lui était sans bornes comme son affection, et tous deux offraient, dans ce siècle où la fausse sensibilité de Rousseau et le ricanement impie de Voltaire avaient détruit jusqu'à la notion du véritable amour, le rare exemple d'une tendresse conjugale parfaite dans une parfaite vertu. Aussi, jusqu'aux dernières années de sa vie, jusque dans le cloître, jusque dans les bras de la mort, conserva-t-elle le culte de cette chère mémoire, et voici en quels termes, dans le testament sous forme de lettre adressée à ses enfants qu'on trouva après elle, elle parle de son mariage :

« Mes parents m'unirent à l'homme le plus vertueux comme aussi le meilleur. Que vous êtes malheureux de n'avoir pu le connaître davantage! Les exemples de foi qu'il vous aurait donnés, ainsi que de toutes les vertus chrétiennes et sociales qu'il possédait si éminemment, auraient été pour vous des leçons bien touchantes et bien convaincantes. Dieu l'a appelé à lui, et j'espère, de la manière religieuse et héroïque dont il a terminé sa carrière, qu'il a reçu le prix de ses bonnes œuvres. Cette espérance seule fait ma consolation : il est réuni dans le ciel, j'en ai la confiance, à ceux de nos enfants qui l'ont précédé. Travaillons à les rejoindre un jour. »

CHAPITRE IV

CHAMPLATREUX. — MÉRY. — SAMUEL BERNARD. —
MORT DE LA PRÉSIDENTE MOLÉ.

M. Molé resta pendant les premières années de son mariage sans occupations qui le retinssent forcément à Paris. Ce ne fut qu'en 1788 qu'il rentra, pour un moment, dans la carrière de son père et de ses aïeux, et qu'il fut nommé du premier coup président à mortier au parlement de Paris. Il n'avait encore que vingt-huit ans, mais par la maturité de son esprit et ses études juridiques aussi bien que par son caractère et son nom, il était à la hauteur de ces éminentes fonctions, et il entra au parlement comme un fils de famille revient après une longue absence à la maison paternelle.

Jusqu'à cette époque, il partageait son temps entre Paris où il habitait l'hôtel Molé dans le faubourg Saint-Germain, et les deux châteaux de Champlâtreux et de Méry où ses parents vivaient presque toute l'année depuis la retraite du président Molé en 1763.

La terre de Champlâtreux était une de ces terres seigneuriales comme notre siècle n'en connaît plus guères. C'était le fief patrimonial de la famille Molé, et, depuis deux siècles, chaque génération y avait ajouté quelque embellissement. Le château était digne de ses hôtes, et la magnificence de ses arrangements intérieurs, le luxe des meubles, la beauté des objets d'art et des tableaux précieux qui le remplissaient répondaient à la grande situation et à la grande fortune de ses maîtres. Le premier président Molé, le beau-père de Louise, en même temps qu'il était seigneur et comte de Champlâtreux, était aussi seigneur d'Épinay, Trianon, Luzarches, Gocourt, marquis de Méry, Mériel et autres lieux. Mais de tous ces titres, celui qu'il portait de préférence comme ses pères et qui était devenu partie intégrante de son nom, était celui de comte de Champlâtreux. La Révolution elle-même, qui prétendait tenir comme non avenus et retrancher des noms patronymiques les noms tirés des terres seigneuriales, respecta celui de Champlâtreux, et l'acte de jugement du tribunal révolutionnaire portant condamnation à mort du mari de Louise de Lamoignon le désigne sous le nom de citoyen Molé surnommé Champlâtreux.

C'était donc là que le président Molé passait la plus grande partie de son existence depuis sa sortie du parlement; mais sa femme résidait principalement au château de Méry qu'elle tenait de son père, et dont il nous faut parler aussi avec quelques détails, parce qu'Élisabeth Molé, sa belle-fille, y vécut long-temps, non-seulement aux jours de sa prospérité et de son bonheur, mais après que la Révolution l'eut rendue veuve, momentanément pauvre, et eût éteint successivement les premières joies de sa vie.

La présidente Molé avait reçu en dot la grande et magnifique terre de Méry, de son père Samuel Bernard, qu'on pourrait appeler le grand trésorier des dernières années de Louis XIV et des premiers temps du règne de Louis XV. Ce célèbre financier n'était pas de race juive, comme on l'a cru à cause de sa richesse et du prénom de Samuel. C'était un chrétien catholique, sans ferveur peut-être, mais sans préjugés philosophiques, fils d'un peintre estimé du XVIIe siècle. Il s'était illustré par sa grande manière d'user de sa fortune autant que par l'immensité de cette fortune même. A deux reprises différentes, il avait soutenu et relevé de son crédit celui de Louis XIV ébranlé par ses derniers revers et celui de Louis XV, et il avait noblement perdu, à ce métier, vingt millions au moins de ses deniers. Il différait en ce point de nos financiers modernes qui ne passent point pour s'appauvrir au bénéfice des gouvernements et des nations.

En récompense des services signalés qu'il avai rendus au royaume, il fut anobli, créé conseiller d'État; il reçut le grand cordon de S.-Michel, acheta plusieurs terres seigneuriales, entre autres le comté de Coubert, dont il porta de préférence le nom et le titre. Sa générosité était telle qu'à sa mort on trouva pour plus de dix millions de billets souscrits par de pauvres créanciers, surtout des officiers ruinés par la continuité des guerres et l'absence de toute solde, qui avaient eu recours à lui, et à qui, par son testament, il fit remise de leur dette.

2.

Il avait épousé en secondes noces mademoiselle de Saint-Chamans, fille du dernier marquis de Saint-Chamans, propriétaire de Méry, et pour ne pas laisser cette terre sortir de la famille il l'avait rachetée en 1727 au prix de 450,000 livres, somme énorme pour le temps, et qui donne une idée de l'importance de cette propriété. Il la donna à sa fille en la mariant au président Molé. C'était en 1735, et peu d'années après, en 1739, il mourut à quatre-vingt-huit ans en son château de Coubert. On raconte que, par une superstition singulière, il croyait son existence attachée à celle d'une poule noire qui ne le quittait pas. Le fait est qu'il mourut le même jour qu'elle.

La présidente Molé, sa fille, qui s'était mariée à treize ans et qui n'en avait que dix-sept au moment de la mort de son père, passa la plus grande partie de son existence à Méry qu'elle préférait de beaucoup à Champlâtreux et dont elle fit un lieu de délices. Qu'on nous permette de reproduire la description pleine de charmes que fait du château et de la châtelaine une notice historique moderne sur le domaine et les seigneurs de Méry.

« La présidente Molé avait un attachement sans bornes pour cette terre si bien située sur les bords de l'Oise, pour cette garenne, sa promenade de prédilection qui dominait le château et toute la vallée et qu'elle avait remplies des plus charmants arbustes. Au printems, ce n'était que d'immenses bosquets de fleurs, au milieu desquels la jeune présidente, entourée d'une société brillante et revêtue de costumes champêtres, allait tenir sa cour à l'ombre des lilas, des acacias, des faux-ébéniers, des aubépines, des arbres de Judée et des marronniers.

« Le grand parc qui s'étendait devant le château formait avec les allées tournantes et les bosquets fleuris de la garenne un contraste sévère, mais en parfaite harmonie avec la masse importante du château et le style grandiose de son architecture. C'est la présidente Molé qui le planta à l'instar des parcs dessinés par Le Nôtre : elle fut secondée dans ce soin par un homme plus illustre encore, par Buffon, ce grand admirateur, ce grand historien de la nature.

« La charité avait sa large part au milieu de toutes ces splendeurs. En 1765, voulant compléter le legs fait par son père aux religieuses chargées de l'école, la présidente Molé, de concert avec sa fille, dame Félicité, duchesse de Cossé-Brissac, fit bâtir une maison pour y loger les sœurs... Pour pouvoir veiller avec plus de sollicitude à la prospérité de cette fondation, madame Molé l'avait établie près du château, à l'entrée de sa chère garenne, et elle mêlait ainsi à ses promenades et à ses fêtes les pieux devoirs de la charité.

Il paraît que la présidente n'eut pas toujours le caractère le plus facile ; mais son excuse se trouve dans sa destinée même. Se figure-t-on une fille unique, enfant d'un père septuagénaire, mariée à l'âge de treize ans, maîtresse d'une fortune immense, d'un domaine où les habitudes de plusieurs siècles et le souvenir de ses ancêtres faisaient de la châtelaine un objet de respect et d'amour, investie par son mariage d'une dignité et d'un titre si plein de prestige , entourée d'une société brillante, s'empressant de répondre à l'appel de sa gracieuse hospitalité et de prendre part à ses fêtes ! Que l'on se représente cette existence si luxueuse, si pleine de tous les charmes et de toutes les grandeurs, et qu'on s'étonne ensuite de trouver chez notre belle présidente quelques sentiments de personnalité et de domination ! Ne devrait-on pas, à plus juste titre, s'étonner de la voir rester fidèle à ses devoirs, chrétienne, charitable aux pauvres, et résister au torrent d'immoralité qui entraînait notre malheureuse société à l'abîme ouvert par les désordres de la royauté ?

Ce fut surtout à la fin de sa vie que s'altéra le caractère de la présidente ; l'âge, les souffrances d'une longue maladie qui finit par la conduire au tombeau, avaient exercé sur elle une influence dont se ressentaient ses enfants et ses familiers » (1).

Nous avons vu en effet que Louise Molé ne rencontra pas toujours chez sa belle-mère la bienveillance que méritaient ses aimables vertus. Quand, après son mariage, en 1780, elle entra dans ce château de Méry dont nous venons de reproduire la séduisante description, tout y était bien changé et les fêtes avaient disparu avec la jeunesse et la santé de la châtelaine. Il ne restait plus rien de cette brillante jeune femme, que ses portraits, conservés au château de Méry, la représentent tantôt en costume de pèlerine, le sourire aux lèvres, le regard enjoué, tantôt en parure de fête, les vêtements couverts de

_____

1. *Notice historique, sur le domaine et les seigneurs de Méry,* par le comte de Ségur-Lamoignon.

guirlandes de bleuets, une couronne de fleurs à la main, présidant aux divertissements et aux danses.

Ou plutôt, il restait d'elle, sous des dehors devenus sévères et sans beauté, sous une apparence chagrine et parfois désagréable, ce fonds de foi chrétienne, d'amour du devoir, de charité pour les pauvres, qui avaient été l'honneur et la vraie beauté de sa vie. La pieuse Louise ne s'y trompa point. Elle ne regrettait rien des fêtes dont Méry avait été le théâtre, et elle en préférait l'austérité présente. Sa douceur angélique, sa patiente sérénité, répandirent sur les dernières années de sa belle-mère la paix surhumaine qui vient de Jésus-Christ et qui mène à Jésus-Christ; et quand le 16 février 1784, la présidente Molé rendit pieusement son âme à Dieu, elle unit dans ses dernières bénédictions et ses tendres remercîments sa sainte belle-fille et son fils.

On l'ensevelit dans la chapelle dédiée à Saint-Antoine de l'église de Méry, qui depuis plusieurs siècles servait de chapelle funéraire aux seigneurs du château, et ses enfants, trop chrétiens pour manquer à la vérité, même en parlant de leur mère, purent faire inscrire sur le marbre de son tombeau l'épitaphe suivante qui témoigne de la pureté de sa vie et de la sainteté de sa mort:

« Ici repose le corps de très-haute et très-puissante dame, madame Bonne-Félicité Bernard, épouse de très-haut et très-puissant seigneur monseigneur Mathieu-François Molé, comte de Champlâtreux, marquis de Méry, ancien premier président au parlement de Paris.

Cette vertueuse épouse n'a connu les richesses que pour les verser avec abondance dans le sein des pauvres qu'elle traitait comme ses enfants, et particulièrement ceux de sa terre de Méry, qui ne doivent jamais oublier ses bienfaits et ses exemples.

Elle possédait toutes les vertus qui caractérisent les grandes âmes, elle fut l'épouse la plus fidèle, la mère la plus tendre, l'amie la plus parfaite ; elle n'a vécu que pour pratiquer le bien.

Attaquée d'une maladie longue et douloureuse qui avait épuisé toutes ses forces, elle n'en retrouvait plus que pour demander à Dieu une bonne mort ; sa foi était des plus vives, sa soumission en fut la suite. Après avoir fait à Dieu le sacrifice de sa vie avec un courage qu'il n'appartient qu'à la religion de donner, elle s'endormit dans le Seigneur, le 16 février 1784, âgée de soixante-deux ans. Priez pour elle ! »

CHAPITRE V

MADAME MOLÉ A MÉRY. — LE PARLEMENT. — APPROCHE
DE LA RÉVOLUTION. — 1789. — L'ÉMIGRATION.

La mort de la présidente seule laissait à son fils la
disposition d'une immense fortune, estimée à 500,000
livres de rente, chiffre qui en représente environ
1,500,000 aujourd'hui : et elle faisait de sa belle-fille
la châtelaine de Méry. Louise Molé ne vit dans ce
splendide héritage qu'un moyen de venir plus largement en aide aux membres souffrants de Jésus-
Christ, et c'est entre les mains des pauvres qu'elle
versa tout le superflu de sa richesse. Elle continua à
Méry l'existence des dernières années de sa belle-
mère, et ne songea pas un instant à ressusciter le
luxe et les fêtes que la santé et la jeunesse de la présidente avaient en s'éloignant emportés avec elles.
Mais, ce que celle-ci avait donné à Dieu et à ses
pauvres surtout dans le déclin de sa vie, elle le leur
donna dans toute la force et la fleur de son printemps,
et l'on vit cette jeune femme de vingt ans mener, au
sein d'une opulence presque royale, l'existence d'une
Sœur de charité. Elle savait tenir son rang, et l'état

de sa maison était en rapport avec la situation de son mari et sa fortune ; mais rien n'était donné au faste, et l'esprit de pauvreté régnait au milieu de cette richesse. En agissant ainsi, elle suivait d'abord le penchant de son cœur et les inspirations de sa foi ; mais elle obéissait en même temps à ce besoin de réaction et de protestation publique et active qu'inspirent à toutes les grandes âmes le spectacle de toutes les grandes folies.

La société française courait en effet aux abîmes avec une fureur de plaisirs, une légèreté d'esprit et de cœur et une ivresse des sens inconnues depuis la chûte du paganisme. Les scandales de la Régence, les rigueurs du jansénisme qui avaient déconcerté et écarté de la religion les âmes incapables de porter un joug trop dur à la nature humaine, le succès des doctrines philosophiques qui en avaient été la suite, le rire sacrilége de Voltaire mêlé aux impiétés sentimentales de Rousseau, cet esprit de vertige et d'erreur qui s'empare des sociétés comme des souverains destinés à périr, tous ces symptômes effrayants apparaissaient de plus en plus aux regards des chrétiens, et présageaient des catastrophes sans exemple. On riait de tout, même de la ruine qu'on entrevoyait dans un avenir prochain. Louis XV vieillissant n'avait-il pas dit: « Après moi le déluge » mots d'une clairvoyance égale à son épouvantable égoïsme? Les sages de l'Église, prêtres et prélats, docteurs et missionnaires, prêchaient la pénitence, comme autrefois saint Jean-Baptiste, aux multitudes encore innocentes, mais leur voix n'était pas écoutée des vrais coupables, et dans la haute société, dans celle qui gouvernait, les seuls missionnaires recherchés et applaudis étaient les apôtres du matérialisme ou de l'incrédulité.

Quant aux sages de la politique, ne voyant pas le mal où il était, c'est-à-dire dans le mépris de l'autorité de Jésus-Christ, seul soutien de toute autorité humaine, ils cherchaient dans des combinaisons et des palliatifs insuffisants le remède à des maux secondaires. Les uns apportaient des plans financiers que la folie des spéculations et l'amour effréné du luxe rendaient impuissants en face de déficits sans cesse renouveles ; les autres croyaient trouver dans l'importation des institutions anglaises ou même américaines le salut universel ; comme si les institutions et les mœurs d'une nation vieille de dix siècles pouvaient se transformer à la baguette, et se traiter à la façon des vêtements dont on change à volonté la forme, la coupe et la couleur.

Au milieu de tous ces médecins politiques et sociaux, de ces charlatans et de ces fous, le pieux et excellent roi Louis XVI, souverain admirable pour des temps ordonnés et tranquilles, mais trop scrupuleux, et trop faible de caractère pour une époque de transition et de troubles, ne savait auquel entendre, et allait d'une influence et d'une politique à une autre. Il avait l'instinct d'un réformateur, sans en avoir le génie et la volonté, et, à la lumière de sa foi et de sa vertu, il voyait le mal sans en voir clairement ou sans oser y appliquer énergiquement le remède.

C'est ainsi qu'il en vint à lutter contre l'influence

renaissante du Parlement qui voulait cependant comme lui la réforme des abus financiers, mais qui la voulait par d'autres moyens que la création de nouveaux impôts, et qui mêlait à ces intentions louables un esprit de domination inhérente au tempérament des anciens légistes dont il descendait.

La pensée de M. d'Esprémenil et des magistrats qui combattaient avec lui était bien simple en théorie, c'était de combler le déficit par voie de suppression de dépenses : mais en pratique, c'était autre chose. Toucher aux dépenses, c'était toucher aux abus qui les rendaient nécessaires et au monde d'hommes de cour, d'État et de finances qui vivaient de ces abus. Il eût fallu pour opérer cette réforme si facile à rêver une force de volonté qui faisait absolument défaut à Louis XVI. De là, sa lutte avec le Parlement qui se refusait à enregistrer de nouveaux impôts, l'impopularité croissante de la Reine qu'on accusait à tort de soutenir le roi dans cette lutte, dont une coalition de princes sans morale, sans pudeur, dévorés d'ambition, de francs-maçons et de sectaires, avait juré la perte comme moyen le plus sûr d'atteindre le roi lui-même. De là, ces lits de justice tenus de trois en trois mois en 1787 et 1788, ces discussions et ces protestations d'où sortit l'idée de la convocation des États généraux. Le Parlement fut successivement exilé à Troyes, puis rappelé à l'avénement de M. Necker, et la dignité royale sortit de ces ardents débats mortellement blessée.

M de Lamoignon, père de madame Molé, était alors

garde des sceaux et en cette qualité organe officiel de la résistance royale aux exigences du Parlement. Quoique la nomination de son gendre, rentré à vingt-huit ans dans cette haute assemblée comme président à mortier, fût due en partie à l'influence de M. de Lamoignon, et bien que le dévouement de M. Molé au roi et à la monarchie fut absolu, il semble qu'il ne partageât pas les opinions de son beau-père, si l'on en juge par un mot que lui attribuent les mémoires du temps. Après un des lits de justice où M. de Lamoignon avait exprimé avec une extrême énergie la volonté du souverain et l'ordre d'enregistrer les édits relatifs aux nouveaux impôts, M. Molé passant près de lui, lui dit à demi-voix : « Quelle scène vous venez de faire ! — Il le fallait ! » se contenta de lui répondre M. de Lamoignon.

Il est certain que si la résistance du parlement était raisonnable au fond, que si son appel à la convocation des États généraux était conforme aux vieilles traditions nationales depuis si longtemps abandonnées, au point où en étaient arrivés les esprits et les choses, on pouvait en contester l'opportunité, et que l'opinion de M. de Lamoignon était aussi justifiable peut-être que celle de son gendre. Mais on ne peut méconnaître que, pour un esprit et un cœur généreux comme celui de M. Molé, l'appel aux réformes urgentes, au contrôle tutélaire des représentants du pays sur les finances de l'État et la marche générale des affaires, n'eût de puissants attraits, et qu'il dût souhaiter ardemment voir appliquer aux choses publiques le système raisonnable et chrétien qu'avait adopté madame Molé dans sa manière de vivre et dans l'emploi de sa fortune.

Quoi qu'il en soit, le gouvernement dut céder, M. de Lamoignon se démit de ses fonctions de garde des sceaux, et je doute que M. Molé ait conservé les siennes par un autre sentiment que celui du devoir. L'appel d'un étranger, d'un Génevois protestant au gouvernement de la France catholique dut froisser profondément ses sentiments les plus intimes et le faire douter du salut de la monarchie. Ç'a toujours été un des caractères de la Révolution en France de livrer le pays à des mains étrangères, et si jamais on n'eut autant sur les lèvres le mot de patriotisme, jamais on n'en méconnut à un égal degré les règles élémenmentaires. Il faut laver son linge sale en famille, était un des vieux proverbes, une des vieilles traditions de la France. Hélas ! on a changé cela comme tout le reste ; depuis 1789, nous lavons notre linge en public, nous le lavons dans le sang, et trop souvent, ce ne sont pas des mains françaises qui tiennent le battoir.

L'année 1788 qui vit la chute de M. de Lamoignon vit aussi sa mort. Il périt dans sa terre de Basville, victime d'un accident de chasse, et ce grand deuil privé préluda pour madame Molé au deuil de la patrie qu'elle allait porter avec toutes les âmes françaises. Heureusement, il lui restait sa mère qui devait lui survivre, et madame Berryer, sa sainte grand'mère, qui, malgré son âge très-avancé, était destinée à voir avant de mourir, les malheurs sans nom et la résignation héroïque de celle qu'elle avait formée dès son enfance à tous les dévouements et à toutes les vertus.

L'hiver de 1788 à 1789 fut terrible, et la faim, mauvaise conseillère des nations comme des individus, fit pénétrer les passions révolutionnaires dans le peuple des campagnes qui jusque-là en avait été préservé. Les agents des sociétés secrètes qui avaient juré la perte de la monarchie et de la religion exploitèrent contre les prêtres et les nobles la misère que ceux-ci combattaient, cependant de toute leur puissance. C'était la société elle-même, son organisation, ses représentants les plus élevés et les plus respectables qu'on accusait de la disette et des malheurs publics. On se servait même des bienfaits du roi, de ses réformes, de son ardent amour pour son peuple, contre les amis les plus fidèles de la monarchie. C'est au nom de Louis XVI qu'on osa commencer cette guerre impie et sanglante aux châteaux et aux églises, cette nouvelle Jacquerie plus terrible que la première qui sema partout les ruines et l'épouvante et qui préluda, par ses crimes non réprimés et par les horreurs de l'anarchie, aux crimes médités et aux horreurs légales de la Terreur. Cette infâme exploitation du nom du meilleur des rois fut trop générale pour n'être pas le résultat d'un mot d'ordre, et c'est en présence de ces odieux calculs, de ces noirceurs criminelles qu'on ne peut s'empêcher de reconnaître et de proclamer avec Joseph de Maistre, le caractère satanique de la Révolution française.

Je ne chercherai pas à refaire, après un auteur qui l'a faite avec l'autorité de son scepticisme même en des traits ineffaçables (1), la description de cette Jacquerie des années 1789 et suivantes qui explique, excuse et justifie absolument l'émigration. Il m'appartenait cependant d'en parler, pour l'honneur de madame Molé dont je raconte l'histoire, puisqu'elle émigra avec son mari et ses enfants dès la première année de la Révolution. J'aime mieux renvoyer le lecteur qui en voudra connaître les horribles détails à l'ouvrage froidement impartial de M. Taine, et je me contente d'emprunter à cet historien la citation suivante des articles publiés dans le *Mercure de France* en 1791 par Mallet-Dupan au moment même ou s'accomplissaient tous ces crimes. Ce témoignage d'un contemporain donnera une idée suffisante des hommes et des choses qu'on ose exalter aujourd'hui.

« Quiconque considérera impartialement les seules et véritables causes de l'émigration les trouvera dans l'anarchie. Si la liberté individuelle n'eût pas été formellement menacée, si l'on n'avait pas mis en pratique le dogme insensé, prêché par les factieux, que les crimes de la multitude sont les jugements du ciel, la France eût conservé les trois quarts de ses fugitifs. Exposés depuis deux ans à des dangers ignominieux, à des outrages de tout genre, à des persécutions innombrables, au fer des assassins, au brandon des incendiaires, aux plus infâmes délations de leurs serviteurs corrompus, aux visites domiciliaires, aux emprisonnements arbitraires, abandonnés à la fureur inquiète des clubs, des dénonciateurs, des

____

1. M. Taine. — *La Révolution*, t. I⁵ʳ.

administrateurs intimidés, ils trouvent des bourreaux partout.... Quiconque a détesté les énormités du fanatisme (politique) et de la férocité publique, quiconque a accordé sa pitié aux victimes entassées sous les débris de tant de droits légitimes et d'abus odieux; quiconque enfin a osé élever un doute ou une plainte a été affiché ennemi de la nation.

« Après avoir présenté ainsi les mécontents comme autant de conspirateurs, on a légitimé dans l'opinion tous les crimes dirigés contre eux. La conscience publique, formée par les factieux et par cette bande d'écumeurs politiques qui seraient l'opprobre d'une nation barbare, n'a plus considéré les attentats contre les propriétés et les villes que comme une justice nationale, et plus d'une fois, l'on a entendu la nouvelle d'un meurtre ou la sentence qui menaçait de mort un innocent faire éclater des hurlements d'allégresse. Il fut donc établi deux droits naturels, deux justices, deux moralités ; par l'une, il est permis de faire contre son semblable, réputé aristocrate, tout ce qui serait criminel s'il était patriote....

« Avait-on prévu qu'au bout de deux ans, la France peuplée de lois, de magistrats, de tribunaux, de gardes citoyennes liées par des serments solennels à la défense de l'ordre et de la sûreté publique, serait encore et toujours une arène où des bêtes féroces dévoreraient des hommes désarmés ? »

CHAPITRE VI

DÉCRETS CONTRE LES ÉMIGRÉS. — M. MOLÉ ET SA FAMILLE REVIENNENT EN FRANCE. — LE 10 AOUT 1792. — ARRESTATION DE M. MOLÉ.

On conçoit que, dans un tel état social, avec un gouvernement déjà désarmé, trahi, ayant à lutter à la fois contre ses amis et ses ennemis, avec l'effervescence des passions populaires entretenues par les ennemis de Dieu et de la monarchie, surrexcités par la misère et la convoitise, la position ne fût plus tenable pour ceux que leur noblesse, leur fortune, et leurs sentiments religieux désignaient trois fois aux fureurs de la multitude. Je ne sais quelle fut vis-à-vis de madame Molé et de sa famille, l'attitude de la population de Méry, de ces pauvres qu'elle nourrissait de ses aumônes, qu'elle soignait de ses mains, dont elle faisait élever et instruire les enfants par les sœurs de son école. D'après ce qui se passait ailleurs, les ingratitudes inouies dont l'histoire de ces temps est remplie durent se manifester à Méry comme dans tant d'autres domaines où la haine, le vol et le pillage, et même l'assassinat des seigneurs les plus humains, des dames les plus pieuses et les plus charitables répondirent à des bienfaits séculaires.

Ce qui est certain, c'est que M. Molé ne trouva plus, dès la fin de l'année 1789, de sécurité ni pour ses biens ni pour sa personne, ni pour sa sainte femme et ses enfants à Méry, non plus qu'à Paris, et qu'il dut émigrer avec toute sa famille, lui le meilleur, le plus doux et le plus vertueux des hommes. Il est probable que, comme la plupart des émigrés qui n'allèrent pas à Coblentz se mettre à la disposition des princes, il se retira en Angleterre et qu'il y mena la vie retirée, austère et réduite que lui imposaient les circonstances. En supposant que ses sentiments n'eussent point suffi, dans ces temps sans précédents où il était si difficile de connaître son devoir à l'écarter du camp de Condé où ses beaux-frères se trouvaient avec la plupart des gentilshommes d'épée, ses fonctions et ses habitudes de magistrature ne laissaient place pour lui à aucune alternative. Son séjour en Angleterre ne fut donc qu'un temps de retraite et de solitude où il ne vécut que pour Dieu, sa femme et ses enfants.

Pour madame Molé, les privations relatives résultant de ce nouvel état de vie ne furent même pas un sacrifice. Ce qui lui manqua en exil, ce ne fut pas le luxe, ni même l'abondance des ressources, choses secondaires auxquelles elle n'avait jamais attaché son cœur, ce fut la facilité de s'approcher des sacrements, d'entendre la messe, d'entretenir en son âme la flamme du divin amour. Ce fut aussi l'absence de sa mère et de sa grand'mère qui, après son mari et ses enfants étaient ses seules affections et ses seules joies véritables.

Mais cette première épreuve ne dura pas long-temps ; ce n'était que le prélude et comme le prologue du drame affreux qui se préparait pour elle comme pour tant d'autres. Le moment ne tarda pas à venir où l'émigration devint un crime puni de châtiments empruntés par la Révolution à ce que le despotisme avait de plus odieux. La Constituante commença la série de ces décrets iniques qui, ne distinguant pas entre les soldats de l'armée de Condé et ceux qui se contentaient de vivre obscurs et tranquilles à l'étranger, fit de la résidence obligatoire en France une règle sans exception sanctionnée par des peines draconiennes. Elle tripla les impositions foncières et mobilières de tous les émigrés sans distinction, et prescrivit une retenue triple sur leurs rentes et redevances.

La législative fit un pas de plus ; elle décréta que tout émigré qui ne serait pas rentré en France dans un délai fixé, verrait ses biens séquestrés, confisqués et mis en vente, ce qui représentait une valeur de plus de 4 milliards. C'était poser aux émigrés ce dilemne effroyable : ou vous reviendrez vous mettre sous le couteau de la populace livrée sans répression à toutes ses fureurs, ou vous serez réduits à la misère, vous, vos femmes et vos enfants.

En présence de ces iniquités législatives, l'honnête Mallet-Dupan, que nous avons déjà cité, ne pouvait contenir son indignation et s'écriait dans le *Mercure de France* du 18 février 1792 : « Quoi ! vingt mille familles absolument étrangères aux projets de Coblentz et à ses rassemblements, vingt mille familles dispersées sur toutes la face de l'Europe par les fureurs des clubs, par les crimes des brigands, par le défaut constant de sûreté, par la stupide et lâche inertie des autorités pétrifiées, par le pillage des propriétés, par l'insolence d'une cohorte de tyrans sans pain et sans habits, par les assassinats et les incendies, par la basse servilité des ministres silencieux, par tout le cortège des fléaux de la révolution, quoi, ces vingt mille familles désolées, des femmes, des vieillards, verront leurs héritages devenir la proie des gaspillages nationaux ? Quoi ! madame Guillin, par exemple, qui a dû fuir avec horreur la terre où des monstres ont brûlé sa demeure, égorgé et mangé son mari et vivent impunément à côté de son domicile, madame Guillin verra sa fortune confisquée au profit des communautés municipales auxquelles elle doit ces épouvantables infortunes ! »

Telle était en effet la loi, et cependant, ce n'était pas encore la Convention qui dominait; la Terreur n'était pas commencée et le règne de la Législative durait encore ! Ces monstruosités s'édictaient sous une constitution qui avait prétendu mettre fin aux abus de l'ancien régime et inaugurer le règne de la liberté, de la fraternité et de l'égalité. « Tant pis pour les émigrés, s'ils n'osent rentrer ! s'écrie à son tour M. Taine qui, malgré son scepticisme philosophique, ne peut garder son sang-froid devant ces prodiges d'iniquité. Ils vont être frappés de mort civile, bannis à perpétuité, et, s'ils rompent leur ban, livrés à la guillotine... Magistrats, simples riches, bourgeois ou paysans catholiques, le clergé insermenté depuis le cardinal archevêque jusqu'au simple vicaire de village, tous seront poursuivis, puis dépouillés, puis écrasés par la même oppression populaire et par la même oppression législative, chacune des deux persécutions provoquant et aggravant l'autre, tant qu'enfin la populace et la loi, complices l'une de l'autre, ne laissent plus ni un toit, ni un morceau de de pain, ni une heure de vie sauve à un gentilhomme ou à un curé ! »

En présence du décret de la Législative, M. Molé n'hésita point. Rester à l'étranger, c'était ajouter aux douleurs de l'exil les souffrances de la misère, et entraîner dans sa ruine sa femme et ses enfants. Revenir en France, c'était sans doute exposer sa tête à des fureurs publiques ou privées trop faciles à prévoir malgré la garantie des lois et les promesses du Gouvernement ; mais, c'était s'exposer seul, il le pensait du moins, et il ne pouvait prévoir encore que la justice révolutionnaire ne respecterait même pas les femmes et que les prisons s'ouvriraient pour des enfants en bas-âge. Qui sait même si, par une illusion trop facile aux âmes généreuses, il n'espérait pas trouver dans les auteurs et les hommes politiques de la nouvelle constitution quelque garantie pour sa personne et pour ses biens, quelque fidélité dans l'exécution de leurs promesses ?

Il revint donc en France dans les délais fixés par les décrets, c'est-à-dire dans les premiers mois de 1792, et pensant avec raison que le séjour de Paris était encore moins dangereux que celui de Méry ou de Champlâtreux, il s'établit à l'hôtel Molé avec son vieux père, l'ancien premier Président du Parlement, l'ancien adversaire de Maupeou, qui, infirme, âgé de quatre-vingt-sept ans, affaibli dans son intelligence, n'avait plus la pleine conscience des horreurs qui s'accomplissaient autour de lui, et assistait, en témoin presque désintéressé, à la ruine et au déshonneur de la France.

Madame Molé ne pouvait venir en aide à son mari et à la patrie que par ses prières et ses bonnes œuvres. Elle multiplia les unes et les autres, et et comptant moins que jamais sur la reconnaissance des pauvres, elle les secourut pour le pur amour de Dieu. Malgré le progrès de la dissolution morale du peuple, les excitations d'une presse impie et sanguinaire et le souffle satanique qui passait et pénétrait partout, sa charité était si grande, sa bonté si admirable qu'elle se fit de nombreux amis jusque dans les rangs de la populace et qu'en beaucoup de cœurs dévorés par la misère et le vice, elle triompha de l'ingratitude. Nous verrons, un peu plus loin, que le dévouement reconnaissant de ses pauvres ne lui fut pas inutile et qu'elle put, en un jour d'éclaircie, redire la parole divine du Sauveur : « Cherchez premièrement le royaume de Dieu, et le reste vous sera donné par surcroît. »

Cependant, la Révolution poursuivait sa marche avec la rapidité d'un torrent. A la fatale journée du 20 juin 1792 qui fut le dernier coup porté à la majesté royale, succéda la journée du 10 août qui porta le coup mortel à la monarchie elle-même. Le vieux trône de la maison de France s'abîma dans le sang de ses derniers défenseurs, et tandis que l'infortuné Louis XVI prenait avec la Reine et ses enfants le chemin du Temple, les prisons se remplirent de tous les bons citoyens qui jusqu'alors avaient échappé à la police révolutionnaire.

M. Molé était de ceux-là. La profonde retraite dans laquelle il vivait depuis son retour d'émigration l'avait préservé. Mais, à l'exemple du divin Maître, il fut trahi par quelques-uns des gens de sa maison inspirés par l'esprit démagogique ou par l'espoir d'une récompense pécuniaire. Sa présence à Paris fut signalée ou rappelée au comité révolutionnaire, et un matin, une troupe plus ou moins régulière de soldats ou de bandits, à la solde de la Commune de Paris, vint l'arrêter chez lui au nom de la loi. On l'arracha brutalement aux embrassements de sa femme et de ses enfants, et on l'écroua dans une des nombreuses prisons qui regorgeaient déjà de criminels de sa sorte.

« C'est grand'pitié, avait dit son illustre aïeul, le président Molé, aux révoltés de la Fronde qui insultaient à la dignité royale, c'est grand'pitié, quand le valet prend la place du maître ! » Mais c'est une pitié plus grande encore quand non-seulement les rangs sont intervertis, mais les idées et les mots même bouleversés ; quand les notions du droit et de la raison sont troublées à ce point que la vertu est réputée crime et le crime vertu, que les juges sont en prison et les malfaiteurs à la place des juges, que la force publique, au lieu d'être au service de la loi contre les scélérats, est l'arme des scélérats contre la loi, et que le glaive de la justice sociale n'est plus qu'un poignard aux mains des assassins. Ce spectacle que la France n'avait pas vu encore, elle allait le contempler dans toute son atrocité, et du premier coup, la jeune République française allait, pour ses débuts, dépasser tout ce que le monde avait vu d'horreurs depuis les jours de Néron, de Tibère et de Dioclétien.

CHAPITRE VII

LES MASSACRES DE SEPTEMBRE. — M. MOLÉ SAUVÉ PAR LE
DÉVOUEMENT DE SON VALET DE CHAMBRE DUVAL. — IL
EST ARRÊTÉ DE NOUVEAU, ET CONDAMNÉ. — L'ABBÉ
DE SAMBUCY. — SON EXÉCUTION.

A la vieille et machiavélique maxime : diviser pour
régner, la République de 1792 en substitua une nouvelle vraiment infernale : épouvanter pour régner.
De là le régime de la Terreur qu'on ne fait habituellement commencer qu'à la chute des Girondins,
mais qui, en réalité, date du 2 septembre 1792. A
partir de ce moment où Danton, ministre de la justice, poussa sa théorie de l'audace jusqu'à l'organisation et l'accomplissement du plus exécrable des
forfaits, la loi ne fut plus qu'un mot, la justice qu'un
mensonge, et la peur qui planait sur la France depuis
le 14 juillet 1789 prit les proportions de la Terreur,
nom légitime du nouveau système de gouvernement.

Je n'ai pas à raconter ici la préparation de ce
crime épouvantable, les bons d'assassinat distribués
au nom de la Commune de Paris à des brigands pa-
tentés, l'élite du clergé de France massacré dans

l'église et les jardins des Carmes, le sang coulant comme l'eau par un jour d'orage dans les diverses prisons de Paris. Je dois me borner à ce qui regarde M. Molé, incarcéré depuis quelques jours seulement, et sa malheureuse famille. Madame Molé ne vivait plus depuis l'arrestation de son mari. Elle traversait avec lui et plus que lui toutes les angoisses de l'agonie, et n'avait qu'une seule pensée, après celle de Dieu, lui venir en aide et chercher un moyen de l'arracher à la mort. Le dévouement d'un bon serviteur, appuyé par le souvenir vivant des bonnes œuvres de sa maîtresse, accomplit ce miracle, et triompha un moment de la sanglante ivresse des bourreaux.

Le tribunal d'assassins qui s'était installé dans la cour de la prison où était écroué M. Molé tenait depuis le matin ses horribles assises, et chaque prisonnier, interrogé pour la forme, était successivement *élargi*, c'est-à-dire conduit à la sortie de la prison où l'attendaient les piques et les couperets des exécuteurs de la justice populaire. Le courageux Duval, valet de chambre de M. Molé, s'était mêlé à la foule des septembriseurs, et avait trouvé le moyen de pénétrer avec eux jusque dans l'intérieur de la prison. Il attendait l'appel du nom de son maître, ne sachant pas encore ce qu'il ferait, mais décidé à tout tenter pour le sauver.

Quand ce nom fut enfin prononcé, personne n'y répondit. M. Molé, averti de l'horrible comédie qui se jouait ou l'ayant devinée, avait gravi l'escalier de la prison et s'était caché dans les combles. Tandis qu'on s'étonne de son absence, que les juges se consultent, s'emportent et blasphèment, Duval sort de la foule, et s'adressant à ceux qui l'entourent aussi bien qu'au tribunal, il s'écrie en empruntant la phraséologie du jour : « C'est un ami du peuple ! Il y a erreur ! Ce n'est pas un aristocrate. Je le connais et l'aime beaucoup, car il m'a fait du bien. Vous devez le connaître comme moi. C'est un ami du peuple, qui ne cherchait qu'à faire du bien au peuple : le peuple ne peut avoir à se plaindre de lui. C'est sa femme que vous avez vu cent fois visiter les pauvres dans les mansardes, porter des remèdes aux malades, payer les mois d'apprentissage de nos enfants. C'est un vrai citoyen, et je ne sais pourquoi on veut le faire mourir. On l'a certainement pris pour un autre !» L'animation de Duval, son accent de vérité, le souvenir des bienfaits de madame Molé dont le nom était populaire dans tout le quartier de Saint-Sulpice, peut-être la lassitude du crime et la fantaisie qui joue un si grand rôle dans les foules, toutes ces causes diverses agirent sur l'horrible auditoire du brave valet de chambre : « Eh bien ! s'écria quelqu'un des juges, va le chercher, et si tu le trouves, dis-lui que le peuple lui pardonne ! »

Duval court, cherche partout son maître, et soupçonnant qu'il s'est caché dans les combles, y monte et l'appelle à haute voix. M. Molé l'entend et d'abord ne répond pas. Il a reconnu la voix de son serviteur, et croit qu'il le cherche pour le livrer aux assassins. Enfin, se voyant au moment d'être découvert, il sort de sa cachette, et lui dit avec un accent de douloureux reproche : « Eh quoi ! Duval, c'est toi qui me trahis ! — Non, Monsieur, s'écrie le fidèle serviteur, ce n'est pas pour vous trahir, à Dieu ne plaise ! J'ai obtenu votre acquittement. Venez tout de suite ! »

M. Molé le croit, l'embrasse, le suit, descend avec lui dans la cour de la prison. Duval le présente à la foule qui l'acclame, qui le place de force sur un brancard, et rapporte en triomphe jusque dans la cour de son hôtel celui qu'elle s'apprêtait une demi-heure auparavant à déchirer en mille pièces.

Depuis le matin madame Molé était sur la croix. Le bruit du massacre des· prisonniers s'était répandu dans tout Paris, et elle se demandait, à chaque minute qui s'écoulait, si ce n'était pas la dernière de la vie de son époux. Au bruit de la foule envahissant la cour de son hôtel, à l'aspect de ces figures, de ces hommes ensanglantés, elle frémit d'horreur et croit d'abord que c'est le cadavre de M. Molé qu'on lui apporte pour insulter à sa douleur. Mais un second coup d'œil la rassure. Elle le reconnaît, voit qu'il est en vie et devine à l'air rayonnant de Duval que le bon serviteur a réussi à sauver son maître.

Elle se précipite au-devant de l'étrange cortège, veut se jeter dans les bras de son mari. Mais les septembriseurs qui le portaient l'arrêtent, et tandis que la foule, au milieu de laquelle elle reconnaît des visages amis, l'acclame à son tour et l'accueille avec des cris sympathiques, les bourreaux mis en belle humeur lui disent en ricanant : « Tiens, petite citoyenne, voilà ton mari ; nous te l'apportons, mais à la condition que tu nous embrasseras ! » Ils lui auraient demandé, comme à mademoiselle de Sombreuil, de boire un verre de sang humain, qu'elle l'eût fait sans hésiter. Elle se prêta donc à leur caprice de tigres apprivoisés et de ses lèvres pures toucha la joue de ces bandits. Puis elle rentra chez elle en possession de son époux reconquis, tous deux brisés d'émotions, suivis du bon Duval qui jouissait plus qu'eux-mêmes de leur bonheur, tandis que le vieux président Molé, qui, de sa fenêtre, avait regardé en souriant le retour triomphal de son fils, l'accueillait comme s'il l'avait quitté la veille, également préservé, par le triste privilége de son âge et de son infirmité, des angoisses de l'inquiétude et de l'excès non moins dangereux de la joie.

Ni M. Molé, ni sa femme, ne se laissèrent aller à de longues espérances. Ils considérèrent leur réunion comme un sursis de la Providence plutôt que comme une solution définitive d'une situation irrémédiablement perdue, et, de cet avertissement de la mort qui les avait presque touchés de son doigt, ils gardèrent une intelligence plus profonde du mystère de la vie et un plus grand abandon à la volonté de Dieu. Les horreurs qui se multipliaient sous leurs yeux n'étaient pas faites pour les rattacher aux choses de ce monde, et chaque jour leur apportait une preuve nouvelle de la vanité des espérances humaines. Parmi les victimes des massacres de septembre, le Père Lenfant, ancien jésuite et prédicateur éminent, fut une de celles que madame Molé regretta le plus profondément. Ce saint prêtre était son père spirituel ; elle lui avait confié la direction de son âme et sa mort lui enleva un appui que la difficulté des temps rendait plus précieux que jamais. Les prêtres restés fidèles à l'Église étaient partout poursuivis, chassés, emprisonnés, et la pratique du culte catholique, la réception des sacrements, l'assistance au sacrifice de la messe, étaient devenus presque aussi difficiles qu'aux temps des persécutions des Césars. Chose étrange, qui prouve la solidarité de toutes les erreurs et le mensonge de la liberté en dehors de la vérité, dire ou entendre la messe, c'est-à-dire accomplir l'acte le plus purement religieux, le plus étranger à la politique, était un crime puni de mort par la Convention, comme par le parlement anglais sous Elisabeth, et sur ce terrain de la persécution religieuse les monstres de 1793 donnaient la main aux despotes protestants, qu'ils se nommâssent Gustave Vasa en Suède, Henri VIII et Elisabeth en Angleterre ou Calvin à Genève ! Et tout cela se faisait, en Angleterre, en Suède et à Genève, au nom du libre examen, comme en France, au nom de la liberté, de l'égalité et de la fraternité !

Du fond de son hôtel où elle menait avec son mari et ses enfants la vie la plus retirée, et d'où elle ne sortait guère que pour aller entendre quelque messe dite en cachette dans une maison particulière ou pour aller visiter les pauvres, madame Molé assista, la prière aux lèvres mais le cœur brisé, à toutes les péripéties de la Révolution, depuis le procès et la mort du roi, jusqu'aux convulsions intestines de la Convention, à la chute des Girondins et à leur mort sur l'échafaud. De ce moment, toute résistance à Danton, Robespierre et Marat cessa, le tribunal révolutionnaire et le bourreau furent en permanence, la loi des suspects remplit incessamment les prisons que vidait la mort, et la terreur fut la seule loi vivante, la seule institution de la république triomphante.

Pourquoi M. Molé ne chercha-t-il pas à fuir la mort certaine qui l'attendait à un moment ou à un autre? Et comment ne tenta-t-il point une seconde émigration? Il s'arrêta sans doute devant la presque impossibilité de gagner la frontière en ces jours de délation universelle, devant la crainte de livrer sa femme et ses enfants à la misère par la confiscation de ses biens, peut-être aussi devant le dégout de la vie. En face de tant de hontes et de scélératesses, de la ruine de la société chrétienne, de l'avilissement de la France, en face du crime triomphant sous les traits hideux d'un Marat, et de la vertu assassinée, quelle âme un peu haute pouvait tenir à un monde témoin et théâtre de toutes ces horreurs? Il attendit donc sans illusion comme sans crainte ce qu'il plairait à Dieu de décider de son sort.

Ce qui devait arriver arriva. Fut-ce à la fin de 1793 ou au commencement de 1794, je l'ignore, et je n'ai pu savoir exactement le jour de son arrestation ni le temps qu'il passa en prison, avant d'aller à l'échafaud. Comme la première fois, les agents du comité de salut public vinrent l'arrêter dans son hôtel, et le conduisirent à la Conciergerie où il resta enfermé jusqu'à sa mort. Madame Molé, malgré toute l'éner-

gie de sa foi, eut peine à supporter cette nouvelle
séparation qu'elle pressentait devoir être la dernière.
Un moment, son courage l'abandonna, elle se laissa
aller non au désespoir mais à un déluge de larmes,
et ses gémissements eussent désarmé des tigres ;
mais ils laissèrent froids les dignes soldats de Robespierre. Elle contracta dès-lors le germe de la maladie
qui faillit l'emporter quelques mois plus tard et
qu'elle eût bénie, si en la retirant du monde, elle en
eût retiré en même temps ses pauvres enfants.

Pourtant son énergie morale ne l'abandonna point,
et jusqu'à la fin, elle chercha avec l'aide du brave
Duval, à arracher son mari à la mort. Cet homme
de cœur parvint, à force de démarches et d'argent, à
gagner les geôliers de la Conciergerie et à pénétrer
jusqu'à M. Molé. Il lui proposa des plans d'évasion,
dans lesquels sans doute il eût pris sa place et payé
de sa vie son dévouement et le salut de son cher
maître. Mais M. Molé s'y refusa absolument. Dégoûté
de la vie, las de tentatives qui eussent été probable-
ment infructueuses et qui n'auraient eu pour résultat
que de perdre son fidèle serviteur, il préféra s'abandonner à son sort et remettre sa vie aux mains de Dieu.

Duval ne se tint pas pour battu ; jusqu'au jour où
M. Molé fut conduit au tribunal révolutionnaire et
condamné à mort, jusqu'à l'exécution de la sentence
il lutta, il espéra encore. Le matin du jour fatal,
d'après les traditions constantes conservées dans la
famille, le brave valet de chambre entra précipitam-
ment chez Fouquier-Tinville, et lui offrit au nom de
madame Molé une somme considérable, un million,

dit-on, pour rançon de sa victime. Fouquier-Tinville se leva vivement, se frappa le front et s'écria : « ah ! que n'êtes-vous venu une demi heure plus tôt ; maintenant il est trop tard : la charrette est partie ! » Il était trop tard, en effet, et Duval revint désespéré raconter à madame Molé l'insuccès de sa suprême tentative.

Cet admirable dévouement de son serviteur fut pour M. Molé dans sa prison une grande consolation. Au milieu de tant de scènes d'horreur, de tant de témoignages de la malice et de la perversité humaine, le spectacle d'un homme de cœur est doublement consolant : il soulage la conscience et verse un baume dans l'âme du malheureux. Grâce à Duval, M. Molé resta jusqu'à la fin en communication avec ceux qu'il aimait, et il put échanger avec sa femme ses espérances suprêmes et ses derniers adieux.

Mais il eut une autre consolation plus sensible encore à son âme chrétienne, la consolation de l'asistance divine et des sacrements de l'Église. On a cru longtemps que les victimes de la Révolution avaient été privées de tout secours religieux, et des romanciers, généralisant ce qui ne fut qu'une exception, se sont amusés à peindre sous des couleurs légères la vie des prisonniers dans les cachots de la Terreur. M. Molé, le fils de celui même dont je parle en ce moment, fit sévèrement justice de ces fantaisies déplacées, en répondant à M. de Vigny le jour où ce spirituel et paradoxal écrivain fut reçu à l'Académie. Il rétablit la vérité sur ce point si intéressant de l'histoire de la Révolution, et il revendiqua hautement pour la plupart des victimes de la terreur, l'honneur d'une vie sérieuse dans les prisons, et d'une mort chrétienne sur l'échafaud. Les applaudissements unanimes de l'auditoire, écho de la conscience publique, accueillirent cette éloquente protestation de M. le comte Molé, protestation absolument conforme à l'Histoire.

La publication de la vie de M. l'abbé Emery, supérieur du grand séminaire de St-Sulpice au moment de la Révolution, a mis ce point historique en une telle lumière qu'il n'est plus permis de le contester. Ce saint prêtre, âgé de près de soixante ans déjà quand éclata la tourmente, sembla avoir été choisi par la providence pour diriger le clergé de France pendant les trois premières années de la révolution et pour être l'aumônier général des prisons de la république pendant la Terreur. Par un double miracle, Dieu voulut que d'abord il demeurât libre au milieu de l'Eglise persécutée, pour être le lien et le centre de cette Eglise sans évêques, sans curés, sans communication avec Rome ; puis qu'il demeurât captif pendant quinze mois, toujours à la veille de mourir et toujours survivant, afin de pouvoir être le guide et le salut des innombrables victimes qui passaient chaque jour, de la prison à l'échafaud.

Ce fut au mois de juillet 1793 qu'il entra à la Conciergerie, et il n'en sortit qu'en octobre 1794, trois mois après le 9 thermidor. Pendant cette longue détention, il se prépara sans cesse à mourir en y préparant les autres. Chaque fois que les accusés partis pour le tribunal en revenaient condamnés ce qui se renouvelait tous les jours, l'abbé Emery, à qui les géôliers eux-mêmes ne savaient pas résister, offrait de passer la nuit auprès d'eux, les réconciliait avec Dieu et les affermissait dans la grâce. Ce qu'il faisait à la Conciergerie, il le faisait faire dans les autres maisons d'arrêt, et il organisa le service des âmes dans toutes les prisons de Paris. Par ses nombreuses relations, par son action sur les membres dispersés du clergé, il trouva moyen de faire pénétrer partout des prêtres, apportant avec eux les consolations de la religion, le pardon de Dieu et le corps sacré de Jésus-Christ.

Là où les condamnés n'avaient pu se réconcilier dans leurs prisons, ils étaient avertis par des voies mystérieuses et sûres qu'à tel endroit du fatal trajet un prêtre se trouverait sur leur passage pour leur envoyer de loin l'absolution sacramentelle.

M. l'abbé de Sambucy, un de ces prêtres courageux, qui accomplissait chaque jour ce grand et pénible ministère, a déclaré que pendant huit mois qu'il accompagna les victimes du tribunal révolutionnaire il les vit toujours partir avec calme et résignation. Il fut particulièrement frappé de la foi et de la sérénité avec lesquelles les membres du parlement de Paris montèrent sur l'échafaud. Il put même pénétrer à la conciergerie la veille de leur immolation, et il leur apporta les derniers sacrements. Il vit et entretint particulièrement M. Molé, et le soir même, il vint secrètement trouver sa sainte et malheureuse femme à laquelle il transmit les derniers adieux de son mari et le rendez-vous qu'il lui donnait dans l'éternité.

Le lendemain, jour de l'éxécution, il se trouva comme toujours sur le passage des condamnés, et il donna à tous et à chacun une suprème absolution. M. Molé partit donc pour le ciel avec tous les secours, toutes les bénédictions de l'Église, et ce fut pour sa veuve l'unique consolation d'une inconsolable douleur.

Soit qu'elle eût espéré jusqu'à la fin dans la démarche de Duval près de Fouquier Tinville, soit que de si terribles inquiétudes et de si longues douleurs eussent épuisé toutes ses forces physiques, la nouvelle de la mort de M. Molé la frappa comme un coup inattendu. Son saisissement fut tel qu'elle en resta terrassée et qu'elle tomba dès ce moment dans un état de paralysie de tous les membres qui dura plusieurs mois et qui mit sa vie en danger. Son cœur était en haut, et la prière de la résignation et de l'espérance chrétienne montait incessamment vers Dieu, consolateur des affligés, et père des orphelins. Mais les ressorts de sa vie physique étaient comme brisés, et il faut se rappeler, pour comprendre qu'elle ait supporté cette épreuve et celles qui l'attendaient encore, que Dieu avait de grands desseins sur elle et la tenait en réserve comme un instrument de miséricorde et de salut.

CHAPITRE VIII

Ce fut le **20** avril **1794** que M. Molé fut exécuté. L'arrêt portait qu'il était condamné à mort pour cause de contre-révolution. Les deux faits principaux qui motivaient cet arrêt étaient d'une part une protestation contre la suppression du Parlement qu'il avait adressée à la Constituante avec tous ses collègues ; d'autre part, une lettre qu'il avait écrite au roi au moment de son retour d'émigration pour l'assurer de son dévouement et lui dire qu'il pensait pouvoir le servir plus utilement en France qu'à l'étranger. En ce temps de folie et de sang, c'était plus qu'il n'en fallait pour faire guillotiner toute une famille. Au moment de sa mort, M. Molé était âgé de trente quatre ans et sa femme en avait à peine trente. Ses biens furent mis sous le séquestre, pour être administrés par la nation au nom de ses enfants mineurs, de sorte qu'un état de gêne touchant à la misère vint s'ajouter aux autres épreuves de la malheureuse veuve.

Madame Molé montra dans ces affreuses circonstances toute la grandeur de son âme. Le premier moment de déchirement passé, elle retrouva toute son
énergie morale, toute sa vertu chrétienne ; et la certitude du salut éternel de l'âme de celui qu'elle
pleurait la consola de tout le reste. Le jour même où
l'abbé de Sambucy vint lui annoncer qu'elle était
veuve, elle se consacra immédiatement à Dieu par
un vœu solennel qu'elle prononça entre ses mains,
et elle offrit tout le reste de sa vie pour l'âme de son
époux et pour le bonheur de ses enfants.

Ces pauvres orphelins étaient au nombre de trois ;
l'aîné, àgé de treize ans, nommé, comme son père,
Édouard Mathieu Molé, devait jouer plus tard un rôle politique et littéraire considérable sous l'Empire, la Restauration et la monarchie de juillet. La seconde, nommée Marie Félicité Augustine, était née en 1784 et âgée
de dix ans. La troisième, toute jeune encore, nommée
Louise, ne devait pas tarder beaucoup à rejoindre
son père qu'elle aimait avec passion et dont la mort
l'atteignit aux sources mêmes de la vie.

Le vieux président Molé s'était éteint doucement
quelques mois avant l'exécution de son fils, à l'âge de
quatre vingt huit ans, et madame Molé n'avait pour
soutien dans la vie que sa mère, et madame Berryer,
sa grand-mère, qui semblent n'avoir pas quitté Paris
pendant toute la durée de la Terreur. Infirme au point
de ne pouvoir remuer le pied ni la main, de sorte
qu'il fallait la faire manger comme un petit enfant,
elle conservait une admirable sérénité, et veillait, de
son lit de souffrances, à l'éducation de ses enfants.

4.

Mais elle n'avait pas encore épuisé la coupe des douleurs, et une nouvelle épreuve ne tarda point à l'atteindre.

Quelques semaines après la mort de son mari, elle fut réveillée en sursaut un matin à sept heures par un bruit de pas précipités, des cris et des jurements, qui annonçaient quelque visite officielle. C'était une troupe de gardes municipaux qui venaient l'arrêter pour la conduire en prison avec ses enfants. Son veuvage, son infirmité, le sequestre de ses biens, n'avaient point paru au comité de salut public des garanties suffisantes contre les dangers qu'elle pouvait faire courir à la nation.

On lui laissa à peine le temps de se vêtir ou plutôt de se faire habiller avec ses enfants; elle ne put prendre et cacher sur elle qu'une petite bible, une Imitation de Jésus-Christ et un crucifix dont elle ne se séparait jamais, et elle quitta l'hôtel où elle avait passé de si heureures années, sans savoir si elle ne le quittait pas sans retour. Comme elle ne pouvait marcher on la mit sur un matelas, et quatre des municipaux l'emportèrent à travers les rues jusqu'à la prison où elle fut écrouée. En voyant passer ce cortège, cette jeune femme paralytique, vêtue de deuil, portée par des valets de bourreaux qui insultaient à sa douleur, suivie de trois pauvres enfants en deuil comme elle qui pleuraient de voir maltraiter leur mère, les gens du quartier échangeaient des regards furtifs de pitié, ils se demandaient si c'était là la récompense de tant d'œuvres de charité, de tant d'aumônes répandues, de tant de veuves consolées, d'orphelins secourus et arrachés à la misère, et ils maudissaient tout bas ces tyrans qui se disaient amis du peuple et qui traitaient ainsi ses seuls, ses véritables amis.

Les enfants de madame Molé ne marchaient pas seuls à la suite de leur mère ; un jeune homme les accompagnait. Il franchit avec eux le seuil de la prison, et après de nombreux pourparlers, il obtint comme une grâce la permission de partager leur détention et de leur continuer ses soins. C'était M. Martin de Puysieux, précepteur du fils aîné de madame Molé, qui, malgré ses instances, refusa de l'abandonner dans ces circonstances extrêmes, voulut rester près de ses élèves au prix de sa liberté, peut-être de sa vie, et ne sortit de prison que quand madame Molé obtint elle-même son élargissement. Dévouement admirable, qui, comme celui du fidèle Duval, soulage la conscience et réjouit les yeux au milieu de tant de trahisons et d'horribles spectacles, et qui, grâce à Dieu, ne fut pas une exception pendant la Terreur. Beaucoup des grands seigneurs ou des grandes dames, victimes de la Révolution, furent suivis, assistés, consolés jusqu'au bout soit par un précepteur ou une gouvernante dévouée, soit par un serviteur ou une femme de chambre fidèle, et, par un singulier caprice de piété ou de clémence, la plupart de ces humbles et héroïques dévouements furent autorisés et respectés par ce gouvernement sanguinaire qui se jouait de la mort et ne respectait rien.

M. Martin de Puysieux, qui appartenait d'ailleurs à une très-honorable famille, dut plus tard à la reconnaissance de madame Molé et de ses enfants, une fortune bien méritée. Il fit un excellent mariage, et fut préfet d'Angers sous la Restauration. Sa femme et ses enfants se retirèrent à Rome après la Révolution de 1830. Une de ses filles se fit religieuse dans la communauté de Saint-Sauveur à Caen.

Quiconque a lu des récits véridiques sur la condition des prisonniers au temps de la Terreur peut se faire une idée de ce que souffrit madame Molé pendant sa longue détention. Tout ce que l'âme et le corps peuvent supporter de douleurs semblait réuni par un art infernal pour accabler ces malheureuses victimes. Au physique, des cellules misérables, obscures, malpropres, des grabats dont des pauvres n'auraient pas voulu, le froid pendant l'hiver, une chaleur étouffante et malsaine pendant l'été, pas de lumière le soir pour diminuer la longueur interminable des nuits, mille bruits troublant à chaque instant le sommeil, une nourriture insuffisante et détestable, le pain même si mauvais parfois que sa seule vue soulevait le cœur, en un mot tous les besoins de la nature changés en instruments de supplice et devenus complices des bourreaux : telle était l'existence matérielle des prisonniers.

Au moral, c'était pis encore ; les parents séparés de leurs enfants ou, quand ils les conservaient près d'eux comme madame Molé, témoins de leurs privations et de leurs larmes, le manque de nouvelles du dehors, l'annonce fortuite et incessante de la mort de ceux qu'on aimait le plus, les visites domiciliaires la nuit comme le jour, un espionnage continuel, l'incertitude du lendemain, l'échafaud toujours dressé, attendant chaque jour sa provision de victimes, l'appel quotidien des condamnés, et cette épée de Damoclès de la guillotine toujours suspendue sur la tête de chacun : telle était l'horrible condition des victimes de la liberté et de la fraternité révolutionnaires.

Comme toutes les âmes vraiment chrétiennes, madame Molé se plaignait peu et n'entretenait que Dieu de ses souffrances pour les sanctifier en les lui offrant. Mais ce qu'on sait des circonstances de sa captivité n'est pas fait pour diminuer l'horreur des bourreaux et la pitié pour les victimes La paralysie dont elle était atteinte et qui, tout en s'affaiblissant graduellement, durait encore à sa sortie de prison, ne lui valut aucun adoucissement du régime que nous venons de décrire. La nourriture était si répugnante qu'elle ne pouvait vaincre son dégoût et qu'elle souffrait de la faim. Dénuée de tout remède, elle manquait même du linge nécessaire pour se changer et changer ses enfants. Elle était gardée à vue presque continuellement par des agents de la Commune dont la présence et les propos grossiers étaient pour elle un supplice de tous les instants.

Il lui était impossible de dormir en paix. Soit hasard, soit raffinement de malice, on lui avait donné une chambre près de la porte d'entrée de la prison, de sorte que, chaque nuit, elle entendait le fatal marteau qui annonçait l'arrivée des commissaires, puis l'appel fait à haute voix des condamnés du lendemain. Durant plusieurs mois, elle suivit ce funèbre exercice, qui chaque jour était pour elle le plus saisissant des sermons sur la mort et l'éternité, et chaque soir elle se demandait si son nom ne figurerait pas sur la liste du lendemain.

Un jour vint où elle entendit au dehors de la prison un tumulte inaccoutumé; les portes s'ouvraient, se refermaient, comme si une lutte était engagée entre la mort qui attendait sa proie quotidienne et la prison qui la lui refusait. Bientôt, le canon retentit, et les condamnés devinèrent qu'un combat dont leur vie était l'enjeu se livrait entre les tyrans de la Convention. C'était le 9 thermidor, ce jour où la chute de Robespierre termina la période la plus sanglante de la Terreur, et livra la France à des mains à peu près aussi criminelles, mais à une politique forcément moins violente, par suite de cette loi de réaction qui se retrouve partout, dans le monde moral, comme dans le monde physique.

A partir de ce moment, les prisons ne s'ouvrirent pas pour tous les accusés, comme on le pense trop généralement, le bourreau ne resta pas absolument inactif, et les ombres de la Terreur planèrent longtemps encore sur la France. Mais on commença à respirer plus librement : les vainqueurs de Robespierre ne pouvaient pas gouverner comme Robespierre et la clémence s'imposait à eux comme une conséquence obligée de leur victoire. Chaque jour, on relâchait quelque prisonnier, sans aucun plan apparent, mais avec l'intention évidente de vider peu à peu les cachots par un autre procédé que la guillotine. L'appel quotidien des condamnés avait cessé, et ceux qui restaient détenus sentaient dans l'attitude des geôliers, dans l'air même qu'ils respiraient comme un parfum de liberté renaissante.

Malgré ces adoucissements et le retour de l'espérance qui rend supportables toutes les souffrances humaines, le séjour des prisons de la République fut rude jusqu'à la fin aux détenus qui, comme madame Molé, y furent gardés longtemps après le 9 thermidor. Elle y passa toute la première partie de l'hiver de 1794-1795, qui fut si rigoureux par l'excès du froid, et elle y souffrit cruellement. Elle voyait ses enfants pleurer de froid, lui montrer leurs mains et leurs pieds gonflés et crevassés par les engelures, et elle ne pouvait les soulager. Elle connut en un mot toutes les misères, toutes les souffrances qu'elle avait si souvent consolées et soulagées chez les pauvres, et elle puisa dans cette expérience une charité plus grande encore pour les malheureux et une volonté plus forte de les secourir si Dieu lui rendait un jour la liberté et la fortune. Quand elle sentait son courage prêt à défaillir, elle ouvrait sa Bible, ou son Imitation, elle regardait son crucifix, et les paroles des saints Livres, le silence du Sauveur sur la croix ranimaient son espérance et rappelaient l'action de grâces sur ses lèvres.

Enfin, son tour arriva d'être appelée au greffe de la prison, et, après un interrogatoire de pure forme, elle obtint son élargissement. Elle sortit de prison, en bénissant Dieu, mais avec une joie bien mêlée d'inquiétude. Depuis son incarcération, elle n'avait eu aucune nouvelle de sa mère et de sa grand'mère, qui, de leur côté, ne savaient pas si elle était morte ou vivante. On juge de leur bonheur quand elles se retrouvèrent en vie, de leurs actions de grâces, de l'ivresse de leurs embrassements. Un moment les souvenirs sanglants du passé, les nuages qui assombrissaient encore le présent, les incertitudes de l'avenir, tout fut oublié, et ces âmes, qui depuis tant de mois ne semblaient plus capables que de souffrir, éprouvèrent qu'elles étaient encore accessibles aux émotions les plus douces et les plus puissantes de la joie humaine.

CHAPITRE IX

Les prisonniers de la Terreur, échappés à la guillotine et à la prison, ne jouissaient que d'une liberté
relative. Ils étaient dans la situation des repris de
justice, placés sous la surveillance de la police répu-
blicaine, la plus tracassière de toutes les polices, et
obligés de résider au lieu qui leur était assigné par
le Gouvernement. Madame Molé reçut l'ordre de se
rendre à son château de Méry, avec défense d'en
sortir sans la permission des autorités.

Il eût semblé plus naturel qu'on lui donnât pour
résidence le château de Champlâtreux, terre patri-
moniale des Molé, dont son fils était devenu propriétaire par la mort de son grand-père et de son père.
Mais le gouvernement révolutionnaire y avait mis
bon ordre. Quoique le retour de M. Molé en France
dans les délais fixés par les lois sur les émigrés, eût
rendu impossible la confiscation de sa fortune, et que

le sequestre mis sur ses biens après son exécution ne donnât à la nation d'autre droit que celui de les administrer au nom des enfants mineurs, l'État avait usé de la terre de Champlâtreux comme de sa chose, et il avait affecté le château à une destination éminemment nationale : il en avait fait un asile pour les galeux et les teigneux de la République, population intéressante et nombreuse qui le remplissait de la cave au grenier. Le choix des malades qu'on y entretenait était-il une dérision à l'adresse des propriétaires de ce noble et beau domaine ? Cette affectation était-elle au contraire un moyen de préserver du pillage et d'une ruine totale cette habitation seigneuriale ? Si ce dernier but fut celui du Gouvernement, on peut dire qu'on ne l'atteignit qu'imparfaitement.

Les quatre murs du château, ses toits, ses parquets, sa distribution intérieure, en un mot, tout ce qui n'était pas susceptible d'être enlevé fut en effet préservé, et ni le feu, ni la pioche révolutionnaire n'y accomplirent leur besogne habituelle. Mais rien de ce qui faisait la décoration et l'ornement de ce splendide séjour ne survécut à l'occupation nationale. Tentures, meubles précieux, tableaux, souvenirs de famille : tout fut enlevé, dispersé, soit par les agents officiels du Gouvernement, soit par les citoyens qui les trouvaient à leur convenance.

Un seul tableau qu'on pouvait difficilement voler, mais qu'on pouvait détruire, échappa au pillage. Il couvrait tout un côté d'un des salons du château ; c'était un don de Louis XVI, témoignage de l'affection du prince pour le premier Président Molé et de la reconnaissance royale envers sa famille. Ouvrage de Vincent, peintre très-distingué de la fin du siècle dernier, il représentait le grand Molé, le héros de la Fronde, dans une des actions les plus mémorables de sa vie, alors qu'assailli par une bande de furieux qui se précipitaient sur lui pour le massacrer, il marcha droit à eux, les arrêta par l'intrépidité de son attitude et de ses regards, et prononça cette parole fameuse qui leur fit tomber les armes des mains : « Il y a encore loin du poignard d'un assassin au cœur d'un honnête homme. »

Les héros de quatre-vingt-treize se reconnurent-ils dans cette troupe de pillards et d'égorgeurs? Voulurent-ils respecter l'image de leurs devanciers, ou les imiter? Quoiqu'il en soit, ils s'arrêtèrent comme eux devant la figure du grand Molé, devant cette personnification de la Justice intrépide et plus forte que la mort, et jusqu'au bout de la tourmente révolutionnaire, sa fière image continua d'habiter le château qu'il avait légué à ses descendants, pour y attendre et y saluer le retour de son arrière petit-fils, rentrant après la crise dans le domaine de ses pères. Aujourd'hui, le château de Champlâtreux restauré par le comte Molé, a repris sa splendeur première, et, si nous ne nous trompons, le tableau de Vincent y occupe encore la place qu'il a toujours occupée.

Si madame Molé eût été seule, elle aurait consenti sans peine à habiter un coin de son château de Champlâtreux, au milieu de sa population nouvelle à laquelle elle eût prodigué ses soins et parlé de Dieu, chassé de tous les hospices républicains. Mais elle eût redouté pour ses enfants la double contagion du vice et de la maladie, et elle bénit le Gouvernement de lui avoir assigné pour domicile la terre de Méry.

Ce beau domaine avait beaucoup souffert de l'anarchie révolutionnaire, mais à un moindre degré que Champlâtreux. Les meubles essentiels, quelques tableaux de famille eux-mêmes avaient été épargnés, et au sortir de prison, elle s'y trouva comme dans un lieu de délices. Là du moins, elle pouvait donner à ses enfants les soins que réclamait leur santé bien éprouvée par les souffrances d'une longue détention ; elle avait auprès d'elle madame de Lamoignon et madame Berryer avec lesquelles elle pouvait pleurer, prier et parler du passé. Là aussi, elle retrouvait dans la population de la paroisse des visages amis et des pauvres à consoler. Elle y trouvait aussi plus d'un exemple de l'ingratitude et de la malice humaines, mais après les épreuves qu'elle avait traversées, elle n'avait plus rien à apprendre de ce côté, et sa miséricorde, puisée et entretenue aux sources divines, était sans bornes comme celle du Sauveur. De nombreuses pièces de terre appartenant au domaine de Méry étaient aux mains des habitants voisins qui en avaient pris possession sans scrupule. Elle eût pu en poursuivre la restitution, qu'elle ne l'eût sans doute pas tenté. Ce fut plus tard l'affaire de son gendre qui n'y réussit qu'à demi.

Un autre attentat lui fut infiniment plus sensible. Les anciens seigneurs de Méry, depuis les Saint-Chamand jusqu'à la présidente Molé, avaient été ensevelis dans une des chapelles de l'église paroissiale attenante au château, la chapelle Saint-Antoine, fondée et entretenue par leurs libéralités. Leur dépouille mortelle ne fut pas mieux traitée que celles des rois de France. Leurs pierres tombales furent brisées en 1793, les inscriptions et les marbres arrachés, leurs ossements jetés au vent, et, circonstance particulièrement douloureuse au cœur de madame Molé, elle apprit en revenant à Méry que le principal auteur de cette profanation était un des vieux serviteurs de sa famille, pensionné par elle et qui s'était vengé ainsi des bienfaits de ses maîtres.

Pendant les premières années de son séjour à Méry après son élargissement, madame Molé vécut dans une assez grande gêne, l'État, administrateur de sa fortune, étant ruiné et d'ailleurs peu scrupuleux. Elle retrouva heureusement une partie de ses bijoux qui l'aidèrent à vivre et parmi lesquels se trouvaient trois diamants d'une telle beauté que leur imitation en cristal avait été envoyée avant la Révolution aux principaux lapidaires de France et des cours étrangères, pour en faciliter le recouvrement en cas de vol ou de disparition. Au moment de son arrestation, une main amie avait pu s'emparer de l'écrin qui renfermait ces diamants, et ils lui furent fidèlement remis après sa sortie de prison.

La vie qu'elle mena à Méry de 1795 à 1798 fut donc relativement heureuse et tranquille. Sa paralysie avait enfin cédé au calme et aux soins prolongés, et son cœur si cruellement blessé se reposait entre ses enfants, sa mère et son aïeule qui ne la quittaient pas. Mais, il était dit que la croix avec laquelle elle avait contracté une indissoluble alliance ne lui laisserait jamais de longs repos, et dès l'année de sa libération, elle en fit la douloureuse épreuve.

Sa plus jeune fille, Louise, qui n'avait que trois ans lors de son emprisonnement, et que la mort de son père avait profondément atteinte, ne survécut pas longtemps aux souffrances de la prison et s'éteignit peu de temps après son retour à Méry. La date exacte de cette mort et de celle de madame Berryer n'a pas été conservée, mais il est probable que l'aïeule ne suivit pas de loin dans la tombe et dans le ciel son arrière-petite-fille. Ces deux âmes innocentes, l'une consommée dans la sainteté par les épreuves d'une longue vie, l'autre enlevée en sa fleur aux orages de ce monde, allèrent ensemble rejoindre dans la bienheureuse éternité celui que madame Molé pleurait et dont elle devait porter le deuil et garder la mémoire jusqu'à la fin de ses jours.

Une catastrophe moins attendue et plus terrible par les circonstances qui l'accompagnaient vint rouvrir les blessures saignantes du cœur de madame Molé et briser celui de madame de Lamoignon, sa mère. Ce fut le désastre de Quiberon, qui fut comme un épisode sanglant et posthume de la Terreur, et qui apporta un nouveau deuil de famille à ces deux saintes et malheureuses femmes.

Je ne rappellerai qu'en quelques mots cette aventure héroïque où périt, après quelques jours de victoires, la fleur de la jeune émigration française. Croyant la Révolution épuisée par ses propres excès et la France prête à revenir à ses rois, une petite armée d'émigrés organisée en Angleterre et transportée hélas! par une escadre anglaise, débarqua à la presqu'île de Quiberon, dans le Morbihan, à la fin de juin 1795, s'empara du fort Penthièvre qui défend l'entrée de la presqu'île, et prit rapidement possession d'Auray et de quelques villes du voisinage. Ce fut la courte période du succès et des illusions. Le défaut d'organisation et d'entente entre les chefs de l'expédition et les royalistes demeurés en Bretagne auxquels tout manquait, armes, munitions, moyens de communication, les mesures énergiques décrétées par la Convention, l'habileté militaire du général Hoche qui méritait une plus noble besogne et d'autres champs de bataille, la force des armées républicaines : toutes ces circonstances devaient amener fatalement la défaite de la petite armée royaliste. La trahison s'en mêla et hâta l'inévitable dénouement.

Parmi les troupes débarquées à Quiberon se trouvaient un certain nombre de soldats républicains, faits prisonniers par les royalistes dans les guerres précédentes et qui s'étaient convertis en Angleterre aux idées et aux sentiments de leurs vainqueurs. On avait eu l'imprudence de se fier absolument à cette conversion et de les enrôler dans les troupes de l'expédition. Plusieurs de ces transfuges faisaient partie de la garnison du fort Penthièvre. La vue du drapeau tricolore, de leurs anciens camarades, la prévision de la défaite des royalistes et la nécessité de mériter le pardon des chefs républicains, les décidèrent à s'entendre avec les généraux ennemis et à leur faciliter l'entrée de la place.

Prévenu par ces traîtres, le général Hoche choisit pour l'attaque du fort la nuit du 20 au 22 juillet. A la complicité des hommes se joignit celle des éléments : le temps était effroyable ; la mer, toujours agitée sur cette plage hérissée de rochers, était devenue furieuse, et le bruit des vagues eût couvert celui du tonnerre et du canon. Se fiant à cette tempête, la garnison n'était pas sur ses gardes. Quand elle courut aux armes pour se défendre, il était trop tard ; la résistance fut cependant héroïque, et des centaines de braves gens se firent tuer plutôt que de s'enfuir ou de se rendre. Mais le drapeau tricolore flottait déjà sur la citadelle, et c'en était fait de la petite armée royaliste.

Le désastre qui suivit fut affreux ; la violence de la tempête rendait presque impossible l'embarquement des vaincus, et la mer, brisant sur les écueils les chaloupes et les canots de sauvetage, fit plus de victimes encore que le feu des républicains.

Parmi les officiers de la division du comte de Sombreuil, débarqué peu de jours avant la prise du fort Penthièvre et demeuré par le départ ou la mort des autres généraux, chef de l'expédition, se trouvaient MM. Charles et Christian de Lamoignon, frères de madame Molé. Ils faisaient partie du régiment de Périgord, commandé par le comte de Bozon-Périgord. Les débris de ce régiment ayant reçu l'ordre de se rendre au Fort-Neuf situé à l'autre extrémité de la presqu'île, pour s'y fortifier et protéger l'embarquement des royalistes encore vivants, longeaient le rivage de la mer, poursuivis par le feu des batteries républicaines, quand le vicomte Christian de Lamoignon reçut à la jambe une blessure fort grave qui l'étendit sur le sable. Une seule voie de salut lui restait, s'embarquer sur un des canots qui portaient à l'escadre ceux qui osaient se fier à l'Océan encore agité, quoique moins furieux. Mais il ne pouvait sans secours tenter cet embarquement.

C'est alors que son frère, le comte Charles de Lamoignon, donna un admirable exemple de dévouement fraternel et d'honneur militaire. Voici comment ce trait est raconté par un témoin oculaire, M. de Villeneuve, officier du même régiment, qui a laissé une relation très-complète de l'expédition et du désastre de Quiberon.

« Nous suivions notre marche en silence, lorsqu'un nouveau spectacle vint frapper mes yeux. Je vis, sur le rivage, un officier en porter un autre sur ses bras, le conduire dans une embarcation, et se retirer ensuite. Je m'étonnais que lui-même eût négligé son salut et qu'il n'eût pas profité de l'embarcation pour se transporter à bord de l'escadre. Peu d'instants après, je m'entends appeler par mon nom et le comte de Lamoignon, que je croyais mort, est dans mes bras. C'était lui que je venais de voir sur le rivage : il avait sauvé son frère, blessé à la jambe, et était, aussitôt après, revenu se ranger sous nos drapeaux. Après son récit touchant : « Pourquoi, lui dis-je, n'avez-vous pas suivi votre frère? Vous le pouviez sans danger. — Non je ne le pouvais pas, me répondit-il avec énergie, puisque mon régiment se bat encore. » Cette réponse était digne d'un sort meilleur que celui qui l'attendait. Il se rendit cependant aux avis du comte de Bozon qui admira comme nous son héroïsme, et il nous précéda au Fort-Neuf, espérant y trouver les secours dont il avait grand besoin, par suite des fatigues qu'il avait endurées.

A peine arrivé au Fort-Neuf sous le feu de l'ennemi qui était à une demi-portée de canon, le comte de Sombreuil s'aperçut bien vite que la position n'était pas tenable. Les murailles d'enceinte ne se composaient guère que de pierres croulantes, posées les unes sur les autres ; comme munitions, tout manquait, et parmi le millier de soldats entassés dans le fort, les mieux partagés avaient deux ou trois cartouches.

Arrivés à portée de la voix, les soldats républicains, touchés du carnage et de la misère de ces braves gens, leur crièrent : « Rendez-vous, braves émigrés ; il ne vous sera fait aucun mal ; nous sommes tous Français ! » Et en effet, ils ne tirèrent plus un seul coup de fusil. Quelques soldats royalistes jetèrent alors leurs armes et coururent à l'ennemi qui les reçut à bras ouverts.

Encouragés par ce succès, les républicains renouvelèrent leurs instances. Le sang français parlait plus haut en ce moment que la passion politique, et si le sort des émigrés eût dépendu de ces braves grenadiers au lieu de dépendre d'un Tallien, tous auraient été sauvés.

C'est alors que Sombreuil se résolut à la démarche qui honorera à jamais sa mémoire, celle de se sacrifier pour le salut de ses soldats et de ses camarades. Après

un rapide conseil de guerre il se rendit près du général Hoche (1) accompagné de ses officiers supérieurs. On n'avait pas de quoi écrire, et l'on se
contenta de stipuler verbalement une capitulation
garantie par la parole des deux chefs et basée sur les
conditions suivantes :

« Le général comte de Sombreuil se dévoue et fait
le sacrifice de sa vie, pour celle de ses compagnons
d'armes renfermés dans le Fort-Neuf.

Tous les émigrés pourront se rembarquer.

Les soldats seront prisonniers de guerre, et la
République pourra les incorporer dans les rangs de
ses troupes, si elle le juge à propos. »

On peut juger de l'émotion du comte de Lamoignon
et de ses compagnons en apprenant ce dévouement
sublime de leur chef. Les uns pleuraient, les autres
voulaient continuer à se défendre et se faire tuer
plutôt que d'abandonner Sombreuil à sa destinée ;
mais il était trop tard. Déjà, les grenadiers républicains avaient pénétré dans le fort ; ils tendaient la
main aux soldats royalistes, et bientôt, la confra-
ternité du sang faisant taire tout autre sentiment, les
deux troupes semblèrent ne plus en former qu'une.

Cette union très-sincère ne devait pas durer
longtemps. Le général Hoche, arrivant avec Sombreuil
au milieu des officiers royalistes leur dit courtoise-
ment : « Messieurs, vous allez tous vous rembarquer. » Mais, soit crainte de la mer encore très-ora-
geuse, soit inintelligence des signaux d'appel des

1. Ou plutôt du général Humbert.

émigrés, soit fatalité, l'escadre anglaise tarda à envoyer les embarcations nécessaires à l'exécution immédiate de la capitulation et ce retard perdit tout. Hoche ne put obtenir de Tallien un plus long délai pour l'embarquement des royalistes. Il reçut l'ordre impérieux de les conduire à Auray pour attendre qu'on eût prononcé sur leur sort, et la Convention, consultée par Tallien, ordonna qu'on passât outre à leur jugement, sans tenir compte de la capitulation. C'était prononcer leur arrêt de mort, les décrets contre les émigrés étant toujours en vigueur.

Le comte Charles de Lamoignon fut enfermé avec ses compagnons dans l'église d'Auray, et plus tard dans la prison de la ville. Il fut témoin de l'indignation de Sombreuil en apprenant la violation de la parole donnée : « C'en est fait, Messieurs, leur dit-il ; il ne vous est plus permis d'espérer ; le parjure des hommes vous livre à la mort. Consolons-nous ; Dieu voudra bien la prendre en rémission de nos fautes. »

Après plusieurs jours d'une attente mortelle, il fut jugé, condamné le premier avec le saint évêque de Dol, aumônier en chef de l'armée royaliste, et tous deux moururent en martyrs. Sombreuil, tout jeune encore, sur le point de se marier avec une jeune fille qu'il aimait passionnément, conserva jusqu'au bout sa sérénité. Invité à se mettre à genoux pour être fusillé, il répliqua après un moment d'hésitation : « Je le veux bien ; mais je fais observer que je mets un genou à terre pour mon Dieu, et l'autre pour mon Roi. »

Ses compagnons, au nombre de plus de sept cents.

furent condamnés et exécutés comme lui. Tous reçurent les secours de l'Église avant de mourir, et tombèrent en chrétiens. Le comte Charles de Lamoignon, avant de partir pour le conseil de guerre, prit à part M. de Villeneuve son camarade, qui échappa par miracle au supplice, et l'embrassant il lui dit : « Si comme nous l'espérons, vous parvenez à échapper à la mort et si vous revoyez un jour mon frère Christian, dites-lui combien, dans mes derniers moments, j'éprouve de consolation d'avoir pu le sauver ! dites-lui que j'emporte au tombeau la certitude qu'il conservera le souvenir d'un frère qui lui a toujours été tendrement attaché. »

Il mourut bravement et chrétiennement comme ses camarades. On les fusilla tous ensemble dans un lieu désert et sauvage des environs d'Auray, à la lisière d'un bois de sapins sur le bord d'un vaste marécage ; c'était un de ces coins désolés de la nature qui respirent la tristesse et qui semblent prédestinés à l'accomplisement des grands crimes. Leurs ossements restèrent vingt ans à la place même où ils avaient été ensevelis. Puis, quand vint la Restauration, la main pieuse d'un saint prêtre d'Auray, M. l'abbé Deshays, que nous retrouverons dans la suite de cette histoire, les transporta à l'ombre de la Chartreuse, ancien monastère situé dans le voisinage, et éleva à la mémoire de ces héroïques jeunes gens un double monument, l'un à l'endroit même où ils avaient été massacrés et qui n'est connu dans la Bretagne entière que sous le nom de champ des martyrs, l'autre à l'entrée de la Chartreuse où reposaient leurs cendres. Cette dernière chapelle en marbre blanc et noir, est d'un caractère austère et profondément religieux. Tous les noms des victimes y sont gravés sur les murs intérieurs, avec des inscriptions funèbres appropriées à la situation. L'inauguration solennelle de ce monument eut lieu en 1823, en présence de madame la duchesse d'Angoulême et des principaux représentants de la Bretagne royaliste et catholique. Depuis lors, tous les pèlerins de Sainte-Anne d'Auray s'y viennent agenouiller avec une respectueuse émotion ; les simples touristes, attirés par la curiosité, ne peuvent s'y défendre d'un pieux attendrissement, et sans aucun doute, quand madame Molé se fut établie dans le Morbihan où elle devait passer les vingt-cinq dernières années de sa vie, elle vint plus d'une fois répandre des prières et des larmes sur la dépouille mortelle de ce frère qui avait été, par un chemin sanglant, rejoindre son époux dans l'éternité.

CHAPITRE X

Madame de Lamoignon et madame Molé pleurèrent
longtemps leur fils et leur frère, et sa fin si tragique
et prématurée jeta sur leur vie déjà bien austère un
nouveau voile de tristesse et de deuil. Chacun de ces
coups répétés, en tombant sur le cœur de la sainte
veuve, la détachait de plus en plus des choses de la
terre et lui rappelait la promesse qu'elle avait faite à
Dieu de se consacrer à lui quand elle ne serait plus
nécessaire aux siens dans le monde. Ce moment ne
tarda pas à venir. L'exécution des mesures révolutionnaires perdait de jour en jour de sa rigueur, et
madame Molé obtint la levée du séquestre qui pesait
sur ses biens et sur ceux de ses enfants. La grande
fortune de M. Molé fut remise en ordre et administrée par sa veuve avec cette prudence et cette fermeté

qu'elle devait montrer plus tard dans le gouvernement de sa communauté. Le partage en fut fait entre
ses deux enfants; la terre de Champlatreux échut
naturellement à son fils, et sa fille eut la terre de
Méry.

Une fois cette grande question résolue, madame Molé dut songer à l'établissement de ses enfants. Elle
savait que son fils, avec son nom, sa fortune, et les
dons personnels plus rares qu'il avait reçus de la
Providence. trouverait une compagne digne de lui,
et en effet, fort jeune encore, à l'aurore du nouveau
siècle, il épousa mademoiselle de la Briche qui réu-
nissait tout ce qu'une mère peut désirer pour un fils
tendrement aimé. Quant à sa fille, après avoir cherché à quelles mains sûres elle pourrait confier son
bonheur, elle pensa que nul ne serait plus capable de
remplir cette tâche que le vicomte Christian de Lamoignon, son propre frère. Il était âgé de vingt-huit
ans, et les terribles épreuves de Quiberon, les douleurs de l'exil, avaient achevé de former son esprit et
son cœur. Dernier né de sa nombreuse famille, sa
sœur avait pris l'habitude de le regarder comme son
fils. Elle résolut d'en faire son gendre, et le mariage
s'accomplit en 1798. Les jeunes époux allèrent aussitôt s'établir à Méry dont la restauration occupa les
premières années de leur union et qu'ils ne quittèrent
presque pas pendant toute la durée de l'empire.

Ses enfants ainsi établis dans les meilleures conditions, madame Molé avait encore un souci, celui de
sa mère qui demeurait avec elle depuis la fin de la
Terreur. Mais madame de Lamoignon était digne de

sa fille, et elle avait appris comme elle à juger le monde à sa juste valeur. Elle lui déclara donc qu'elle la suivrait dans sa retraite et que, quelque fût le genre de vie que choisirait sa fille, tout son bonheur serait de s'y associer. Madame Molé reçut cette assurance avec une grande joie, et songea dès lors aux moyens d'accomplir le vœu qu'elle avait fait de se consacrer tout entière au service de Dieu.

Ce vœu n'avait, pas, au moment où elle le formula ni au moment où elle songea à l'exécuter, un objet précis et déterminé. Les congrégations religieuses de tout rang, de toute nature, avaient été violemment détruites par la Révolution. Les lois de la Constituante avaient aboli les vœux de religion et fermé une partie des couvents et des monastères, sans interdire le libre exercice de la vie religieuse. Mais la loi de septembre 1792, loi de persécution, rendue à la suite du massacre des évêques, des prêtres et des moines, avait fait un crime de la vie monastique chassé de leurs maisons conventuelles les frères, les sœurs de tout habit et de toute charité, et proscrit à tout jamais le rétablissement d'un ordre religieux quelconque.

Pendant toute la période révolutionnaire, la vie chrétienne avait cessé d'un bout à l'autre du territoire, du moins dans ses manifestations apparentes et ses cérémonies publiques. Le culte de la déesse Raison avait remplacé, sur l'autel de Notre-Dame, celui du Dieu, fils de Marie ; les prêtres catholiques, chassés et poursuivis comme des criminels, n'exerçaient plus leur ministère qu'en secret ; les religieux et les religieuses dispersés, sans lieux de réunion, sans costumes, dispensés de leurs règles par la force même des choses, se contentaient de prier, de pleurer et de faire pénitence en attendant que l'heure des ténèbres fût passée. Mais comme tout ce qui est violent, cet état de choses ne pouvait durer. A mesure qu'on s'éloignait de la Terreur, les ressorts du despotisme jacobin se détendaient peu à peu, les lois de proscription subsistaient toujours, mais elles tombaient l'une après l'autre en désuétude, et le gouvernement de sceptiques et de voluptueux qui avait succédé à celui des sectaires et des bourreaux laissait tout aller, hommes et choses, pourvu qu'on ne s'attaquât point directement à son pouvoir et qu'on ne troublât point ses plaisirs. Le bien profitait de cette insouciance ou de cette impuissance, et vers la fin du siècle l'exercice du culte catholique commençait à reprendre, à l'abri de la tolérance des uns et de l'indifférence des autres.

A l'époque dont nous parlons, c'est-à-dire au moment où la signature du Concordat renouait les rapports officiels de la France avec l'Église, reconnaissait la liberté du culte, et annulait les lois révolutionnaires qui avaient proscrit le catholicisme, tout était prêt pour la résurrection de la vie religieuse, mais rien n'était encore fait. A part quelques congrégations de femmes que leur popularité avait préservées d'une destruction complète, comme les filles de saint Vincent de Paul et les sœurs de la sagesse qui commençaient à se reconstituer sur certains points du territoire, tout était à refaire, et madame Molé eût cherché en vain une maison religieuse ayant sa règle, ses supérieures, ses sœurs professes et ses novices, pour abriter sa vie et se consacrer à la prière et aux œuvres de charité.

Il fallait donc entreprendre la grande œuvre d'une fondation nouvelle, entreprise toujours difficile mais plus difficile encore en ces temps si voisins du déluge, où toutes les habitudes, toutes les traditions semblaient perdues sans retour. On comprend que l'humilité de madame Molé ait reculé d'abord devant un pareil labeur, et qu'elle ait hésité longtemps avant de le tenter. « Comment, se disait-elle, serais-je professe avant d'avoir été novice ? Comment guider les autres, lorsque je ne sais pas me conduire moi-même ? » Et elle multipliait ses prières, sans y trouver les lumières et les forces nécessaires à une telle entreprise.

Elle avait raison de ne pas se fier à elle-même et d'attendre que Dieu daignât lui envoyer le secours et l'appui qui lui manquaient. Les œuvres de Dieu naissent rarement d'une pensée, d'une action isolée, et l'union est en toutes choses la condition de la fécondité. Quand sainte Jeanne de Chantal, veuve comme madame Molé par un coup subit et terrible, mère comme elle, comme elle détachée du monde et attirée au service unique de Dieu, cherchait sa voie sans la trouver, Dieu la lui fit connaître par l'entremise de saint François de Sales, et du rapprochement de ces deux grandes âmes naquit l'ordre admirable et vraiment céleste de la Visitation. Il en fut de même pour la fondatrice de la communauté des Sœurs de la charité de Saint-Louis : comme madame de Chantal, madame Molé trouva dans un saint prêtre le guide prudent et ferme de sa vie nouvelle et l'interprète des volontés d'en-haut. Ce prêtre était Mgr de Pancemont, d'abord curé de Saint-Sulpice, puis nommé à l'évêché de Vannes, après la promulgation du Concordat. Nul, après madame Molé ne contribua plus que lui à la fondation de la nouvelle congrégation, et il mérite à ce titre d'attirer et de retenir un moment nos regards.

Antoine-Xavier Mayneaud de Pancemont était né dans le diocèse d'Autun en 1756. Appelé au sacerdoce non par des convenances de familles, mais par une vocation irrésistible, il se distingua par son intelligence et ses brillantes études, comme par sa piété. Mgr Marbœuf, son évêque, le choisit, très-jeune encore pour son grand-vicaire, et il fut appelé, peu de temps avant la Révolution, à la cure de Saint-Sulpice à Paris. Il eut le temps pendant le rigoureux hiver de 1789, d'édifier sa paroisse par son zèle apostolique et sa charité capable de tous les sacrifices.

Après la promulgation de la constitution civile du clergé, il refusa le serment, comme tous les prêtres dignes de ce nom et il faillit payer de sa vie sa fidélité au saint-siège. Les jacobins furieux l'assaillirent dans sa propre église, et il n'échappa à la mort que par miracle. Il chercha d'abord à rester à Paris, pour y exercer en secret son ministère ; mais en 1791, exposé à mille dangers auxquels il exposait également les fidèles qui lui donnaient asile, il émigra et chercha un refuge à Bruxelles. Il ne put se résoudre à y rester longtemps. Le souvenir de sa paroisse, des âmes qui languissaient faute de sacrements, de ses pauvres qu'il chérissait comme madame Molé et auxquels tous deux manquaient à la fois, le détermina à braver tous les périls pour retourner à son poste de charité. Il rentra donc secrètement en France, et durant six années, pendant et après la Terreur, il exerça son ministère à Paris, toujours à la veille d'être arrêté et mis à mort, et toujours préservé par la Providence.

En 1797, soit qu'une trop grande confiance dans la tolérance du Gouvernement lui ait fait commettre quelque imprudence, soit reprise momentanée de la persécution qui, légalement, était toujours à l'ordre du jour, il dut fuir de nouveau, et il se réfugia en Allemagne d'où il ne revint que vers 1800, pendant les négociations préliminaires du Concordat.

Il se remit avec un zèle admirable au service de ses paroissiens, et quand deux ans plus tard, le Premier consul le nomma évêque de Vannes, il laissa dans la paroisse de Saint-Sulpice des regrets profonds et unanimes. Uu seul trait de sa charité suffira à le peindre et montrera la grandeur de son âme.

Un jour, on vint l'avertir qu'un homme de sa paroisse se mourait d'une maladie aussi étrange qu'horrible. Comme autrefois Antiochus et Galérius, il était dévoré tout vivant par des milliers de vers que rien ne pouvait détruire. Le saint curé demanda aux amis du mourant s'ils pensaient que cette maladie fût naturelle. Ils répondirent que non et lui apprirent que cet homme était un révolutionnaire ardent qui s'était associé à tous les crimes de la Terreur. Animé d'un zèle tout divin, le ministre de Jésus-Christ prodigua à ce misérable tous les soins spirituels et temporels. Il le pansait, l'entourait de ses bras, l'embrassait comme une mère, sans craindre la contagion de cette affreuse maladie : en même temps, il lui parlait de Dieu, de sa justice et de sa miséricorde avec de tels accents qu'il parvint à éveiller ses remords et à changer son cœur. Le sectaire blasphémateur et sanguinaire s'humilia devant la verge qui frappait son corps pour sauver son âme ; il reconnut ses crimes, se confessa avec une véritable contrition, et il mourut réconcilié dans les bras de son saint pasteur. Celui-ci remporta de son contact avec le mourant une lèpre hideuse semblable à celle du malheureux qu'il avait sauvé, et il crut un moment que Dieu lui demandait sa vie comme rançon de cette âme. Mais le mal céda promptement aux remèdes, et ce fut, pour le bon prêtre le sacrifice d'Abraham.

Madame Molé avait connu l'abbé de Pancemont avant la Révolution, elle fut heureuse de le retrouver à Paris quand elle y revint après le mariage de sa fille ; elle lui confia la direction de son âme, et lui fit part de ses perplexités au sujet de l'accomplissement de son vœu et de sa volonté très-arrêtée de se retirer du monde pour se consacrer à Dieu. M. de Pancemont, alors curé de Saint-Sulpice, s'assura que la vocation de la sainte veuve à la vie religieuse était sérieuse et inébranlable, et, une fois cette conviction acquise, il ne négligea rien pour en faciliter l'accomplissement.

Les besoins étaient immenses, et pour relever toutes les ruines faites dans les croyances et les habitudes par la Révolution, il fallait des ouvriers de toutes mains. Le clergé séculier décimé par la persécution, dispersé par toute l'Europe, privé des moyens de se recruter, suffisait à peine au ministère paroissial. La formation des jeunes clercs l'éducation des enfants, le soin des malades à domicile ou dans les hôpitaux, exigeaient impérieusement le secours des Ordres religieux. La reconstitution des anciennes congrégations ou la création de congrégations nouvelles était donc un des premiers besoins de l'Église et M. de Pancemont accueillit comme une inspiration du ciel les communications de madame Molé. Il voyait dans sa sainteté et les épreuves extraordinaires de sa vie, comme dans son nom et sa grande situation, des gages et des espérances assurés de succès.

Il songea d'abord à utiliser le zèle et la vocation de madame Molé pour le bien de sa paroisse, qui, par son étendue, ses traditions, ses souvenirs et la vaste population de ses pauvres, lui offrait un champ d'action digne de son dévouement. Mais avant qu'il eût pu se mettre sérieusement à l'œuvre, il fut nommé à l'évêché de Vannes, et cet événement, en l'éloignant à jamais de Paris, changea tous ses projets et ceux de sa sainte amie. Effrayée des difficultés d'une œuvre que son humilité considérait comme au-dessus de ses forces, et résolue pourtant à l'entreprendre, ayant donné toute sa confiance à celui qu'elle regardait avec raison comme l'interprète des volontés de Dieu sur elle, madame Molé ne put se résoudre à se priver de sa direction et de ses lumières. De son côté Mgr de Pancemont, voyant en elle une auxiliaire puissante pour la reconstitution religieuse de son diocèse, et sachant par expérience que lorsqu'on quitte sa famille, ses relations, le monde en un mot pour obéir à une vocation divine, il est bon de donner à une vie nouvelle un nouveau théâtre d'action, et de se souvenir de la parole mystérieuse du Sauveur « que nul n'est prophète en son pays, » l'exhorta vivement à le suivre à Vannes, où son appui épiscopal et la foi toujours vivante de la population faciliteraient l'accomplissement de son œuvre.

Après de longues conférences avec Mgr de Pancemont et de ferventes prières, madame Molé s'arrêta à ce parti, malgré tous les obstacles et les contradictions qu'elle savait devoir rencontrer dans sa famille. Déjà sa résolution de quitter le monde avait soulevé de vives oppositions autour d'elle. Ses enfants, bien qu'établis, vivant de leur vie propre, et sortis de sa tutelle, la suppliaient de ne pas mettre entre eux et elle-même la barrière du cloître ou de la vie religieuse, et de se contenter de mener dans le monde la vie d'une sœur de charité. Parmi ses proches, les uns s'affligeaient, les autres se scandalisaient, et bien des gens qui l'eussent excusée ou même approuvée de se remarier, s'indignaient de la voir consacrer à Dieu la fin d'une existence dont la mort de son époux et l'établissement de ses enfants lui avaient rendu la libre disposition.

De toutes ces manifestations hostiles à sa vocation, les reproches et la douleur de ses enfants étaient seuls de nature, non pas à l'arrêter, mais à la troubler. La pensée qu'ils pouvaient douter de sa tendresse et attribuer à l'indifférence sa résolution de quitter le monde, lui déchirait le cœur. Aussi lui fallut-il un appel tout-puissant de Dieu pour lui donner la force de résister à leurs instances et de leur annoncer son projet de suivre Mgr de Pancemont, à Vannes. La Bretagne semblait alors un pays perdu, que les souvenirs récents des guerres religieuses et des convulsions révolutionnaires entouraient d'une sanglante et effrayante auréole. Aller s'ensevelir dans cette contrée lointaine et sauvage, c'était quitter la France et émigrer de nouveau à l'intérieur. C'était, de plus, courir une aventure pleine de témérité, touchant à la folie : folie, en effet, comme la folie de la croix, qui scandalise encore les enfants du siècle après dix-neuf-cents ans, mais dont le monde vit tout en s'en scandalisant. Quiconque est disciple de la croix, quiconque, pour obéir à l'ordre formel du Sauveur, porte sa croix avec lui, se renonce soi-même et le suit, participe à cette folie divine et reçoit sa part des outrages, des mépris ou des risées du monde. Mais un jour vient où les mépris et les risées font place à l'admiration et à la reconnaissance des hommes, où les âmes sauvées, les enfants élevés, les pauvres secourus, la sainte et sublime floraison du bien, font à ces fous et à ces folles de la croix de Jésus-Christ une couronne de gloire même ici-bas, sans compter la couronne seule désirable, parce qu'elle est seule durable, qui les attend dans l'éternité.

Madame Molé goùta et but jusqu'à la lie cette coupe amère des reproches, du blâme ou des chagrins de ceux qu'elle allait quitter. Ses enfants, trop chrétiens pour se méprendre sur ses sentiments, la respectèrent toujours, mais ils l'aimaient trop selon la chair et le sang pour comprendre d'abord la grandeur d'une résolution née dans les angoisses de l'agonie de leur père et dont leur propre salut était l'objet. Et certes, il faudrait, pour les blâmer de leur opposition et de leur désespoir, méconnaître les droits et les sentiments les plus légitimes de la nature. Humainement parlant, la résolution de leur mère devait les désoler, et, si les chrétiens ne sont pas plus libres de résister à l'appel de la vocation religieuse qu'à l'appel de la mort, ils savent que l'un et l'autre a ses déchirements et doit s'accomplir dans la douleur.

Madame Molé souffrit donc comme madame de Chantal, et triompha comme elle. C'est presque la même histoire à deux siècles de distance. Toutes deux belles, riches, de grande situation dans le monde, élevées dans la plus haute piété, mariées à des hommes dignes d'elles, deviennent veuves après quelques années de bonheur, l'une par un accident de chasse, l'autre par un coup de révolution. Toutes deux, noyées dans le sang et dans les larmes, se donnent à Dieu sur le tombeau de leur époux. Toutes deux restant dans le monde, partagent leur temps entre les bonnes œuvres et l'éducation de leurs enfants, jusqu'au jour où elles peuvent accomplir leur promesse sans manquer à leurs devoirs de famille. Toutes deux certaines de leur vocation, mais incertaines sur les moyens de la suivre, trouvent en un saint évêque la direction et la lumière qui leur faisaient défaut et le messager même de la Providence. Toutes deux ont à côté d'elles, l'une un père qui l'approuve, la bénit et la laisse partir, l'autre une mère qui la bénit, l'approuve et la suit. Madame de Chantal, pour aller à Annecy où l'appelle saint François de Sales, encourt le blâme de ses proches et l'indignation du monde qui ne lui a pas encore pardonné l'abandon imaginaire de ses enfants. Madame Molé, pour se rendre à Vannes où l'envoie Mgr de Pancemont, suscite les mêmes orages, et soulève la même désapprobation. Toutes deux, enfin, ont à lutter contre la tendresse passionnée et désespérée de leurs fils. Mais tandis que madame de Chantal, appelée à des œuvres plus grandes encore que sa pieuse imitatrice, est obligée, pour aller où Dieu le veut, de passer sur le corps de son cher enfant, couché en travers du seuil de sa porte, madame Molé n'est retenue que par les larmes et les supplications du sien et son sacrifice, déjà héroïque, se borne à s'arracher à ses embrassements.

On le voit, la ressemblance entre ces deux saintes femmes est complète ; l'action de la nature et de la grâce, s'exerçant dans les mêmes circonstances, y produit des effets identiques, comme si Dieu eut voulu montrer, par ce frappant exemple, reproduit à deux cents ans d'intervalle, que ses voies sont toujours les mêmes, que tout l'édifice de son Église repose sur la croix, et que rien de grand ici-bas ne se fonde que par le sacrifice et dans les larmes.

CHAPITRE XI

FONDATION DE LA CONGRÉGATION DES SOEURS DE LA CHA-
RITÉ DE SAINT-LOUIS. MADAME MOLÉ ÉCRIT LA RÈGLE
DE L'INSTITUT 1803.

Il est singulièrement touchant de lire, dans la lettre
suprême adressée par madame Molé à ses enfants
plusieurs années après, les motifs de sa retraite et
les sentiments qu'elle y emportait en s'éloignant
d'eux. C'est la réponse la plus simple et la plus con-
vaincante à une accusation d'égoïsme que le monde
est trop disposé à porter contre les déterminations
du même genre.

« Le ministre de la religion, dit-elle après avoir
rappelé la mort de M. Molé, qui vint m'annoncer la
perte que je venais de faire, reçut au même instant
le sacrifice que je fis à Dieu de ma liberté si cruel—
lement recouvrée sacrifice dont l'accomplissement
fut retardé par les soins que je devais à l'éducation
de mes enfants et à leur établissement. Aussitôt que
j'eus rempli ces devoirs, je ne m'occupai plus qu'à
consacrer à Dieu et à la charité le temps qu'il me
laissait encore à passer sur cette terre que je n'ai

jamais considérée que comme une terre de passage et d'exil.

« Croyez-vous, mes chers enfants, avoir été étrangers au parti que j'ai pris ? Vous me tromperiez-bien. Je vous voyais établis dans le monde, au milieu de tout ce qui s'appelle bonheur et prospérité ; mais votre mère désabusée du bonheur du monde qu'elle avait goûté et dont elle avait reconnu la vanité, remplie des pensées de l'éternité, craignait pour ses chers enfants.

« Que pouvait-elle ? sinon accomplir des bonnes œuvres, faire des sacrifices et les offrir à Dieu, pour attirer sur eux les bénédictions du ciel. Voilà ce qui m'a occupée sans cesse dans l'œuvre sainte et religieuse à laquelle j'ai sacrifié mon existence et ma personne. Je conjure mon fils et ma fille que j'ai toujours aimés avec une tendresse dont j'espère que la divine Providence leur fera éprouver quelques salutaires effets, de conserver la mémoire d'une mère qui a bien souffert, mais qui souffrirait encore davantage de bien bon cœur si elle pouvait par ses souffrances, assurer leur bonheur dans l'autre vie dans laquelle ils trouveront la félicité qu'ils chercheraient en vain dans ce monde. »

C'était donc pour ses enfants qu'elle quittait ses enfants ; c'était pour leur âme qu'elle renonçait aux douceurs de leur possession et de leur société, et cet acte d'égoïsme n'était au fond qu'un sacrifice héroïque inspiré pas les sentiments d'une affection chrétienne et surnaturelle plus forte que la séparation et que la mort.

6.

Au moment où elle partit pour Vannes, madame Molé avait trente-neuf ans à peine. Elle ne connaissait personne en Bretagne, n'y avait aucune relation, et elle y devança même Mgr de Pancemont qui attendait à Paris la bulle d'institution canonique confirmant sa nomination et lui conférant l'autorité spirituelle sur son diocèse. Le prélat qui lui avait conseillé ce premier voyage d'exploration ne voulut pas qu'elle le fît seul, et lui donna pour compagnon et pour guide M. l'abbé Jarry, son secrétaire, qui avait toute sa confiance. C'était un prêtre d'une piété exemplaire, d'un jugement droit et sûr et d'un excellent conseil. Prédicateur de premier ordre il devait pendant longtemps distribuer aux fidèles du diocèse de Vannes le pain de la parole évangélique, et quand madame Molé eut fondé son institut, son évêque lui en confia la direction spirituelle. Il exerça ces fonctions pendant quinze ans, mourut dans la maison même des religieuses qu'il dirigeait, et fut enterré dans leur chapelle auprès de madame Molé, leur fondatrice.

Assisté de ce saint prêtre, madame Molé arriva à Vannes, examina les moyens spirituels et matériels de mener son entreprise à bonne fin, et se convainquit bientôt que ni les uns ni les autres ne lui feraient défaut. La population était croyante et disposée à accueillir favorablement la fondation nouvelle. La ville était agréable, bien aérée, et madame Molé n'eut que l'embarras du choix pour l'établissement de son œuvre. Elle se décida pour une maison fort délabrée, mais facile à réparer, dont la situation lui parut exceptionnellement favorable. C'était un ancien couvent, occupé avant la Révolution par une communauté de dames pieuses, et connu de temps immémorial sous le nom de *Père éternel*. On croit que ce nom un peu étrange qui, dans le langage populaire, a continué jusqu'à ce jour à désigner la congrégation des sœurs de Saint-Louis, venait à cette maison d'un groupe en sculpture qu'on y voyait autrefois et qui représentait le père éternel bénissant le monde. Située sur le bord du canal qui forme le port de Vannes, à deux pas du palais épiscopal, cette propriété touche à la ville par sa façade, et de l'autre côté s'étend dans la campagne. Le quai qui borde le canal est large, planté de grands arbres, de sorte que cette maison vraiment privilégiée joint aux avantages de la cité le calme, le silence et la liberté qu'on ne trouve habituellement que dans la solitude des champs. Elle était à vendre pour quarante-mille francs, somme considérable pour le temps et le lieu, mais qui s'explique par l'étendue du terrain où sont établis aujourd'hui les ateliers de jeunes filles et les vastes jardins de la communauté.

Avant de rien conclure, madame Molé revint à Paris rendit, compte à Mgr. de Pancemont du résultat de ses recherches, et quand le prélat, ayant pris possession de son siège épiscopal, eut visité la maison et en eut approuvé le choix, elle en fit l'acquisition en son nom personnel et ordonna aussitôt les réparations et aménagements nécessaires.

Pendant que ces travaux s'accomplissaient sous la direction de M. l'abbé Ferry, madame Molé s'occupait à Paris du choix plus important encore des pierres spirituelles sur lesquelles devait reposer sa fondation. Comme les fleurs et les arbustes poussent et croissent de toutes parts sur une terre profondément remuée, les vocations naissaient en foule sur le sol de la France catholique bouleversée de fond en comble par la Révolution. Beaucoup d'âmes détachées du monde, abreuvées de larmes, éprises des seules beautés éternelles à l'exemple de madame Molé, se tournaient vers le sanctuaire et ne demandaient qu'à se consacrer dans la vie religieuse au service de Dieu et des pauvres de Jésus-Christ. Elle examina avec un discernement qui présageait la sagesse de son gouvernement spirituel, celles de ces vocations qui offraient le plus de ressemblance avec la sienne, et elle fit choix de six personnes d'une éminente piété et d'une intelligence élevée, pour les associer à l'œuvre de sa fondation. En cela encore, elle imita madame de Chantal qui, revenue à Dijon après un premier voyage à Annecy, en repartit avec quelques personnes de bonne famille destinées à commencer sous sa direction le premier monastère de la Visitation. Seulement, alors que madame de Chantal emmenait avec elle, outre ses compagnes de vocation, ses deux filles dont l'aînée allait épouser le frère de saint François de Sales et l'autre devenir la première élève de la Visitation, madame Molé, laissant sa fille heureusement mariée à Paris, emmena à Vannes, avec ses six premières religieuses, madame de Lamoignon sa mère, qui ne put consentir à se séparer d'elle.

Disons tout de suite que madame de Lamoignon, alors âgée de soixante ans environ, sans prononcer les vœux de religion, mena pendant trente ans la vie d'une véritable religieuse, observant la règle dans ses prescriptions, édifiant toutes les sœurs par sa vive piété, et qu'elle mourut, au couvent de Vannes, à l'âge de quatre-vingt-onze ans, pleine de jours, de mérites, digne mère de la sainte femme qui l'avait précédée de six ans dans l'éternité.

A peine arrivée à Vannes avec sa mère et ses compagnes, madame Molé commença la vie de prière, de mortifications et d'œuvres de charité qu'elle devait mener jusqu'à sa mort et qui devint la règle de sa communauté. Cette règle n'était point encore écrite, et la pieuse fondatrice n'en avait pas même arrêté les détails dans son esprit, mais elle savait que tout son édifice reposerait sur l'union de la vie contemplative et de la vie active, et c'en était assez pour se mettre à l'œuvre sans retard. Elle pensait avec raison que le plus important était de commencer à vivre en religieuse, et que la rédaction des statuts de sa congrégation ne pourrait que gagner à être retardée de quelque temps. On peut donc dire que la fondation de la communauté des Sœurs de la charité de Saint-Louis date du jour même où madame Molé prit possession de sa maison de Vannes avec ses six premières compagnes, devenues ses filles spirituelles (c'était dans les derniers mois de l'année 1802). Dès ce jour, elle donna à son institut le nom qu'elle avait choisi, et qui en désignait bien le but et le caractère: Institut de charité, parce que l'amour de Dieu et des pauvres en était le principe et la fin ; institut de charité de Saint-Louis, parce que ce saint roi de France, ce grand serviteur de l'Église, ce grand ami des pauvres, en devait être le protecteur et le modèle.

De ce jour aussi, sa maison devint l'asile de la prière et de la pénitence, en même temps que le refuge des enfants pauvres ou orphelins. Dans la pensée de madame Molé, le toit qui abritait sa communauté naissante devait abriter aussi la misère dans sa forme la plus touchante et la plus chère au Sauveur, celle de l'enfance malheureuse ou abandonnée, et la maison du Père Éternel de Vannes reçut presque le même jour ses premières religieuses et ses premières pensionnaires. En agissant ainsi, la sainte fondatrice n'obéissait qu'à sa foi et à sa charité. Mais à défaut de ces mobiles surnaturels, la prudence humaine lui eût dicté cette conduite ; les lois prohibant les congrégations religieuses existaient encore, les préjugés et les habitudes révolutionnaires n'avaient point disparu avec la période violente de la Révolution, et le gouvernement du premier consul qui venait de rétablir le culte catholique et de signer le Concordat n'avançait qu'à pas mesurés dans son œuvre de restauration religieuse, pour ne pas heurter de front des préjugés toujours vivants dans le monde politique et militaire. Il fallait donc de toute nécessité abriter la religion sous le manteau de la charité, et laisser dans une ombre prudente le caractère mystique de la nouvelle communauté pour ne laisser en lumière que son but secourable.

Il était également désirable que la fondation

parût l'œuvre presque exclusive de l'autorité épiscopale, et sous ce rapport l'humilité de madame Molé
était parfaitement d'accord avec les calculs d'une sage
politique. Aussi, le nom de Monseigneur de Pancemont fut-il seul en évidence dans les premiers temps
de l'Institut des Sœurs de Saint-Louis. Celui de madame Molé était à peine prononcé, et voici dans
quels termes *l'annuaire du Morbihan* pour l'an XII
(1804) faisait l'éloge de la nouvelle communauté :
on verra qu'il n'y est question ni de la fondatrice ni
du caractère religieux de la fondation :

« Depuis peu, Mgr de Pancemont, *évêque du Morbihan* (style administratif du temps), a formé un établissement pour l'instruction des jeunes filles, dans
la maison de la ci-devant communauté du Père Éternel. On peut le considérer comme l'asile de l'innocence et de la vertu. Mgr de Pancemont ne pouvait
mieux assurer le succès de ses vues bienfaisantes
qu'en confiant le soin de cette maison à des dames
dont le mérite est au-dessus des éloges qu'on en pourrait faire. Nous aurions désiré publier leurs noms,
mais leur modestie s'y est opiniâtrement refusée.
Elles ne pourront pas cependant imposer silence à la
reconnaissance publique. »

Malgré ces apparences officielles, c'était bien une
congrégation religieuse que madame Molé avait fondée et quand l'installation matérielle des sœurs et
des petites filles admises dans la maison fut achevée
Mgr de Pancemont prescrivit à la fondatrice d'écrire
les constitutions ou la règle du nouvel institut. Il fallut un ordre formel du prélat pour que madame Mo-

lé entreprit cette œuvre difficile, qui effrayait son humilité. Les termes dans lesquels elle lui répondit montrent dans quel admirable esprit de crainte religieuse et d'humble obéissance elle aborda cette tâche redoutable :

« Vous exigez donc de moi, lui écrivait-elle, en vertu de la sainte obéissance, que je vous dise mes pensées sur l'œuvre sainte que nous traitons. Je vous l'avoue, je tremble en commençant. Les pensées dont je vais vous faire part sont-elles de Dieu, sont-elles de moi ? Vous me recommandez d'épurer mon âme de tous les sentiments terrestres pour écouter avec calme et goûter avec joie tout ce qu'il plaira au maître suprême des vocations de me faire entendre. Ah ! Monseigneur et mon père, je le sais, il est des âmes pures qui sont avec leur Dieu dans les plus douces communications et ne parlent que par son esprit ; mais en est-il ainsi de moi ? Non, non. Oh ! si vous connaissiez mon indignité ! — Mais pourquoi m'étendrais-je sur ce point ? J'ai promis d'obéir, j'obéis. »

Elle obéit en effet et se mit à l'œuvre, après avoir étudié les constitutions des anciennes congrégations et s'être pénétrée de leur esprit, toujours le même sous des formes variables et des applications différentes. Mgr de Pancemont la dirigeait dans ces études préparatoires, lui procurant les livres nécessaires et lui signalant les passages qui devaient particulièrement fixer son attention. Dans leurs longs entretiens à ce sujet, il voulait qu'elle donnât son opinion, au lieu de s'en remettre à l'avis de son éminent directeur;

et qu'elle motivât son sentiment sur chaque point. Cette confiance la désolait, et elle lui disait avec un accent de respectueux reproche : « Vous voulez que je vous dise tout et vous ne me dites rien, et encore vous voulez que je ne me trouble pas ! »

Après cet échange d'idées avec le prélat, elle rédigeait les articles de sa règle avec un soin religieux, elle en pesait chaque mot, y pensait devant Dieu, pendant les heures silencieuses de la nuit où l'âme plus solitaire et plus libre semble plus disposée à recevoir les communications de l'Esprit saint. Quand elle avait achevé d'écrire un article, elle le portait avec elle à la table sainte comme pour lui donner la consécration du Dieu fait chair qu'elle recevait dans son cœur. Puis elle le soumettait humblement à Mgr de Pancemont, souscrivant à tous les changements de fond ou de forme qu'il lui proposait d'y apporter, ne tenant aucun compte de son opinion personnelle et lui disant avec la simplicité d'un enfant : « Il est convenable que je reçoive de vous la règle plutôt que de la faire moi-même. »

C'est dans cet esprit qu'elle acheva son œuvre et qu'elle donna à son Institut, avec l'approbation de son directeur qui était en même temps son évêque, les constitutions sous lesquelles il produisit tant de fruits de salut et qui ne reçurent plus tard que des modifications secondaires.

O vous, Sœurs de la charité de Saint-Louis, redirons-nous avec le pieux biographe de madame Molé, vous qui jouissez aujourd'hui du fruit des veilles et des prières de votre noble fondatrice comme vous avez hérité de ses vertus et de son esprit religieux ! Si vous aviez besoin d'être excitées à la pratique de votre sainte règle, nous vous dirions: Rappelez-vous ce qu'il en a coûté à votre mère pour la composer. Chaque article à été arrosé de ses larmes, sanctifié par sa prière, trempé pour ainsi dire dans le sang de Jésus-Christ à la table sainte. Quelle doit être pour elle votre reconnaissance ! et quelle fidélité ne devez-vous pas apporter à la pratique exacte de vos constitutions !

CHAPITRE XII

Parmi les articles de la règle que madame Molé
eut le plus de peine à rédiger, aucun ne fut l'objet
de plus de méditation et d'hésitation que celui relatif
aux devoirs et à l'autorité de la supérieure. Elle
ne pouvait guère douter que Mgr de Pancemont ne
lui conférât cette dignité qui lui revenait tout naturellement, et son humilité excessive, la crainte de la
responsabilité la portaient à en restreindre les attri-
butions, contrairement aux intérêts bien entendus
de la communauté. Cette lutte où elle finit par s'oublier elle-même pour ne songer qu'à la gloire de
Dieu et à la prospérité de son œuvre, l'éprouva cruellement, et voici en quels termes singulièrement touchants elle s'en ouvrit à Mgr de Pancemont :

« Avant d'entrer dans la discussion des questions

que vous me proposez, je vous dirai que je ne puis me débarrasser de cette pensée qui m'intimide étrangement : N'ai-je pas sujet de craindre et même de croire que vous me destinez à la conduite de ces saintes âmes ? Ah ! s'il en est ainsi, je m'arrête ; je ne puis plus penser librement. Moi, conduire les âmes dans le chemin, de la perfection ? Moi, misérable pécheresse, indigne créature, ouvrir ou refermer les trésors de la grâce ? Non, non, je ne puis ; cela surpasse mes forces. J'espère bien que le Seigneur vous pénétrera assez profondément de ma bassesse et de mes misères pour vous détourner de ce dessein. Mais, je vous l'avoue, cette crainte me gêne dans ce que j'ai à vous dire. Comment pourrai-je parler, avec toute la force que je dois, d'un compte aussi rigoureux devant Dieu que celui des supérieurs ? Comment mettrai-je de côté la crainte de me surcharger d'un poids si énorme ? Esprit saint, Esprit de mon Dieu, venez à mon secours. C'est pour votre gloire, divin Jésus, que je travaille : faites donc que je m'oublie moi-même, et que ce ne soit plus moi qui pense, ni qui parle, mais que ce soit vous uniquement qui pensiez, qui parliez, qui agissiez en moi. — Je reprends la plume. Vingt-quatre heures se sont écoulées avant que j'aie pu me déterminer à vous tracer mes pensées. Jamais je ne me suis trouvée aussi intimidée, aussi interdite. »

Elle ne se trompait pas dans ses appréhensions, et Mgr de Pancemont ne vit dans sa répugnance pour la charge de supérieure qu'un motif de plus pour la lui confier. Aussitôt que la règle de l'institut eut été achevée et approuvée par lui, il lui ordonna de se préparer à prononcer ses vœux de religion, et il fixa la cérémonie au jour de l'Annonciation. C'était le 25 mars 1803. Ce jour là madame Molé, après avoir revêtu une dernière fois la brillante livrée du monde, s'en dépouilla pour toujours au pied des autels. Elle consomma le sacrifice de sa liberté et de sa vie qu'elle avait offert à Dieu à l'heure même où elle avait appris la nouvelle terrible de la mort de son époux. Ce même jour, Mgr de Pancemont, son directeur spirituel et son évêque, en présence duquel elle venait de prononcer ses vœux, la nomma supérieure à vie de sa communauté. En faisant sa profession, elle avait pris le nom de sœur Saint-Louis, voulant que le patron de son institut fût aussi celui de sa première supérieure. Elle était alors âgée de quarante ans et veuve depuis neuf ans.

D'après la règle de la nouvelle congrégation, les religieuses n'étaient pas cloîtrées, et bien que leur vocation ne fût pas d'aller visiter les pauvres à domicile ou de les soigner dans les hôpitaux comme les filles de saint Vincent de Paul, elles pouvaient, quand c'était nécessaire, sortir de leur couvent avec l'autorisation de leurs supérieurs. Madame Molé ne tarda point à recevoir de Mgr de Pancemont la permission d'aller à Paris dans l'intérêt de sa communauté. La Révolution venait de se transformer une fois encore, et le premier consul Bonaparte avait fait place à l'empereur Napoléon. Le nouveau César avait demandé au pape Pie VII de venir le sacrer à Paris, et le souverain Pontife, ne voulant se souvenir que de

l'immense service rendu à l'Église par le rétablissement officiel du culte catholique en France, avait répondu à l'invitation de l'Empereur. Il avait, comme
il le dit lui-même, traversé un peuple à genoux, et
onze ans à peine après l'assassinat juridique de
Louis XVI, dix ans après la Terreur, le chef de l'É-
glise venait en quelque sorte reprendre possession
de la capitale de la France.

Tous les évêques de l'Empire, invités à assister au
sacre de Napoléon, s'étaient rendus à cet appel. Mgr
de Pancemont jugea utile à l'institut des Sœurs de
la charité de Saint-Louis que leur fondatrice soumît
elle-même sa règle à l'approbation du Souverain-
Pontife, et il écrivit à madame Molé qu'elle vînt le
rejoindre à Paris. Elle obéit aussitôt, heureuse de
cette occasion de revoir ses enfants ; car les mouvements de la grâce ne détruisent pas ceux de la nature, et comme sainte Jeanne de Chantal qui faillit
mourir de douleur après avoir vu expirer sa fille
entre ses bras, madame Molé aima son fils et sa
fille d'une tendresse extrême jusqu'à son dernier
jour.

Elle les revit avec une douceur infinie, ces chers
enfants qu'elle avait cru quitter pour jamais deux ans
auparavant. Délivrée, par ses vœux prononcés et la
consommation de son sacrifice, des combats et des
déchirements qui avaient attristé leur dernière entre-
vue, elle se livra tout entière à la joie de les revoir ;
elle leur parla avec l'autorité d'une épouse de Jésus-
Christ en même temps qu'avec la tendresse d'une
mère, et ces entretiens qui ne devaient plus se renou-

veler en ce monde, laissèrent à tous les trois les plus consolants souvenirs.

Son audience du Souverain-Pontife fut également pleine de consolations. Mgr de Pancemont avait remis, dès son arrivée à Paris, la règle de l'Institut des sœurs de la charité de Saint-Louis au cardinal Caselli, évêque de Parme et théologien du Saint-Père, en le priant de l'examiner et d'en parler le cas échéant à Sa Sainteté. Le cardinal la rendit peu de jours après à l'évêque de Vannes, en lui disant qu'il l'avait lue avec satisfaction, et que sans doute l'approbation du Pape serait accordée sans difficulté. Mais madame Molé se contenta pour le moment de cette appréciation du cardinal Caselli, et exprima à Mgr de Pancemont le désir de ne pas solliciter l'approbation officielle et canonique du Saint-Siège avant que l'expérience eût permis de constater les modifications qu'il pouvait être utile d'y introduire. L'évêque de Vannes, appréciant la sagesse et l'humilité de cette conduite, y donna son adhésion, et se borna à solliciter une audience du pape pour madame Molé qu'il voulait présenter lui-même au Saint-Père.

Cette audience eut lieu le 14 janvier 1805. La Mère Saint-Louis, car c'était la religieuse et non la femme du monde qui l'avait demandée, se prosterna avec une émotion profonde aux pieds du vicaire de Jésus-Christ, et s'attachant à l'unique objet de son entretien, elle lui lut les paroles suivantes, écrites par elle et prononcées en italien.

« Très-Saint Père, quel moment précieux pour moi que celui où Votre Sainteté ne dédaigne pas de recevoir l'hommage qu'il m'est si doux de lui offrir, de ma foi et de mon entier dévouement à l'Église !

« Depuis de longues années, la vie religieuse était l'objet de tous mes désirs. Ils semblaient acquérir une nouvelle force dans les larmes que je versais en secret sur la destruction de ces asiles de la vertu.

« Voilà deux ans que la divine Providence, qui se sert des instruments les plus indignes pour accomplir ses desseins, m'a appelée du fond de la retraite où je m'étais ensevelie, pour travailler, sous la direction d'un vertueux prélat, à rédifier ce que l'impiété de nos jours avait détruit.

« Je les ai faits, ces vœux religieux après lesquels je soupirais. Je les ai contractés, ces engagements si honorables et si doux. Quelle consolation pour moi, si Votre Sainteté daigne sanctifier, par sa bénédiction, la consécration que j'ai faite à Jésus-Christ de toute ma personne, de ma fortune, de ma vie pour la plus grande gloire de Dieu et le rétablissement de la vie religieuse! Je la demande, cette bénédiction, pour moi, afin qu'elle supplée à mon indigence spirituelle, et pour toutes mes filles en Jésus-Christ.

« Cette maison que j'ai fondée sera, je l'espère, le berceau de plusieurs autres, et je regarde l'approba—tion que Votre Sainteté daigne donner à mes projets comme le gage le plus certain de sa prospérité.

« En vain, Très-Saint Père, essaierais-je de vous exprimer la profonde vénération que j'ai pour votre personne sacrée. Mais Dieu, qui voit le fond des cœurs, sait ma vive reconnaissance et les vœux sincères que lui offre pour Votre Sainteté celle qui, se sentant

indigne de s'appeler votre fille, se trouve trop heureuse si vous daignez la considérer comme la moindre
de vos servantes. »

Pie VII accueillit avec une bonté toute paternelle
cette expression si élevée d'une foi si vive et déjà
manifestée par de telles œuvres. Il prodigua à la Mère
Saint-Louis les encouragements et les consolations,
et en la bénissant au nom du Père, du Fils et du
Saint-Esprit, il bénit toutes les religieuses présentes
et futures de la charité de Saint-Louis, prosternées à
ses pieds dans la personne de leur fondatrice et de
leur mère.

On a pu remarquer que la Mère Saint-Louis, que
désormais nous appellerons souvent de ce nom, le
seul qu'elle porta depuis sa profession religieuse,
parlait au Pape de la consécration qu'elle avait faite à
Jésus-Christ non-seulement de sa personne, mais de
sa fortune. Ce point délicat avait sans doute été réglé
par avance entre elle et ses enfants ; quoi qu'il en soit
il ne donna jamais lieu entre eux à aucune difficulté.
Avant de quitter le monde, elle avait remis en si bon
ordre et administré avec une telle habileté l'immense
fortune de M. Molé, que ses enfants se trouvaient, au
moment de leur mariage, possesseurs de biens considérables. Ils approuvèrent donc pleinement son désir
de consacrer à ses fondations pieuses sa fortune personnelle qui était très-modeste en comparaison de la
leur. M. de Lamoignon, son père, avait laissé en
mourant des affaires très-embarrassées. On avait dû
vendre la terre et le château de Basville, et l'héritage
de ses filles s'était réduit à leur dot. De plus, il avait

été convenu entre M. et madame Molé que le dernier survivant d'entre eux fonderait un établissement de charité. Cette pieuse convention, et la modicité de la fortune de madame Molé comparée à l'extrême richesse de ses enfants, expliquent l'usage qu'elle crut pouvoir faire de son patrimoine, et l'empressement qu'ils mirent à y acquiescer.

La Mère Saint-Louis retourna à Vannes, heureuse et forte de la bénédiction du Souverain-Pontife. Elle retrouva sa petite communauté et sa maison de charité en pleine ferveur et en pleine activité ; les ateliers de fabrication de dentelles qu'elle avait établis pour occuper les petites filles élevées par ses Sœurs fonctionnaient à souhait. La sainteté des religieuses, la bonne éducation des enfants étaient pour la population de Vannes un sujet d'édification, et plusieurs personnes, appartenant aux meilleures familles de la ville et des environs, sollicitaient de la Mère Saint-Louis la faveur d'être admises au nombre de ses filles.

Au milieu de ces sujets de consolation et de cet applaudissement unanime du clergé et de la population, elle conservait un motif d'inquiétude. Le caractère religieux de sa maison ne pouvait être dissimulé, et sa dignité répugnait à en faire un mystère. C'était bien une congrégation qu'elle avait fondée, et elle se demandait avec une certaine appréhension si l'œuvre de charité qu'elle accomplissait en élevant gratuitement des enfants pauvres serait toujours une protection suffisante contre les caprices ou la mauvaise volonté de l'administration. Déjà, elle avait été exposée de la part du préfet du Morbihan, à des questions indirectes, à des demandes de renseignements qui semblaient indiquer un désir exagéré de se mêler de ses affaires. Forte de l'approbation générale, n'ayant jamais obtenu ni demandé un secours du département ni de la ville pour la fondation ou l'entretien de son établissement, elle avait pris la chose d'assez haut, et d'un ton moitié sérieux moitié plaisant elle avait répondu au magistrat trop curieux : « Monsieur le préfet, quand on paie les violons, on fait jouer la danse que l'on veut. » Le préfet avait ri ou fait semblant de rire, et l'affaire en était restée là. Mais les prétentions administratives pouvaient se reproduire sous une forme plus dangereuse et la Mère Saint-Louis résolut d'y couper court.

Un décret-loi de l'Empereur, daté du 22 juin 1804, venait de créer une situation nouvelle pour les communautés religieuses. Par un chef-d'œuvre d'habileté politique ce décret, en donnant une apparente satisfaction aux passions révolutionnaires si vivantes encore, inaugurait pour les congrégations une ère de résurrection et de liberté relative. L'article 1er supprimait diverses associations d'hommes et de femmes qui s'étaient formées depuis le Concordat ; ceci était pour les ennemis de l'Église qui en poussèrent des cris de joie. Mais les articles suivants permettaient pour l'avenir la fondation d'associations religieuses d'hommes, ou de femmes à la condition que leur établissement fût autorisé par décret, après examen et approbation de leurs statuts. La rédaction de ces articles était malveillante, brutale même, mais au fond, ils mettaient fin à la prohibition légale des congrégations et un régime de tolérance succédait à celui de la proscription révolutionnaire. Le génie pratique de Napoléon avait compris l'utilité, la nécessité même des ordres religieux pour l'éducation de la jeunesse et l'assistance des pauvres, et en paraissant les frapper, il préparait ainsi leur résurrection.

La Mère Saint-Louis songea immédiatement à profiter de cette législation nouvelle, pour donner à son Institut la consécration d'une autorisation officielle, et se souvenant pour cette fois qu'elle était madame Molé, descendante et alliée des plus illustres familles de France, elle écrivit à M. Portalis, alors ministre des cultes, lui fit connaître sa fondation, et sollicita en sa faveur un décret d'autorisation.

M. Portalis prit des renseignements et lui répondit bientôt qu'elle « devait être comptée au nombre de ceux qui servent le plus utilement la religion et l'humanité. » Il ajouta qu'il allait s'entendre, pour la suite à donner à sa demande, avec « *l'évêque du Morbihan* », expression que nous avons déjà remarquée plus haut dans l'annuaire du département, mais qui étonne davantage dans la bouche du ministre des cultes. Soit oubli de M. Portalis, soit plutôt insouciance et lenteur habituelle des bureaux, l'affaire traîna en longueur ; les semaines, les mois se passaient et l'autorisation demandée n'arrivait pas.

Madame Molé pensa que c'était le cas d'appliquer la maxime, très-contestable en bien des cas, qu'il vaut mieux s'adresser à Dieu qu'à ses saints et elle écrivit à l'empereur lui-même. Cette fois la réponse ne se fit pas attendre, et elle reçut le décret sollicité qui était conçu dans les termes suivants :

« La maison des petites filles de charité, fondée à Vannes, demeure autorisée, pour servir à l'éducation des enfants du sexe, à leur entretien gratuit, ainsi qu'à celui des ateliers de dentelle, qui y sont établis. »

On voit que, dans ce décret, il n'était question que de l'établissement de charité et que l'Institut religieux était passé sous silence. Malgré sa toute-puissance l'empereur n'avançait qu'avec une sorte de crainte sur le terrain brûlant des questions ecclésiastiques, et ce soldat couronné, ce vainqueur orgueilleux qui traitait les rois de maître à valet et de qui l'ambition bravait les obstacles du temps et de l'espace, hésitait et s'arrêtait devant de sots préjugés dont nul plus que lui n'appréciait le ridicule et l'odieux.

Quoiqu'il en soit, madame Molé redevenue pour toujours la Mère Saint-Louis, avait obtenu l'essentiel de ce qu'elle désirait. Sa maison de Vannes, dans laquelle les religieuses et les petites filles qu'elles élevaient, vivaient côte à côte, indissolublement unies par la règle même de l'Institut et par la charité de Jésus-Christ, était officiellement reconnue, à l'abri des fantaisies d'un despote départemental ou d'un maire libre penseur. Ayant reçu la personnalité civile, elle pouvait posséder, acquérir, recevoir des donations et des legs, vivre en un mot de sa vie propre, comme tous les établissements d'utilité publique. Avec ce caractère, avec l'approbation et la bénédiction du chef de l'Église la communauté des Sœurs de la charité de Saint-Louis pouvait se livrer en toute sécurité, à son œuvre de sanctification vis-à-vis de ses membres, à son œuvre de charité vis-à-vis des membres souffrants de Jésus-Christ. C'est dans la pratique et le développement de ces œuvres bénies que nous allons suivre désormais la sainte femme dont nous racontons l'histoire, et qu'après avoir reconnu et salué en madame Molé la femme forte de l'Écriture, l'épouse, la veuve et la mère chrétienne, nous admirerons en la Mère Saint-Louis la digne épouse du Dieu crucifié.

CHAPITRE XIII

ESPRIT DE L'INSTITUT DES SOEURS DE LA CHARITÉ DE SAINT LOUIS. — PÉNITENCE ET CHARITÉ. — PENCHANT DE MADAME MOLÉ POUR LES MORTIFICATIONS CORPORELLES ET SPIRITUELLES. — AMOUR DE LA CROIX. — Mgr DE PANCEMONT LA MODÈRE EN CE POINT ET ADOUCIT LA RÈGLE.

L'œuvre reflète toujours l'esprit de l'ouvrier, et cette loi se retrouve au plus haut degré dans cette œuvre par excellence qu'on appelle une fondation religieuse. Pour connaître l'esprit de l'Institut fondé par madame Molé, examinons donc dans quels sentiments elle se trouvait elle-même au moment qu'elle l'établit, et nous verrons ensuite les modifications que la sagesse de Mgr de Pancemont, son évêque et son directeur spirituel, apporta à la règle méditée et préparée par elle.

La vocation religieuse de madame Molé, née dans les larmes et dans le sang, se ressentait de cette douloureuse origine, et c'est comme un époux de sang, suivant l'admirable parole des livres saints (Exode 4-25) que Jésus-Christ, le divin fiancé, apparut à la jeune veuve à l'heure même où elle apprit que son époux selon la chair venait d'expirer sur l'échafaud. Les horreurs de sa captivité, les crimes et les hontes de la Terreur, l'abaissement inouï de la France, acceptant tout de ses misérables bourreaux, ne firent que développer en elle ce sentiment profond de la nécessité d'une expiation publique, incessante, en quelque sorte professionnelle, et c'est à ce point de vue surtout qu'elle considéra la vie religieuse.

Ses lettres à son directeur spirituel et ses nombreux écrits portent tous l'empreinte très-vive de ce sentiment, qui est d'ailleurs le sentiment chrétien par excellence. La rédemption du monde par un Dieu crucifié en est l'expression suprême, et depuis le sacrifice de la croix, quiconque est vraiment disciple de Jésus-Christ, sait qu'il doit y participer non-seulement pour expier ses propres péchés, mais pour contribuer à l'expiation des péchés des autres. C'est le fondement même de la vie religieuse, et l'explication de ces pénitences prodigieuses, de ces mortifications presque surnaturelles, qui se remarquent chez tous les saints et spécialement chez les religieuses.

Écoutons madame Molé, et admirons avec quelle énergie elle exprimait ce sentiment qui remplissait son âme et en débordait en traits brûlants, quelquefois sublimes.

Dès le début de son œuvre, alors qu'elle préparait les constitutions de sa communauté naissante, elle écrivait à Mgr de Pancemont :

« Je crois devoir vous manifester l'esprit que Dieu m'inspire. Si je ne me trompe, c'est un esprit de pénitence, je dirai même de victime, pour tous les crimes qui ont été commis en France. »

Et un peu plus tard, après avoir reçu la réponse approbative du prélat :

« Quels sont les desseins de Dieu sur son œuvre et sur moi? Il m'est permis de dire que je n'en doute plus, puisque, au témoignage intérieur de ma conscience et de ce divin Esprit qui, depuis tant d'années, me fait entendre sa voix, je joins encore le vôtre, et que vous êtes le seul organe par lequel je puisse connaître d'une manière certaine et sensible la volonté de Dieu. Vous avez prononcé qu'il était vrai que cette œuvre devait être une œuvre d'expiation, de pénitence et de réparation pour mon malheureux pays ; que tels en étaient le but et l'esprit. Qu'il est consolant pour moi d'avoir cette assurance ! Mon pays m'a persécutée ; je l'ai haï. C'est pour cela que je me trouve plus portée à m'immoler pour lui. Oui, je donnerais tout à l'heure ma vie pour y voir la foi de Jésus-Christ triomphante. Si vous me le permettez je donnerai plus que ma vie ; car j'accepterai de bon cœur de vivre encore longtemps, s'il le faut, pourvu que ma vie ne soit qu'un long martyre de satisfaction, d'expiation et de pénitence. »

Quelle grandeur dans cette âme de femme, de religieuse, et quel admirable enseignement elle propose aux âmes amollies et amoindries de nos jours! Elle a haï son pays, à la vue des massacres de septembre, du meurtre parricide du roi et de la reine de France, des horreurs de la Convention, des crimes et des lâchetés de la Terreur, elle l'a haï comme Française en face de toutes ces infamies, comme épouse en présence de l'assassinat de son mari, comme mère en présence de l'emprisonnement et des souffrances de ses pauvres enfants. Mais sous l'influence divine de la foi, cette haine s'est changée en un amour poussé jusqu'au plus héroïque dévouement, jusqu'au besoin, à la passion même de souffrir, de se donner, de s'immoler pour cette ingrate nation, instrument ou spectatrice servile de tous ses malheurs. « Mon pays m'a persécutée, je l'ai haï. C'est pour cela que je me trouve plus portée à m'immoler pour lui. » C'est du sublime tout pur, et Corneille n'a rien dit de plus beau. De nos jours, on n'est plus capable de ces haines vigoureuses produites par le spectacle des crimes des uns et de la lâcheté des autres ; mais on est plus incapable encore de ces sacrifices généreux, de ces dévouements surhumains qui font qu'on se donne tout entier et qu'on meurt au besoin pour cette patrie détestée un moment à cause de ses crimes, mais aimée toujours par devoir, par souvenir de ses grandeurs passées, par confiance en ses destinées futures. C'est dans les couvents, sous la robe des moines ou des religieuses qu'il faut les chercher aujourd'hui, comme aux premier temps de ce siècle où la France ressuscitait, après avoir été comme ensevelie pendant dix ans dans un tombeau sans gloire.

Cette soif d'immolation, cet esprit de victime, cet amour de la croix, se retrouvent dans tous les écrits de madame Molé avec la même intensité de sentiment et d'impression. A peine religieuse, elle fait vœu de passer toute sa vie dans les travaux et les larmes de la pénitence, pour fléchir la colère de Dieu irrité contre la France. »

« J'ai demandé à Dieu d'être marquée du sceau de la croix, écrit-elle à son directeur, et je l'ai obtenu... J'appelle la croix de toute l'ardeur de mes désirs, et quand Dieu me fait la grâce d'en sentir le poids, j'éprouve un vrai regret en voyant qu'il ne m'en accorde que de petites parcelles. Comme je suis convaincue que le bonheur de vivre et de mourir attaché à la croix avec Jésus-Christ n'est accordé qu'aux âmes fidèles, je veux détruire en moi, jusqu'à la racine, tout ce qui pourrait y mettre obstacle. Je veux pour l'amour de Jésus-Christ, souffrir avec lui et me rendre victime, dans la seule espérance que j'obtiendrai ainsi la grâce de souffrir encore davantage, car il n'y a de bonheur pour l'âme qu'il a percée des traits de son amour, qu'à le suivre au Calvaire pour y partager ses tourments et mourir avec lui. »

« Je ressens, écrit-elle encore, des douleurs très-vives qui, en m'ôtant la possibilité de tout mouvement, m'imposent aussi la privation la plus douloureuse à mon cœur. Cependant, je me sens portée non-seulement à ne pas demander à Dieu la délivrance de mes infirmités, mais à renouveler le pacte que j'ai fait avec la croix. J'ai des moments bien durs à passer et où il me semble que je suis prête à me décourager, mais il en est d'autres où je sens si fortement les douceurs de la croix que je regarderais comme un malheur d'avoir la plus légère diminution dans mes souffrances. Je les aime jusqu'à en être avare. »

« J'ai cru aimer la croix, dit-elle une autre fois, lorsque je ne la voyais que de loin et qu'une ferveur sensible me soutenait ; mais quand cette ferveur a cessé et que cette croix tant désirée s'est présentée à moi toute sèche, toute nue, avec ses délaissements et ses amertumes, au lieu de me jeter dans ses bras, je me suis crue perdue ; j'ai oublié toutes mes belles promesses. Que cette lâcheté m'a causé de pertes ! que je la déplore aujourd'hui ! Pour la réparer, je renouvelle le vœu par lequel je me suis donnée à la croix, acceptant non-seulement les souffrances du corps, mais encore celles de l'esprit et du cœur, les sécheresses, les délaissements qu'il plaira à Dieu de m'envoyer, renonçant même à lui demander jamais d'en être délivrée ni même soulagée. »

Enfin, car il faut abréger ces citations où cette grande âme chrétienne se dévoile dans toute sa mystique beauté, longtemps après, elle s'écriait avec un accent digne de sainte Thérèse : « Il y a quinze ans que j'ai fait ce pacte avec la croix. Un jour que je l'exprimais à Jésus-Christ avec toute l'ardeur de mon âme, j'entendis une voix intérieure qui me disait, comme aux fils de Zébédée : « Pouvez-vous boire au calice que je boirai ? » Cette parole suspendit l'élan de mon cœur. Mais un instant après, misérable que je suis ! j'eus bien la hardiesse de répondre : « Oui, mon Dieu, c'est votre calice que je veux boire ; c'est de votre baptême de sang que je veux être baptisée. » La même voix me fit entendre alors que cette grâce m'était accordée. Depuis ce temps, malgré mes nombreuses infidélités, je puis dire que mon désir, mon amour pour la croix n'a jamais changé, et je serais prête encore à renouveler mon pacte téméraire. »

Avec de pareils sentiments, on devine dans quel esprit de pénitence et de rigueur madame Molé du concevoir et préparer les constitutions de son Institut. Elle avait emprunté aux Règles des premiers cénobites, à celles de saint Benoît dans l'antiquité, de saint Bernard et de sainte Thérèse dans des temps moins anciens, une grande partie de leurs mortifications corporelles, jeûnes très-fréquents en dehors de ceux prescrits par l'Église, abstinence perpétuelle de viande, interruption du sommeil et descente au chœur pendant la nuit pour prier et louer Dieu pendant que le reste des hommes l'oublie dans un légitime repos ou l'outrage dans des veilles coupables. Mgr de Pancemont dut modérer ce zèle excessif, lui faire comprendre les nécessités et la différence des temps, les tempéraments apportés par l'Église à l'austérité des premiers siècles et du moyen âge, tempéraments exigés par les modifications profondes des mœurs, des habitudes, des forces humaines, et par l'impossibilité de concilier des mortifications corporelles trop grandes avec la fatigue du soin des enfants, de leur surveillance et de leur instruction.

Aussi humble qu'austère, madame Molé se rendit sans hésiter à ces sages observations. Elle retrancha de sa règle tout ce que Mgr de Pancemont y trouvait d'excessif, et elle reporta sur la mortification de l'esprit et de la volonté tout ce qu'elle retranchait de la mortification du corps. Elle s'inspira en cela de l'esprit du grand saint François de Sales, dont la Règle, si terrible sous son apparente douceur, prend toute l'âme de la religieuse pour la donner sans réserve au divin Époux, ne lui laissant sa liberté, son jour, sa respiration que du côté du ciel, et qui a fait ainsi de ses monastères de la Visitation des maisons admirables de prière, de saintes œuvres et de pénitence, accessibles à toutes les santés, à la condition que ces corps fatigués, que ces enveloppes délicates renferment des âmes d'anges.

Madame Molé entra si bien dans cet esprit que tout en conservant pour elle-même et pour les religieuses éprouvées, le privilége de mortifications cachées dont son corps gardait les traces douloureuses, elle insistait souvent dans ses instructions à ses filles sur le danger des austérités corporelles en dehors de la Règle et sur le devoir de ne s'en imposer aucune sans la permission expresse des supérieurs. En voici un passage, outre beaucoup d'autres, dont la sagesse et l'élévation me semblent tout à fait remarquables. Il s'agissait d'expliquer l'article de la Règle qui ne prescrit d'autres jeûnes que ceux de l'Église.

« Le premier point de cet article, mes chères filles, vous prouve que tout, dans la vie religieuse, que même nos bons mouvements, nos pieux désirs, ne peuvent être agréables à Dieu et par conséquent nous devenir méritoires pour l'éternité qu'autant qu'ils sont revêtus du mérite de l'obéissance et du renoncement entier à notre volonté et à notre attrait. Saisissez bien l'esprit de notre saint fondateur qui nous est si bien exprimé dans la sainte règle qu'il nous a laissée. Elle nous interdit toutes mortifications corporelles, sauf l'autorisation de nos supérieurs ; mais en nous les interdisant, quelle loi sévère ne nous fait-elle pas de la mortification intérieure ? Chaque page, chaque article ne nous prescrit-il pas ce renoncement entier, absolu, toujours si pénible à la nature, mais si agréable à Dieu ? A quoi nous servirait en effet de macérer notre corps, si notre volonté, notre cœur ne sont pas réellement brisés et crucifiés ? Je vous l'ai dit et vous le répète, les mortifications corporelles sont du plus grand danger pour une âme qui, avant de les pratiquer ne peut se rendre le témoignage que tout son intérieur est immolé à Dieu. Et pourquoi lui sont-elles si dangereuses ? Parce qu'elles l'entretiennent dans l'illusion. On croit par ces moyens satisfaire à la justice de Dieu, lui prouver son amour, et l'on vit souvent dans une fausse paix. C'est le cœur qui est capable d'aimer : c'est donc lui qui est cette victime dont il nous faut faire à Dieu un holocauste parfait. »

Il ne faut pas croire cependant que la règle des Sœurs de la charité de Saint-Louis ne renfermât point toutes les conditions de la vie la plus mortifiée. Pous n'en citer qu'un exemple, elle contient un article ainsi conçu, et sur l'exécution duquel madame Molé revient sans cesse dans ses instructions : « On observera constamment le silence le plus absolu, hors le temps et les lieux de la récréation. Les Sœurs qui seront chargées de l'instruction des enfants ou de la surveillance des salles parleront le plus bas et le moins qu'il leur sera possible. »

Certes le silence est une des conditions essentielles de la piété, surtout de la piété dans les cloîtres. Il est le gardien du recueillement, de l'esprit intérieur, de la présence de Dieu. Il préserve de toutes les fautes contre la charité et contre la vérité, dont les conversations inutiles, même entre religieuses, sont la source originelle et la cause presque certaine. Il conserve la paix de l'âme, édifie le prochain, et madame Molé pouvait dire sans exagération dans un de ses entretiens spirituels avec ses filles :

« Les divers fondateurs des ordres religieux ont jugé le silence si nécessaire qu'ils l'ont tous ordonné. La régularité se soutient dans une maison tant qu'il y est gardé et à proportion de l'exactitude que l'on apporte à ne le point rompre. Si l'on veut réformer une observance, on commence par y rétablir le silence. Dès qu'il n'est plus en vigueur dans un endroit, on y chercherait en vain quelques apparences des vertus religieuses.... On a coutume de comparer les maisons religieuses où on ne garde pas le silence à des bâtiments ouverts de toutes parts et qui sont sans portes et sans fenêtres. On y entre comme on veut, il n'y reste aucun frein contre les passions et les pervers instincts de la nature corrompue...... Au contraire, les séculiers qui ont occasion de voir des maisons bien réglées, y respirent dès l'entrée une odeur de recueillement, de dévotion et de sainteté qui les pénètre et les embaume. Ils ne peuvent s'empêcher de s'écrier, ainsi que le patriarche Jacob à la vue de l'échelle mystérieuse : « Le Seigneur est vraiment dans ce lieu-ci, et je ne le savais pas ! » On trouve une maison pleine de monde, et on n'y entend personne. Il semble qu'on entre dans une vaste église où tout le monde n'est appliqué qu'à prier et adorer Dieu. »

Dans son amour des mortifications dont le silence est une des plus pénibles à la nature, elle eût voulu interdire absolument le parloir à ses religieuses, mesure excessive, puisqu'elle les séparait absolument de leur famille, et impraticable dans une communauté où des ateliers de toile et de dentelle et l'éducation des enfants pauvres établissaient des rapports indispensables avec les personnes du dehors. Mgr de Pancemont s'y étant opposé, elle eût désiré au moins que la loi de la solitude et du silence absolu pût être imposée à celles de ses sœurs qui désireraient se consacrer tout entières à la vie contemplative :

« Je désire vivement, écrivait-elle au pieux prélat, que dans cet asile, les âmes vraiment appelées à la vie contemplative et unitive pussent suivre leur attrait…. Après avoir bien éprouvé la vérité de leur vocation, je voudrais qu'elles pussent se retirer à l'écart dans cette maison, et que là, vivant seules avec Dieu seul, n'ayant de communication qu'avec le directeur et la supérieure, elles observâssent un silence continuel, et accomplissent cette parole de saint Paul : « Vous êtes morts et votre vie est cachée avec Jésus-Christ en Dieu. » Elles se réuniraient cependant à la communauté pour les exercices spirituels ; leur vie serait plus austère que celle des autres ; elles seraient solitaires. »

Là encore Mgr de Pancemont dut modérer le zèle de la sainte fondatrice, en lui faisant remarquer qu'il ne saurait y avoir deux Règles et en quelque sorte deux troupeaux dans une communauté, et que les personnes appelées à une vie purement contemplative devraient chercher ailleurs, chez les Carmélites par exemple, la satisfaction de leurs désirs angéliques. Suivant ses conseils, madame Molé se contenta donc d'imposer le silence à toutes ses religieuses, hors les lieux et les heures de récréation, et sauf les nécessités de l'instruction et de la surveillance des enfants. Même réduite à ces proportions, cette obligation était encore si mortifiante, si pénible à la nature, que de toutes les prescriptions de la Règle, elle fut la plus difficile à maintenir et celle qui donna lieu aux plus nombreuses infractions. Pour les religieuses qui n'étaient pas employées à l'éducation des enfants, c'était le silence perpétuel, sauf deux heures à peine sur vingt-quatre, et certes il faut une grande vertu, un grand esprit de pénitence et de sacrifice, une grande union intérieure avec Dieu, pour l'accepter résolûment, la pratiquer joyeusement et n'y manquer jamais de propos délibéré.

Si donc la pensée première de madame Molé ne se trouva pas complétement réalisée dans son institut, si elle dut renoncer en partie à son idéal, formulé en ces termes : « Il faut que le monde soit frappé de respect et d'admiration à la vue des grandes austérités de cette maison, et comprenne par là la nécessité de la pénitence, » on peut dire que l'esprit de mortification en demeura un des caractères essentiels, et qu'à défaut de grandes austérités le monde put y admirer et y admira en effet de grandes vertus, des sacrifices généreux et une charité souvent héroïque. Cette charité qu'elle manifestait envers Dieu par des prières incessantes, par le silence presque continuel, et par les trois vœux annuels de chasteté, de pauvreté et d'obéissance, se manifestait envers le prochain par la plus parfaite et la plus pénible des œuvres, celle de l'éducation des enfants et des pauvres. C'est le second caractère de l'institution des Sœurs de la charité de Saint-Louis, que nous allons étudier avec non moins d'édification que le premier.

CHAPITRE XIV

CHARITÉ ACTIVE DE L'INSTITUT. — L'INSTRUCTION DES
ENFANTS. — SENTIMENT DE MADAME MOLÉ SUR CE
POINT. — ÉTABLISSEMENT DES ATELIERS DE DENTELLE
POUR LES PETITES FILLES PAUVRES. — LETTRE DE
MGR. DE PANCEMONT A PORTALIS — SUCCÈS. DE CETTE
OEUVRE.

Si madame Molé n'eût consulté que ses goûts et
l'instinct de sa piété, elle eût choisi pour elle et pour
sa communauté une vie d'austérités extraordinaires,
de silence et de solitude. Mais elle avait bien vite
compris que l'esprit de pénitence revêt plus d'une
forme, et que, parmi les mortifications celles de la
chair ne viennent qu'au second rang. Si donc elle
voulut, d'accord en cela avec Mgr de Pancemont,
que ses filles spirituelles unissent la charité active à la
prière et à la contemplation, ce fut, d'une part pour
accomplir dans sa plénitude la parole évangélique qui
ne sépare pas l'amour actif du prochain de l'amour
de Dieu, et de l'autre, pour trouver, dans le soin et
l'instruction des enfants pauvres, un moyen nouveau
et certain de mortification.

Il n'est pas douteux en effet, que le soin continuel des enfants, spécialement des enfants pauvres, malgré l'intérêt sympathique et naturel qu'ils inspirent, ne soit pour ceux qui s'y vouent et surtout pour les religieuses une source inépuisable de peines, de soucis et de fatigue. Quand on a fui l'agitation et les ennuis du monde pour se livrer à l'amour souverain de Jésus-Christ, il est dur d'abandonner cette paix pour retrouver, dans les enfants qu'on doit instruire, élever, corriger, punir, une image trop fidèle du monde qu'on a quitté. Il est douloureux de ne pas s'appartenir, même pour se donner à Dieu, de rentrer dans cette suite d'efforts, de luttes, qu'on appelle l'enseignement, d'avoir à combattre contre des tentations continuelles d'impatience, d'irritation, de colère même, et de se voir exposé à perdre ce calme surhumain, cette paix de l'âme qui est le premier bienfait de la vie religieuse. Tous ces sacrifices, acceptés dans un esprit de foi et de charité, se transforment sans doute et sont mêlés de douceurs et de joies surnaturelles. Mais ils n'en crucifient pas moins la nature, et il faut une grande vertu pour les accomplir avec douceur et sérénité jusqu'au bout.

En ouvrant sa maison de Vannes, berceau de sa communauté naissante, aux petites filles pauvres de la ville et des environs, le jour même où elle prit le voile avec ses premières compagnes, madame Molé ne se dissimula aucun de ces devoirs, aucune de ces épreuves, et elle s'y livra avec la même ardeur qu'aux exercices de piété et aux offices de la vie religieuse. Elle comprit, et elle s'attacha, dès le principe, à faire comprendre à ses filles qu'elles avaient charge d'âmes, qu'elles étaient responsables devant Dieu et devant la société humaine, non-seulement de la piété et des bonnes œuvres des enfants qui leur étaient confiés, mais de leur développement intellectuel, de la culture de leur esprit, de leur industrie, et l'on peut admirer, en lisant ses instructions à ce sujet, l'élévation de ses vues et la fermeté de son langage, en même temps que la bonté de son cœur et la délicatesse de ses sentiments. On reconnaît dans cette supérieure de communauté la mère de famille qui s'était consacrée tout entière dans le monde à l'éducation de ses propres enfants, et je recommande la méditation de ses conseils à toutes les mères chrétiennes, à toutes les personnes auxquelles incombe ce grand et difficile devoir.

« La première chose, dit-elle, qui doive occuper une personne chargée de l'éducation des enfants, c'est le soin de veiller sur elle-même. Votre exemple fera plus à un enfant que tous vos discours. Il doit trouver dans votre personne et votre conduite le modèle des vertus auxquelles vous désirez le former. Quelle autorité pourront avoir sur l'esprit d'un enfant vos avis ou vos corrections, quand il verra en vous les mêmes défauts que vous lui reprochez?

Ne reprenez jamais un enfant qu'avec justice et toujours aussi avec douceur. A moins que ce ne soit absolument nécessaire, ne le reprenez jamais dans le moment même de la faute : 1° pour l'ordinaire son esprit dans ce moment est mal disposé et ne recevrait pas d'une manière utile ce que vous auriez à lui dire.

2° il serait très possible que vous-même fussiez un peu émue par la vivacité, l'impatience, et si l'enfant s'en apercevait, il perdrait le respect qu'il vous doit et ferait peu de cas de vos avis.

« Si vous vous trouvez obligées d'imposer quelques pénitences à vos enfants, qu'ils voient qu'il vous en coûte d'user de sévérité envers eux, que vous ne le faites que pour leur grand bien, et après plusieurs avertissements.

« Ayez soin dans· vos pénitences de ne jamais humilier les enfants d'une manière trop pénible. Sans ce ménagement vous ne faites que les aigrir davantage, qu'augmenter leurs défauts loin de les corriger.

« Que vos pénitences ne soient jamais qu'un remède appliqué aux défauts que vous voulez corriger, mais qu'elles ne puissent point avoir l'air d'une vengeance de la faute commise. C'est ainsi que vous les rendrez vraiment utiles ou profitables. Mais usez-en le moins possible : c'est en les rendant très-rares qu'elles feront des impressions salutaires.

« Étudiez le caractère de vos enfants et efforcez-vous de gagner leur confiance, édifier en elles les vertus qui leur sont nécessaires, les corriger de leurs défauts, voilà ce dont vous êtes responsables à Dieu d'abord, ensuite à leur famille et même à la société. Songez, que dans les jeunes filles qui vous sont confiées, vous avez à former des âmes qui, comme vous, se consacreront au Seigneur, ou qui rentrées dans le monde, doivent y porter la bonne odeur de Jésus-Christ et y répandre les principes salutaires et l'amour de la vertu qu'elles auront puisés chez vous.

« Vous devez surtout chercher à imprimer dans le cœur de vos élèves l'amour de Dieu et de sa sainte Religion ; une grande douceur; beaucoup de modestie dans leurs pensées, leurs paroles, leurs actions, dans tout leur extérieur : c'est la vertu par excellence de notre sexe; rendez-les charitables, compatissantes pour leurs compagnes, apprenez-leur à supporter mutuellement leurs défauts ; obligez-les surtout à être sincères : rien de plus commun dans les enfants que la dissimulation qui ensuite devient fausseté ; craignez pour elles l'envie, la jalousie, et n'y donnez jamais lieu en laissant apercevoir quelques préférences..., enfin, inspirez à vos jeunes filles l'amour du travail des mains ; cela est très-important pour la suite de leur vie ; car de même que l'oisiveté est la source de bien des vices, l'occupation est un grand préservatif. »

Mais il est un autre devoir de quiconque veut exercer utilement ce sacerdoce de l'enseignement de la jeunesse, devoir que le monde accuse bien légèrement les religieuses de négliger, même de méconnaître, c'est celui de s'instruire solidement afin de pouvoir instruire les autres. Les exhortations de madame Molé à sa communauté naissante répondent éloquemment à cette accusation téméraire, et par l'esprit qui animait, dès le commencement de ce siècle, cette congrégation destinée à l'éducation de pauvres petites filles de la basse Bretagne, on peut juger de celui qui règne dans toutes les communautés du même genre.

Voici ce que madame Molé disait à ses premières religieuses dans une allocution très développée dont nous devons nous borner à citer quelques passages. — Après avoir indiqué qu'elles sont responsables du soin de l'esprit de leurs élèves, du soin de leur cœur, et du soin de leur corps, elle développe en ces termes le premier point.

« ..... Vous êtes chargées du soin de leur esprit pour leur donner l'instruction nécessaire, pour leur apprendre à connaître, à aimer, à servir Dieu par la pratique de notre Sainte Religion. Mais à cette instruction, vous devez joindre celle qui leur est nécessaire pour êtes utiles à la société dont elles sont membres dans la classe où la divine Providence les a placées.

« Rien de votre part ne doit être négligé pour développer leur intelligence, ouvrir leur esprit à la lumière, et former leur raison. Cette faculté de l'esprit et de la raison n'est-elle pas la plus belle de toutes celles que Dieu nous a données? Or, si c'est un devoir pour chacun de nous de ne pas enfouir un talent aussi précieux, il n'est pas moins commandé à ceux qui sont chargés du soin de la jeunesse de ne rien négliger pour lui en faire connaître le prix et la mettre à portée d'en faire un bon usage pendant toute sa vie. Oui, l'instruction, la culture de l'esprit et de la raison sont les plus grands services de charité que l'on puisse rendre à ces pauvres enfants, ceux auxquels nous devrions nous porter avec le plus de zèle..... Si vous n'avez pas assez d'instruction vous-mêmes, il faut que vous travailliez à en acquérir :

c'est pour vous un devoir essentiel et rigoureux dans l'état que vous avez embrassé. Notre sainte Règle ne fait-elle pas, dans un de ses premiers articles, un précepte à chacune de nous de se mettre en état d'instruire les enfants? Si nous avions été exactes, depuis que nous sommes dans cette maison, à nous acquitter de ce devoir, serions-nous aujourd'hui aussi incapables que nous prétendons l'être?..... Que ne puis-je vous en faire sentir la nécessité pour vous-mêmes autant que pour le prochain? Oui, toutes sans exception, vous êtes obligées, comme chrétiennes d'abord et ensuite comme voulant embrasser l'état religieux dans cette maison, de vous instruire autant qu'il vous sera possible, et vous devez le faire avec zèle, courage et satisfaction, regardant cette étude comme un de vos devoirs principaux... Travaillons donc, ajoute-t-elle en terminant; je vous aiderai de mes avis et de mes prières, et j'ose espérer de la miséricorde de Dieu, pour l'amour duquel nous allons nous livrer à ces travaux, qu'il daignera bénir notre bonne volonté et faire que son divin Esprit répande en nous ses lumières pour éclairer notre entendement, en même temps qu'il embrasera nos cœurs d'un nouveau zèle. »

Voilà dans quel esprit madame Molé envisageait l'éducation des enfants et quelle direction elle donna dès le principe à son institut pour l'accomplissement de cette grande œuvre. Voilà, pouvons-nous ajouter, dans quel esprit les Sœurs de la charité de Saint-Louis s'y sont toujours livrées, et ont donné, de tout temps et dans toutes leurs maisons, l'exemple de maîtresses sages, bonnes, instruites, pénétrées de la charité de Jésus-Christ, respectant dans leurs jeunes élèves l'image de ce divin Sauveur, et les formant avec un dévouement infatigable, à cette céleste ressemblance.

Nous pouvons dire, avec une égale vérité, que leurs élèves se sont toujours montrées dignes de telles maîtresses, que beaucoup d'entre elles se consacrent à Dieu, et que les autres sont très-recherchées comme ouvrières ou femmes de chambre dans les meilleures maisons du pays. Dès l'origine, dans un document où se trouve retracé l'historique de la fondation de la maison de Vannes, Mgr de Pancemont rend à leur docilité et à leurs progrès dans la vertu comme dans l'instruction, un éclatant témoignage. Ce document précieux est un rapport adressé par le pieux prélat à M. Portalis, ministre des cultes, en 1804, alors qu'il poursuivait avec madame Molé la reconnaissance officielle de la communauté naissante. Il fait ressortir surtout le caractère social, populaire et moralisateur de l'œuvre, en laissant dans une ombre prudente ce qui dévoilerait trop clairement le caractère religieux de la communauté directrice. Quelques citations de cet écrit feront connaître parfaitement ce qu'était, lors de son établissement, la maison de charité fondée à Vannes par madame Molé, comme partie intégrante de son Institut. On comprendra que, si l'évêque parle de cette fondation comme de son œuvre personnelle, c'est dans le but d'en faciliter la reconnaissance par le gouvernement en la présentant comme dépendant de lui et fonctionnant sous sa responsabilité.

« Depuis longtemps dit Mgr Pancemont, je gémissais sur la déplorable éducation du peuple, et je méditais sur les moyens à employer pour remédier à ces maux. Je ne pouvais me dissimuler qu'il en fallait chercher la cause dans la corruption des mœurs, qui, des premières classes de la société, était descendue par degrés jusqu'à la dernière, c'est-à-dire à la masse de la nation.

« J'étais rempli de ces pensées lorsque je fus nommé à l'évêché de Vannes. Je crus que je pourrais y réaliser mes projets et qu'ils ne seraient pas sans utilité. Le peuple y est bon et facile à porter au bien, mais fort ignorant... Sans négliger la génération présente, je crus que je devais travailler à en former une nouvelle en prenant un soin particulier des enfants.

« Mes vues s'étendaient aux deux sexes. Mais bientôt je sentis la grande difficulté de rien faire de stable pour les garçons. La proximité des côtes, le nombre des ports de mer, le cabotage et les besoins de la marine les rendent utiles de très-bonne heure.

« Je me bornai donc aux petites filles qui excitaient d'autant plus ma pitié que ce sexe participe au vice dominant du pays, l'ivrognerie... Je pensai que ce serait faire un grand bien que de soustraire ces jeunes infortunées à de si dangereux exemples, de les accoutumer au travail et de leur donner l'instruction convenable à leur sexe. A cet effet, j'établis un atelier de dentelles, et cet établissement est d'autant plus utile que ce pays est sans industrie et n'offre pas une seule manufacture.

« Les enfants admises dans cet atelier habitent dans
la maison, y sont nourries, entretenues gratuitement,
formées au travail et à la vertu : et après cinq ans d'é-
ducation, elles entreront dans le monde, sachant lire,
écrire, calculer, formées au travail, à la politesse, à la
vertu, propres à devenir d'excellentes femmes de ménage et des mères capables de bien élever par elles-
mêmes leurs enfants... leur nombre, qui n'est actuel-
lement que de soixante-dix, sera porté à cent-vingt...

..... « Dans la maison acquise et aménagée pour
les recevoir, on voit des salles de classe, des salles de
travail et un atelier bien éclairé, deux vastes dortoirs
où chaque enfant a son lit, des cuisines, deux grands
corridors environnés chacun de vingt chambres, une
boulangerie, un grenier à blé, une infirmerie, ces trois
édifices bâtis à neuf et exposés à l'air près d'un jardin
et d'une prairie... Les demandes en admission se
multiplient sur tous les points du diocèse, et si
j'avais pu recevoir tous les enfants qui se présentaient,
j'aurais aujourd'hui plus de cinq cents jeunes filles
occupées à travailler.

..... « Les progrès que cet établissement a faits
depuis dix-huit mois (époque de la fondation) sont
surprenants et surpassent beaucoup ce que je m'en
étais promis. L'émulation qu'on inspire aux élèves
les a tellement attachées au travail qu'on est souvent
obligé de les forcer à quitter leur métier pour prendre
la récréation nécessaire à cet âge. Aussi leur ouvrage,
quoique exécuté avec beaucoup de promptitude, ne
laisse rien à désirer, ni pour la propreté, ni pour

l'élégance, ni pour le goût. Plusieurs envois ont été faits à Paris, où ils ont été bien accueillis, et il y a lieu d'espérer que l'atelier de Vannes finira par rivaliser avec les meilleures manufactures de ce genre.

« Pendant que les enfants étaient encore externes, j'étais peu satisfait de leur conduite... Mais depuis qu'elles sont à demeure dans la maison, leurs progrès dans le bien sont aussi sensibles que l'avaient été leurs progrès dans les ouvrages manuels. Elles se dépouillent à vue d'œil de leur grossièreté, de leur ignorance, et elles substituent à ces défauts la politesse, la modestie, la douceur et les autres vertus qu'on tâche de leur inspirer.

..... « J'avais le plus grand désir de trouver une supérieure digne d'être mise à la tête de cet établissement naissant et sur laquelle je pusse compter comme sur moi-même. J'ai eu le bonheur de trouver ce que je désirais dans la personne de madame de Lamoignon veuve de monsieur Molé de Champlâtreux, qui a été la fondatrice de cette maison conjointement avec moi. Elle a consacré à cette bonne œuvre sa personne, sa fortune et ses talents. Elle a madame sa mère avec elle.

« Déjà dix-sept dames, animées du même esprit de religion et de charité, se sont jointes à elles et forment une association de vertus utiles au prochain. Tous les moments de leur journée sont employés, après les devoirs rendus à Dieu, qui seul inspire une charité constante, au service des enfants et à leur instruction : et en voyant leur attention, j'ai presque dit leur tendresse pour leurs élèves, on serait tenté de les regarder comme leurs véritables mères. »

Telle était, dès 1804, c'est-à-dire moins de deux ans après la fondation de la communauté des Sœurs de Saint-Louis, la situation de l'œuvre de madame Molé et de la maison qui abritait à la fois ses filles spirituelles et ses enfants d'adoption. Dix-sept religieuses, dont plusieurs faisaient encore leur noviciat, se consacraient à la prière, à la vie pénitente que nous avons décrite, et à l'éducation de 70 petites filles pauvres, avec un succès qui faisait l'admiration du peuple de Vannes comme de son premier pasteur. Madame Molé inspirait tout de son esprit, soutenait tout par ses leçons comme par ses exemples, et se montrait partout la première par le zèle, par la charité, par une bonté accomplie dans une extrême austérité, vraie supérieure, vrai modèle et vraie mère de tout ce petit peuple placé sous son autorité.

C'était une dure vie que celle de ces premières Sœurs de Saint-Louis, et devant ce labeur incessant de la direction des classes succédant aux offices du chœur, des soins physiques ou moraux à donner à ces petites filles chez qui tout était à former ou à réformer, plus d'une santé s'altéra, plus d'une existance se brisa, plus d'une vocation aussi chancela. Les novices accouraient en foule, mais un petit nombre demeurait, tant l'épreuve dépassait les forces d'une vertu et d'une piété ordinaires. Quelle assiduité, quelle vigilance, quel dévouement ne leur fallait-il pas pour suffire à tous les soins qu'exigeaient l'âme et le corps de ces pauvres enfants? Quel esprit de foi et de sacrifice pour ne pas se rebuter dans une besogne parfois si répugnante à des natures tendres et délicates! Ah! cette maison, avec son apparente simplicité de vie, était bien une maison de pénitence et d'expiation. La pieuse fondatrice le rappelait sans cesse à ses filles, et leur mettant sous les yeux l'amour de Jésus-Christ pour les enfants et pour les pauvres, elle leur répétait avec son angélique charité : « Si l'époux divin leur a témoigné une si grande tendresse, que ne doivent pas faire ses épouses ?..... Ces enfants, leur disait-elle encore, seront nos introducteurs auprès de Jésus-Christ, à qui nous pourrons rappeler avec confiance cette parole qu'il a dite : « Tout ce que vous ferez à l'un de ces petits qui sont mes frères, c'est à moi que vous le ferez ! »

L'atelier de charité de la maison de Vannes, maison mère de l'Institut et modèle de toutes les autres, est encore tel aujourd'hui, sauf la fabrication de la dentelle, que le décrit Mgr Pancemont dans l'exposé que nous venons de citer. Il ne fit que se développer avec le temps. En 1816, madame Molé écrivait au ministre des cultes : « Dans ma maison je reçois des petites filles pauvres auxquelles on fournit tout, en maladie et en santé. Mon but a été de leur inspirer des principes de religion, de les préserver ou retirer de la corruption du siècle, et de leur faire aimer et pratiquer dès leur enfance la morale de l'Évangile et les vertus chrétiennes ; puis de leur apprendre à lire, à écrire et à calculer. Afin de les accoutumer au travail, j'ai établi deux manufactures, l'une de dentelles et l'autre de filature de coton, plus une fabrique d'étoffes de coton. Le succès a surpassé mon attente. »

Le zèle de madame Molé ne se borna point à l'éducation des petites filles pauvres reçues et entretenues dans sa maison conventuelle. Dès les premiers mois de sa fondation, elle adjoignit à cette première œuvre, qui eût suffi à une âme moins enflammée de l'ardeur du bien, des classes pour les enfants du dehors, classes gratuites comme tout le reste, et aussi un pensionnat pour les jeunes filles d'une condition plus aisée. Ce pensionnat n'était pas, dans sa pensée et ne fut jamais en fait, un moyen d'ailleurs parfaitement légitime, de créer quelques ressources à la communauté. La rétribution y était modique, suffisant tout juste à en payer les frais, et voici en quels termes Mgr de Pancemont en fait mention dans son rapport à Portalis : « L'établissement de Vannes présente aussi une ressource à des parents bien nés, mais que le malheur des temps a réduits à l'impossibilité de donner à leurs enfants une éducation convenable. On y a établi, séparément des enfants entretenues gratuitement, un assez vaste pensionnat, où, pour une modique pension, les jeunes filles trouvent des maîtresses qui leur apprennent la lecture, l'écriture, le calcul, la géographie, la grammaire, l'histoire, les différents ouvrages qui leur conviennent et les règles des bonnes mœurs. » Ce pensionnat était encore, on le voit, une œuvre de bienfaisance destinée à pourvoir à des besoins urgents et particulièrement dignes d'intérêt, en présence de toutes les ruines qu'avait faites la Révolution.

Ainsi la charité de madame Molé avait songé, avait pourvu à tout, et cette humble maison de Vannes, fondée pour être un asile de prières, de pénitence et de réparation, se trouvait en même temps, par cette force d'expansion que Dieu a mise dans toutes les œuvres qui viennent de lui et qui ramènent à lui, un foyer admirable de lumière, de travail, d'enseignement intellectuel et moral, au sein d'une population que les crimes et les folies révolutionnaires avaient déshéritée de tous ces bienfaits. Peuple et magistrats tout le monde louait : les Sœurs de Saint-Louis, les admirait, les proclamait les bienfaitrices de l'humanité. Les applaudissements du monde que madame Molé avait voulu fuir en venant ensevelir ses jours au fond d'une province lointaine la suivaient dans son humble retraite. Nouvelle et touchante réalisation de cette grande parole de l'Évangile : « Cherchez premièrement le royaume de Dieu, et le reste vous sera donné par surcroît. »

CHAPITRE XV

L'approbation des hommes touchait peu l'âme détachée de madame Molé ; mais le succès de son œuvre, la ferveur de ses religieuses, la piété de ses enfants d'adoption croissant avec leur nombre, étaient pour elle un grand sujet de consolation. Soutenue par Mgr de Pancemont en qui elle trouvait depuis son arrivée à Vannes le plus sûr des guides et le protecteur le plus dévoué, elle s'avançait dans la voie si douloureuse à la nature, si douce à l'amour crucifié, de la vie religieuse, quand Dieu lui envoya la plus cruelle et la plus inattendue des épreuves en lui enlevant son saint ami.

Mgr de Pancemont, évêque de Vannes depuis quatre ans à peine, avait déjà beaucoup fait pour son diocèse. Outre la part prépondérante qu'il avait prise à la fondation des Sœurs de la charité de Saint-Louis, il avait institué dans sa cathédrale le grand catéchisme, à l'instar de celui de Saint-Sulpice, favorisé le rétablissement du pèlerinage de Sainte-Anne violemment interrompu par la Révolution, commencé un petit séminaire en réunissant autour de lui une soixantaine de jeunes gens qui montraient du goût pour l'état ecclésiastique ; enfin multipliant ses charités et ses bonnes œuvres, il s'était fait l'aumônier des prêtres indigents si nombreux alors, et avait mérité le nom de père des pauvres que lui donnait la reconnaissance publique.

Il avait entrepris la visite de toutes les paroisses de son diocèse, et sa santé se ressentait déjà des fatigues de ces courses apostoliques par des routes à peine tracées et dans des localités perdues au milieu des landes, quand une aventure tragique, où il faillit périr, acheva de détruire ses forces déjà bien amoindries. C'était en 1806. La Bretagne frémissait encore des luttes terribles dont elle avait été le théâtre ; beaucoup de ses enfants, grandis au milieu de la guerre civile et de la haine des *bleus*, confondaient sous ce nom tout ce qui tenait par un lien quelconque au nouveau régime, et avaient gardé des habitudes de violence, héritage funeste des temps troublés. Les guerres de l'Empire, les lois de conscription qui en étaient la conséquence forcée, inspiraient à ces populations lointaines et hostiles une vive répulsion, et le nombre des réfractaires allait grossissant de jour

en jour. Ils trouvaient dans les landes hérissées d'a-
joncs des refuges inaccessibles, et poursuivis, traqués
par les agents de l'autorité publique, ils y prenaient
souvent à la longue des habitudes de bandits. Pour
eux, le gouvernement, c'était toujours l'ennemi,
comme au temps de la Convention, et ils se considéraient contre lui en état de guerre légitime avec tous
les droits de la guerre.

On comprend le danger que pouvait présenter, dans
ces conditions, la visite pastorale entreprise par
Mgr de Pancemont, évêque du diocèse, mais évêque
nommé par le gouvernement impérial, au milieu de
ces landes peuplées de jeunes réfractaires et de gens
plus âgés et plus coupables qui vivaient depuis des
années en lutte avec l'ordre établi. Le samedi
23 août 1806, il partit de l'évêché en voiture, accompagné de M. Allain, l'un de ses vicaires-géné-
raux, de M. l'abbé Jarry, son secrétaire, et de son
domestique qui suivait à cheval. Il allait donner la
confirmation aux fidèles de la paroisse de Monterblanc, éloignée de Vannes d'environ quatre lieues.
Souffrant d'une jambe il avait fait prévenir le curé de
Monterblanc de ne pas venir au-devant de lui, suivant l'usage du pays, avec la croix, le clergé et les
jeunes gens de la paroisse. Sans cet avertissement,
le coup d'audace et la violence criminelle dont il fut
victime ne se seraient sans doute pas produits. Écou-
tons-le raconter lui-même ce tragique événement
dans une lettre écrite sous sa dictée par M. l'abbé
Jarry, son secrétaire et son compagnon d'infortune :

c'est un récit saisissant dans sa simplicité, et qui fait revivre à nos yeux des mœurs étranges heureusement disparues.

« Arrivé à environ trois quarts de lieue de notre destination vers 9 heures du matin, tout à coup ma voiture est arrêtée sur une lande unie et découverte et cernée par cinq individus armés de fusils simples, fusils à deux coups, espingole, pistolets d'arçon et poignards sous la chemise.

« Leur chef se présente à ma portière et me remet un billet non signé, portant en substance que si les deux individus arrêtés récemment en Fulniac (deux réfractaires sans doute) n'étaient pas rendus sous huit heures au village de Lange, paroisse Saint-Jean, on fusillera les personnes arrêtées et qu'elles subiront le même sort si la gendarmerie se présente pour les délivrer.

« J'avais à peine lu ce laconique billet que, s'adressant à moi : « Vous avez lu, Monsieur ! me dit le chef. Eh bien ! descendez. » Je voulus en vain leur parler. Au milieu des jurements et des blasphèmes, je suis tiré violemment hors de ma voiture, et, le pistolet sur la poitrine, on me dépouille de mon chapeau, de ma soutane : ils sont remplacés par des vêtements de paysan, par la capote de mon cocher, le gilet et le chapeau du maire de Monterblanc qui arrivait à ma rencontre pour m'indiquer la route à travers la lande. Mon secrétaire reçoit aussi l'ordre de quitter sa soutane et de se revêtir des habits de mon domestique.

« A peine ce travestissement terminé, mon grand-vicaire est remis en voiture, et on lui dit: « Si vous aimez votre évêque, allez trouver M. le préfet avec le billet que vous avez. Crevez, s'il le faut, ces deux rosses, et souvenez-vous que sous huit heures, ceux-ci perdront la vie. » — J'étais alors avec mon se-crétaire. On me place rudement sur le cheval de mon domestique, et on nous entraîne à travers la lande jusqu'à une demi-lieue environ de l'endroit où l'on m'avait arrêté. Là, mes ravisseurs conçurent quel-ques inquiétudes à la vue de mes bas violets. Ils en firent prendre et payer une paire en coton, assez malpropre, dans une maison voisine, et se mirent en devoir de me les passer aux jambes ; mais on renonça à cette précaution, mes souliers devenant trop étroits, et on continua la marche jusqu'à un chemin creux et couvert, où on nous fit faire une halte pour nous offrir quelque nourriture. Nous étions à jeun l'un et l'autre. Voyant que nous n'étions pas habitués à l'eau-de-vie, le chef expédia un des siens pour chercher du vin dans le voisinage. Comme il ne revenait point un autre fut envoyé, qui ne revint pas de suite non plus. Alors le chef impatienté de ces délais et jaloux de mettre sa proie en sûreté, donna l'ordre de re-partir. On me fit faire divers circuits dans une vaste lande, et lorsque je fus arrivé à une portée de fusil d'un bois, on réunit tout le monde à l'aide du sifflet. On me fit un siége composé de branches d'arbres couvertes de genêts et de fougères, et on me com-manda de parler très-bas.

« Dans cette position, on ne pensa plus qu'à se

féliciter du succès de ce coup de main et à se livrer à la joie. On essuie les armes, on se sèche au soleil de la pluie de la nuit précédente, et on s'occupe du dîner. Du beurre, des œufs durs et de l'eau-de-vie en faisaient tous les frais.

« J'avais à peine commencé ce repas que, tout à coup, des cris, des coups de fusil se font entendre, et redoublent en se rapprochant. Mes ravisseurs se répandent aux diverses extrémités du taillis, et reviennent en disant : « Sauvons-nous, ce sont les bleus ! » puis sautent sur leurs armes qu'ils amorcent, bien résolus d'en faire usage s'ils sont atteints.

« Pendant ces préparatifs extrêmement courts, je leur adresse en vain les paroles les plus douces, je leur offre de les couvrir de ma personne : je ne suis point entendu. On me saisit avec violence pour me remettre à cheval, et à pas précipités, je suis emmené à travers les branches, les ronces et les épines. On me fait franchir un large fossé, et sans égard à l'accablement où cette alerte m'avait jeté, on continue de pousser mon cheval au grand trot jusqu'à un champ planté de genêts fort élevés, où j'arrivai au bout de trois quarts d'heure environ, épuisé de fatigue.

« J'y restai jusque vers cinq heures du soir, attendant ou l'arrivée des deux prisonniers réclamés, ou la mort. Ils arrivèrent enfin, et après un conseil secret, tenu à peu de distance de moi ; on m'annonça que j'allais partir pour Vannes. Je le crus et je m'en félicitais déjà avec mon secrétaire qui s'attendait à m'accompagner : mais il n'en fut pas ainsi. Ma liberté fut mise au prix de 24,000 fr. en or. On me fit promettre de les faire tenir dans un lieu que je désignai, le lendemain avant midi. En les attendant, mon secrétaire demeurerait en otage. Il fallut bien souscrire à ces dures conditions : j'embrassai M. Jarry et je partis.

« Je fus conduit, du champ de genêts jusqu'à la grande route, par un des prisonniers élargis le matin. Arrivé là, il me quitta et je fus accueilli par un des vicaires de Grandchamps qui me conduisit jusqu'à Mençon. Le recteur de cette paroisse se joignit à lui, et tous deux m'accompagnèrent jusqu'à Vannes, où j'arrivai vers neuf heures du soir. »

Le bruit de l'arrestation du prélat s'était répandu à Vannes, et l'inquiétude était grande partout, mais surtout chez les Sœurs de la charité de Saint-Louis. Quand on signala son approche toute la population s'ébranla, les cloches de toutes les églises saluèrent le retour du bien-aimé pasteur, et le cœur de madame Molé et de ses filles se fondit en actions de grâces. Malgré son épuisement, Mgr. de Pancemont se rendit d'abord à la cathédrale pour remercier Dieu de sa délivrance pu s à la préfecture où il fit connaître les conditions exigées par ses ravisseurs pour délivrer son secrétaire. Alors ses forces l'abandonnèrent ; il tomba dans un long évanouissement, et ce ne fut que vers minuit qu'ayant repris ses sens, il put être ramené à son palais épiscopal.

Quant à M. l'abbé Jarry, il resta dans le champ de genêts après le départ de son évêque, jusqu'à la chute du jour. A ce moment, deux hommes le mirent entre eux, le tenant chacun par un bras. D'autres ouvraient la marche en éclaireurs, le reste formait l'arrière-garde. Après une demi-heure de route, on frappa à la porte d'une maison dont les habitants faisaient leur prière du soir, qu'on leur donna le temps d'achever. Ils ouvrirent ensuite, et servirent au prisonnier deux œufs qu'il avait demandés. Après ce souper, on le fit monter par une échelle dans un grenier où il trouva de la paille toute préparée pour lui servir de lit, ainsi que pour ses gardiens. Ces étranges brigands, ayant fait leur prière, se débarrassèrent de leurs armes, et s'étendirent auprès du captif qui, épuisé de fatigue, s'endormit profondément jusqu'au lendemain matin.

M. Jarry essaya alors de les amener à des sentiments de repentir et de soumission ; il se fit fort de leur obtenir leur grâce, même après qu'ils auraient reçu les 24,000 fr. exigés par eux avec l'anneau d'or et la croix de la légion d'honneur de Mgr de Pancemont qu'ils avaient également réclamés, s'ils voulaient abandonner leurs armes, leur vie coupable, et se soumettre à la loi ; mais ils s'y refusèrent absolument.

Vers midi la rançon de l'évêque et de son secrétaire arriva, et M. Jarry fut mis immédiatement en liberté. Tous les jeunes gens de Vannes vinrent à sa rencontre et l'accueillirent avec les mêmes transports de joie que Mgr. de Pancemont lui-même dont il partageait la popularité. Le bon évêque le reçut dans ses bras et l'y retint en pleurant de joie.

Mais le prélat était frappé à mort. Sa santé déjà ébranlée ne put résister aux émotions de cette affreuse journée, aux mauvais traitements qu'il avait endurés et surtout à la pensée que les auteurs de ce sacrilège attentat étaient ses diocésains, des brebis perdues de son troupeau, ses enfants en Jésus-Christ. Depuis ce jour, il traîna une vie languissante, s'affaiblissant de plus en plus, jusqu'à ce qu'enfin, le 5 mars 1807, c'est-à-dire six mois après, il fut frappé d'apoplexie. Il perdit aussitôt la parole et la connaissance, demeura huit jours dans ce triste état et mourut le 13 mars, âgé de cinquante et un ans, après un épiscopat de quatre ans et quelques mois.

Il fut pleuré de ses diocésains, peut-être de ceux-là même qui avaient été les auteurs de sa mort. L'empereur Napoléon qui l'estimait particulièrement, exprima les regrets que lui causait cette mort prématurée et fit hautement son éloge. Il ordonna même qu'une statue en marbre lui fût érigée dans la cathédrale de Vannes, mais cet ordre ne fut jamais exécuté.

Quant à madame Molé, qui dira son chagrin, et les larmes brûlantes qu'elle versa devant Dieu, en perdant le directeur et l'ami dévoué de son âme ? Elle devait cependant s'attendre à cette cruelle épreuve, car nous apprenons d'elle-même que la mort du saint évêque lui avait été révélée plusieurs mois par avance : « Dieu, écrit-elle, m'avait depuis longtemps préparée, par un avertissement intérieur, à cette cruelle séparation, et la même voix m'avait fait entendre que si j'étais soumise et généreuse dans ce sacrifice que Dieu savait m'être si pénible, il me serait permis d'entrer dans cette voie d'amour après laquelle je soupirais, mais dans laquelle je n'étais pas encore, parce que disait Monseigneur, je n'avais pas encore le cœur assez dégagé. »

Le coup, bien qu'ainsi prévu et annoncé, n'en fut pas moins terrible pour elle, et sous l'empire de sa première douleur, elle faillit un moment succomber au découragement. En perdant Mgr de Pancemont, elle perdait un père pour lequel elle se sentait la tendresse profonde et respectueuse d'une fille, et, à ce premier point de vue, elle sentait son cœur déchiré. Mais elle perdait de plus le fondateur, l'inspirateur, l'appui de sa communauté, et, dans son humilité presque excessive, elle se figurait que sans lui, elle ne serait plus capable de rien mener à bien. Comment pourrait-elle diriger ses religieuses, privée des lumières tant de fois éprouvées de son directeur spirituel? Comment pourrait-elle réaliser le projet qu'ils avaient conçu ensemble de fonder en dehors de Vannes d'autres établissements semblables au premier et placés sous la même règle ? Ce n'était pas tout. En ces temps si voisins encore de la Révolution et de la persécution religieuse, les congrégations renaissantes avaient grand besoin de protection contre la susceptibilité ombrageuse d'un gouvernement despotique. Madame Molé trouvait cette protection dans Mgr. de Pancemont dont Napoléon appréciait le mérite et la vertu. Il la garantissait également des caprices ou de la malveillance possible des autorités locales. Enfin dans les moments de nécessité pécuniaire qu'elle avait déjà connus et que la charge de cent personnes à entretenir rendait inévitables, la recommandation épiscopale lui assurait des ressources qui allaient lui manquer.

Toutes ces considérations, dont sa douleur extrême augmentait encore la force et la portée, la jetaient non pas dans le désespoir, mais dans des angoisses indicibles, et si l'on en juge par ce qu'elle en écrivait elle-même, elle fut tentée un moment de renoncer à son œuvre, après l'expiration de ses vœux annuels, et de chercher un autre moyen d'accomplir les vues de Dieu sur elle. Ce ne fut qu'une tentation, et même une tentation passagère qu'elle repoussa de toute l'énergie de sa foi et de son espérance chrétienne, mais qui la fit cruellement souffrir, et qu'elle se reprocha, à la manière des saints, comme si elle y eût consenti.

La preuve qu'elle n'y consentit point, c'est qu'on n'en sut, qu'on n'en devina rien autour d'elle. Bien loin de là, elle consolait ses filles, soutenait leur courage, et leur prêchait la confiance en Dieu alors qu'elle s'accusait elle-même d'un découragement imaginaire. Elle désira et obtint, conformément au vœu du vénérable prélat qu'elle pleurait, que ses restes fussent déposés et ensevelis dans une chapelle qu'elle avait fait élever à l'extrémité du jardin de sa communauté, et dans laquelle elle fut inhumée à son tour quand Dieu la rappela à lui. Elle allait sans cesse se prosterner et prier sur cette tombe d'où il lui semblait que le défunt lui parlait encore. Elle exposait à celui qu'elle considérait toujours comme l'appui et la lumière de sa vie ses angoisses, ses doutes, ses inquiétudes pour l'avenir, et elle se relevait fortifiée et consolée.

C'est sur cette tombe bénie qu'elle reconnut l'inanité de ses craintes, et qu'elle reçut d'en haut la réponse qui mit un terme à ses tentations de découragement. Voici en effet ce qu'elle écrivait peu de jours après la mort de Mgr de Pancemont :

« J'ai fait une visite ce matin à la tombe de celui dont les avis m'ont été si utiles. Ce que j'ai éprouvé, Dieu seul peut le savoir ; mais il m'en demandera compte, car de semblables faveurs ne peuvent être reçues en vain. Je les conserve comme un parfum précieux dont je crains de laisser rien échapper. Cependant je dois dire que j'ai pris la résolution de ne plus mettre de délai à la plénitude de mon sacrifice. Demain, oui, le jour de demain verra mon holocauste plein et entier. Plus de projets contraires à l'œuvre qui m'est confiée ; plus de pays, d'enfants, d'amis. Je suis ici, ou du moins j'ai dû y venir, pour la plus grande gloire de Dieu ; je dois tout oublier et renoncer à tout pour la procurer. Je suis ici, je ne penserai plus à en sortir, mais uniquement à y consumer le reste de ma vie pour l'œuvre de Dieu. »

Cette tentation de désespoir, de fuite, d'abandon de son œuvre était bien et définitivement vaincue, et madame Molé n'en sortit que plus forte et plus sainte. Mais elle n'eut garde de manquer de s'en accuser, de s'en humilier toute sa vie devant Dieu, comme d'une infidélité volontaire, d'une ingratitude impardonnable, et quelques années après, à l'occasion de la réception dans sa chapelle des reliques de saint Louis, elle exprimait ce sentiment de son indignité avec une énergie qui ferait sourire s'il ne provoquait l'admiration, dans une prière écrite de sa main, adressée à ce grand saint, et que nous reproduisons tout entière tant elle nous semble belle.

« Grand saint que l'Église m'a donné pour patron et dont elle me remet aujourd'hui entre les mains les précieuses reliques, je vous conjure de me prendre sous votre protection spéciale, et de m'obtenir de mon Dieu une grâce qui est l'objet de mes vœux et de mes travaux : c'est une entière résignation à toutes les peines, les humiliations, les croix qu'il lui plaira de m'envoyer ; c'est un abandon qui ait pour principe une foi vive dans ses promesses et une espérance ferme dans ses miséricordes, même lorsqu'il me semble en être le plus abandonnée. Obtenez-moi, aujourd'hui que je fais le sacrifice entier de tout ce qui reste en moi d'attaches et d'affections humaines, le pardon de mes résistances à la grâce, et particulièrement de celles que je montrai lorsque Dieu, me faisant voir la mer d'afflictions et d'humiliations par laquelle il me fallait passer pour aller à lui, me commandant de m'y jeter en aveugle, se montrant à moi à l'autre bord pour me soutenir et me couronner, j'eus le malheur de manquer de courage. Faute que je déplorerai jusqu'à mon dernier soupir! Obtenez-moi de la réparer par l'oblation entière que je fais de moi aujourd'hui, en présence de vos saintes reliques. Que Dieu oublié l'ingratitude dont je me suis rendue coupable; qu'il ait pitié de sa misérable servante qui revient à lui d'un cœur contrit et humilié, et qu'il lui fasse la grâce de vivre et de mourir comme vous, attachée de cœur et de volonté à la croix de Jésus-Christ, sans chercher jamais aucun adoucissement à son sacrifice!

« Ayez aussi compassion de ces établissements de charité dont vous êtes le père; obtenez à celles qui se font gloire d'être vos Filles toutes les grâces dont elles ont besoin pour opérer leur sanctification et celle des enfants pauvres qui leur sont confiées, afin que vous nous reconnaissiez pour votre famille, et qu'à ce titre vous nous obteniez miséricorde de notre souverain Juge au jour de notre mort. »

Cependant, il fallait un nouveau supérieur à la communauté des Sœurs de Saint-Louis et un nouveau directeur à madame Molé qui ne pouvait se décider à supporter seule le fardeau accablant de sa responsabilité et de sa charge d'âmes. Après avoir beaucoup prié, elle choisit M. l'abbé Grignon, grand-vicaire de Mgr de Bausset, le second évêque de Vannes qui devint plus tard archevêque d'Aix et cardinal. M. Grignon était un prêtre d'une douceur et d'une piété exemplaires, qui se donna tout entier à la direction de cette sainte maison et de sa fondatrice.

Fort différent en ce point de Mgr de Pancemont, qui, appréciant la force d'âme et la vertu héroïque de sa pénitente, la conduisait avec sévérité dans les voies d'une perfection toujours croissante, M. Grignon se laissait aller, avec une simplicité toute chrétienne, au charme et à l'admiration des vertus qu'il découvrait en elle, et la soutenait par ses éloges plutôt que par ses reproches. Madame Molé souffrait de cette conduite nouvelle qui effrayait son humilité, et elle s'en plaignit plus d'une fois à lui-même, mais toujours en vain : « Je vous demande une grâce, lui écrivait-elle, c'est que, sortant de votre caractère de bonté, vous me traitiez comme je le mérite, c'est-à-dire que vous ayez la charité de m'humilier souvent, sévèrement, me reprenant, me punissant, ne me laissant jamais oublier ce que j'ai été et ce que je suis. Je sais qu'il en coûtera à votre bon cœur quelquefois, mais le Ciel vous en récompensera ; car vous sauverez mon âme, et je vous assure que plus vous m'éprouverez, plus je vous serai reconnaissante. »

Malgré ces plaintes dont M. l'abbé Grignon ne tint aucun compte, et à cause de sa bonté même, la sainte supérieure avait dans ses rapports avec lui la plus grande ouverture de cœur. Elle lui découvrit même des secrets intimes qu'elle n'avait pas communiqués à son premier directeur. Il est vrai qu'une voix intérieure ne lui laissait pas la liberté de taire les opérations de la vie de Dieu dans son âme, et lui faisait comprendre que, dans des états aussi extraordinaires elle avait besoin d'un guide sûr et clairvoyant. Ce guide, elle le trouvait dans M. Grignon dont la bonté, lui dilatant le cœur, en mettait à découvert tous les secrets, que son expérience mettait à profit pour la diriger sûrement dans les routes obscures de la vie spirituelle.

Quoi qu'il en soit, du reste, cette épreuve de la douceur et de la facilité, excessive à son gré, de son directeur, ne dura pas longtemps pour madame Molé. Dès 1810, elle eut la douleur de le perdre et le remplaça par M. l'abbé le Gal, vicaire-général du diocèse, supérieur du grand-séminaire de Vannes qui la dirigea jusqu'à sa mort. Cette fois, elle trouva à se contenter largement en fait de sévérités et de mortification. M. le Gal était un prêtre instruit et pieux, membre de la communauté des Lazaristes, dont la vertu rigide, le caractère brusque et la doctrine austère contrastaient avec la douceur et la tendre dévotion de son prédécesseur. Par tempérament comme par calcul, il menait sa pénitente par les voies les plus rudes, et répondait pleinement à son amour des humiliations. Nous n'en citerons qu'un exemple où l'humilité de madame Molé se montre en pleine lumière.

C'était à l'occasion des reliques de saint Louis dont nous parlions tout à l'heure. M. le Gal, supérieur de la communauté, avait voulu que l'inauguration en eût lieu avec une grande solennité, et il avait réglé lui-même tous les détails de la cérémonie. Malgré toute son attention, madame Molé oublia quelque chose de ce qu'il lui avait prescrit. Alors M. le Gal, élevant la voix, en présence des prêtres, des religieuses et des enfants, la reprit avec vivacité, et lui reprocha en termes très-durs d'avoir fait manquer la cérémonie par son entêtement et sa négligence. L'humble supérieure baissa les yeux et se contenta de répondre : « C'est vrai, j'ai eu tort. »

Malgré le charme et le talent de sa parole dont nous aurons occasion de donner plus loin des preuves et des exemples, je doute qu'elle ait jamais fait un sermon plus éloquent que celui-là.

CHAPITRE XVI

FONDATION DE LA MAISON D'AURAY, 1807. — OEUVRE DES
RETRAITES. — HISTORIQUE. — BIEN QU'ELLES PRO-
DUISENT.

Au moment où mourut Mgr. de Pancemont, il
s'occupait, avec madame Molé, de la pensée d'étendre
à d'autres villes de son diocèse le bienfait que l'institut des Sœurs de la charité de Saint-Louis procu-
rait à sa ville épiscopale. Dès l'année 1804, cette
idée le préoccupait, et dans son rapport à Portalis
sur la maison de Vannes, il exprimait déjà l'intention
de propager cette œuvre de sanctification des âmes
et d'éducation des enfants pauvres, pour répondre
aux immenses besoins qu'on lui signalait et aux
nombreuses demandes qui lui étaient adressées.
Mais des œuvres de ce genre ne s'improvisent pas.
Avant de fonder des succursales, il faut que la maison mère soit solidement établie, qu'elle ait fourni
ses preuves de vitalité et de fécondité, formé un
personnel nombreux et dévoué de religieuses péné-

trées de l'esprit de l'Institut, afin qu'elle puisse donner sans s'appauvrir et multiplier au loin ses bonnes œuvres sans en tarir ou en diminuer sensiblement la source. — Quand Mgr de Bausset succéda à Mgr de Pancemont si prématurément enlevé à l'amour de ses diocésains, l'heure des fondations semblait venue pour l'Institut des Dames de Saint-Louis. Leur supérieure les avait assez façonnées à son image, à l'esprit de leur Règle, à l'amour de la pénitence et au zèle ardent des âmes, pour qu'un essaim détaché de la communauté pût aller porter ailleurs cet esprit de vraie charité qui embrasse Dieu et le prochain et ne les sépare point dans ses œuvres. La ville d'Auray fut la première choisie de Dieu pour recevoir cette bénédiction.

Aurray, située pittoresquement à l'endroit où la petite rivière de ce nom se jette ou plutôt se change en un bras de mer, n'est pas seulement un lieu recherché par les touristes à cause de sa situation merveilleuse, de l'amphithéâtre de ses maisons et de ses rues, du mélange singulier et charmant d'une population urbaine et d'une population maritime qui s'y coudoient sans se confondre, et de sa position exceptionnelle au centre de tous les souvenirs historiques de cette partie de la Bretagne. Elle a, pour les chrétiens, des attraits plus puissants encore que les pierres mystérieuses de Carnac, les dolmens de Locmariaquer, les champs de bataille de Duguesclin et de Charles de Blois : elle a les souvenirs de Quiberon, le champ des Martyrs, la Chartreuse où reposent leurs ossements, et, ce qui est plus que tout cela, le voisinage de Sainte-Anne. Le sanctuaire de la patronne de la Bretagne s'élève à cinq kilomètres de la ville et les deux clochers de l'église d'Auray et de la basilique nouvellement reconstruite, placés en face l'un de l'autre, se regardent de loin et semblent se renvoyer les prières des hommes et les bénédictions de Dieu. Auray est donc justement populaire dans la Bretagne tout entière ; elle avait reçu le titre, qu'elle mérite encore à bien des égards, de ville sainte ; son nom est inséparablement uni à celui de sainte Anne, et il n'est guère de Breton arrivé à l'âge d'homme qui ne l'ait visitée ou du moins saluée au passage, en allant s'agenouiller devant l'image miraculeuse de la sainte aïeule de Jésus-Christ.

Il convenait donc qu'elle fût la première ville du diocèse, après la ville épiscopale, qui reçût le bienfait d'un établissement des Sœurs de la charité de Saint-Louis. Ce fut à son curé, M. Deshayes, qu'elle fut redevable de cette bonne fortune. Ce saint prêtre, animé du pur esprit sacerdotal, gémissait de voir les enfants et les jeunes gens de sa paroisse privés des avantages d'une bonne éducation, faute de maîtres et d'institutions convenables. Les frères des écoles chrétiennes, appelés à Auray vers cette époque et qui, depuis lors, ont toujours été les instituteurs bien-aimés de sa population, comblaient cette lacune pour les jeunes garçons. Mais les jeunes filles étaient privées de ce bienfait.

M. Deshayes, témoin des résultats admirables

obtenus à Vannes par les filles spirituelles de la Mère Saint-Louis, conçut la pensée de les attirer à Auray, et il s'en ouvrit d'abord à M. l'abbé Grignon, alors supérieur de la maison de Vannes. Fort de son assentiment, il alla trouver madame Molé, combattit les scrupules de son humilité, répondit à toutes ses objections, et plaida avec tant de chaleur la cause de ses pauvres petites filles et de la jeunesse, exposées à tous les dangers de l'oisiveté et de l'ignorance, qu'il obtint la réalisation presque immédiate de son désir. La Mère Saint-Louis s'engagea à lui donner quelques-unes de ses religieuses les plus expérimentées, et à les aller installer elle-même à Auray dès qu'il aurait trouvé un local convenable pour les recevoir.

Ce local était tout indiqué ; il ne s'agissait que de forcer le propriétaire à le vendre, les locataires à renoncer à leurs baux, ce qu'ils ne semblaient nullement disposés à faire. C'était un vaste bâtiment, ancien couvent de Cordelières, placé dans une situation admirable, sur les hauteurs du Loch qui dominent la ville et la campagne. L'air y est parfaitement pur, et la vue embrasse d'un côté le bras de mer qui va s'élargissant jusqu'à Locmariaquer, de l'autre le plateau couvert de landes où s'élève le clocher de Sainte-Anne, et en face le quartier de Saint-Goustan, la paroisse des marins, séparée d'Auray par un vieux pont, et dont le quai est bordé de vieilles maisons d'une architecture et d'un aspect tout à fait particuliers. On conçoit que le propriétaire et les habitants de cette agréable demeure entourée d'un vaste enclos.

ne missent aucun empressement à l'abandonner. Mais leur opposition ne fut pas de longue durée. La Mère Saint-Louis confia la négociation de l'affaire au maire d'Auray, M. Martin, homme actif, pieux, très-considéré de tous ses administrés, qui amena le propriétaire à accepter les propositions de la communauté. Restaient les locataires : « Je viens de parler à M. Martin, écrit madame Molé ; il m'a dit que les personnes qui occupent la maison résistent encore, mais que toute la ville est en mouvement et s'indigne contre elles ; que c'est à qui ira les trouver pour leur reprocher leur résistance, et qu'enfin il lui paraît difficile qu'elles tiennent longtemps. »

Elles cédèrent en effet à ce vœu ardent de toute une population qui voyait dans l'établissement des Sœurs de Saint-Louis *un bienfait du ciel*, et le 12 août 1807, moins de cinq mois après la mort de Mgr de Pancemont, la Mère Saint-Louis accompagnée de M. l'abbé Grignon, supérieur de la communauté, vint prendre possession de la maison d'Auray et y établit un essaim de ses filles, auxquelles elle donna pour supérieure une de ses compagnes les plus dévouées et les plus capables, mademoiselle Senant, dite en religion Sœur Marie-Thérèse. Du premier jour, cet établissement connu sous le nom de maison du Père Éternel, comme la maison de Vannes, répondit à l'attente de cette pieuse population. Il l'édifia par sa piété et sa charité, éleva sagement et gratuitement les petites filles de la ville, soit dans l'intérieur de la communauté, soit dans des classes d'externes.

Mais il la dota d'un autre bienfait, qui, bien que réalisé un peu plus tard à cause des difficultés de l'exécution, avait, dès l'origine de la fondation, préoccupé madame Molé et M. Grignon, je veux parler de l'œuvre des retraites. Comme la résurrection de cette sainte et admirable institution est due à la communauté des Sœurs de la charité de Saint-Louis, il convient d'en retracer rapidement l'histoire et d'en rappeler l'organisation et les salutaires résultats.

L'institution des retraites en Bretagne date du milieu du dix-septième siècle. C'était une époque de floraison religieuse incomparable. La dévotion à sainte Anne, patronne de toute la province, venait de renaître miraculeusement par le moyen d'un pauvre laboureur, Yves Nicolazic, auquel la sainte avait révélé la place où sa statue anciennement vénérée gisait ensevelie, oubliée des hommes depuis les guerres de religion. Un autre saint, prodige de pénitence après avoir été un prodige d'impiété et de débauche, Pierre de Kériolet, avait complété l'œuvre du simple et pieux Nicolazic, et l'exemple de ses austérités inouïes, de sa charité sans bornes, avait édifié la Bretagne tout entière, accourant en pèlerinage au sanctuaire relevé de sa patronne. C'est vers la même époque que Dieu suscita deux saintes âmes qui devaient, dans le voisinage de Sainte-Anne, inaugurer, pour les hommes et pour les femmes, l'œuvre si nécessaire des retraites. M. de Kerlivio et mademoiselle de Francheville, furent les instruments choisis par la Providence pour les introduire et les répandre en Bretagne, avec l'appui et sous la direction des Révérends Pères de la Compagnie de Jésus. Ils naquirent presque en même temps, M. de Kerlivio à Hennebont, en 1621, mademoiselle de Francheville en 1620.

Formé à l'esprit sacerdotal par saint Vincent de Paul, et ordonné prêtre à Paris, M. de Kerlivio revint à Hennebont, sa ville natale, où il voulait se consacrer, comme Pierre de Keriolet, au service des pauvres, et où il construisit à ses frais un hôpital et une maison d'orphelins. Deux saints jésuites étant venus à Hennebont prêcher une mission le convainquirent de l'urgente nécessité de l'établissement d'un grand séminaire pour l'éducation des jeunes gens voués au sacerdoce et dont la vocation se perdait souvent dans le monde. Mgr de Rosmadec, évêque de Vannes, lui ayant proposé sur ces entrefaites les fonctions de grand vicaire, il les accepta malgré son dégoût des dignités, dans l'espérance de réaliser plus facilement ce dessein. Il fit en effet construire le séminaire, sur sa fortune personnelle qui était considérable. Mais quand il fut achevé, l'évêque ayant changé d'idée, refusa son consentement. C'est alors que M. de Kerlivio, désolé et ne sachant plus que faire de sa construction, entra en retraite pour connaître la volonté de Dieu, et qu'il entendit à trois reprises différentes, une voix qui lui disait : « Fais-en une maison de retraites. »

Ayant communiqué cette inspiration au Père Huby, son confesseur, il résolut d'employer le bâtiment resté sans destination à donner aux hommes des retraites de huit jours. M. de Rosmadec approuva cette pensée, et les exercices commencèrent sur-le-champ, sous la direction des Pères Jésuites, avec un succès qui dépassa toutes les espérances. Des hommes de toutes conditions, prêtres, gens du monde, bourgeois et artisans, y accouraient en foule, et l'institution, inaugurée à Vannes, avec cet éclat, se répandit rapidement dans toute la Bretagne.

Les retraites des femmes s'établirent à la même époque et dans des conditions à peu près semblables. Comme M. de Kerlivio, mademoiselle de Francheville, maîtresse d'une grande fortune, la consacrait tout entière à des œuvres de zèle et de charité. Le succès des retraites établies pour les hommes la détermina à fonder pour les femmes une maison du même genre. D'abord elle réunit les retraitantes dans sa propre maison à Vannes, puis dans un local loué à cette fin, plus tard dans un bâtiment qu'elle fit construire chez les Ursulines, et enfin, après des péripéties et des épreuves inutiles à rappeler ici, dans une vaste maison qu'elle fit élever près de l'église Saint-Salomon, et qui fut inaugurée en 1680. Dès la première retraite, plus de quatre cents personnes se présentèrent, et ce nombre ne fit que s'accroître aux retraites suivantes. C'est ainsi que cette grande œuvre, source de sanctification et de salut, fut établie en Bretagne où elle contribua puissamment à renouveler l'esprit de foi et la vie chrétienne dans toutes les classes de la population.

La Révolution avait détruit cette institution, comme toutes les institutions chrétiennes, et l'habitude des retraites s'était complétement perdue, non-seulement pendant la période de la persécution, mais même depuis le rétablissement officiel du culte catholique. M. l'abbé Deshayes, le pieux curé d'Auray, en gémissait comme tous les bons prêtres qui savent ce que c'est d'avoir charge d'âmes. Malgré la foi très-vive de ses paroissiens, il voyait l'esprit de légèreté et de dissipation envahir les jeunes gens des deux sexes, et l'amour croissant des plaisirs, même légitimes dans une certaine mesure, menaçait d'entamer la pureté de mœurs.

Madame Molé partageait cette préoccupation, et elle tenait à honneur que sa communauté donnât le signal et l'exemple du rétablissement des retraites, sauvegarde la plus sûre contre la légèreté d'esprit et le goût des plaisirs dangereux du monde. A cette intention, elle agrandit les bâtiments de sa maison d'Auray, y fit des constructions nouvelles, et après de longs retards, causés en partie par les malheurs de l'Église, de la fin de l'Empire et par les événements politiques, elle eut enfin la joie de voir s'ouvrir les retraites d'Auray en 1818, dix ans après la fondation de la maison.

Le succès en fut immense et combla de consolation son cœur si brûlant de l'amour de Dieu et des âmes. La piété, la simplicité des vieilles mœurs refleurirent dans Auray, et l'action des retraites s'étendit bien au delà de la ville; car on y venait, non-seulement des environs, mais de quinze et vingt lieues à la ronde. Contrairement à ce qui se passait avant la Révolution et pour répondre à la nécessité des temps et au besoin urgent des âmes, les retraites d'hommes et de femmes se faisaient, non pas en même temps, mais successivement dans la même maison.

L'organisation en était bien simple. Chaque retraite s'ouvrait le samedi soir et durait huit jours, pendant lesquels les retraitants étaient logés, chauffés, éclairés et nourris dans la communauté, moyennant une très-modique rétribution à la portée des plus petites bourses. Les exercices spirituels, sermons, instructions, offices, étaient nombreux et dirigés par les missionnaires du diocèse, Pères jésuites ou autres. Pendant ces semaines de bénédictions qui revenaient souvent, car il y eut, à certaines époques, jusqu'à douze retraites par an, la maison appartenait aux retraitants, dortoirs, réfectoires, chapelle, cours, jardins. Les religieuses passaient au milieu d'eux, souriantes, paisibles dans leur activité, silencieuses comme des abeilles du paradis, les servant de leurs mains. préparant leurs repas, leur abandonnant jusqu'à leurs cellules, leurs lits et leurs matelas, et couchant à terre sur leurs paillasses dans les recoins du monastère. On peut se rendre compte des prodiges d'abnégation qu'il leur fallait accomplir, des industries qu'il leur fallait imaginer, quand on songe que, dans les premières retraites, il y eut jusqu'à huit et neuf cents personnes à loger, coucher. nourrir et servir à la fois. Les saintes filles succombaient à la peine sans jamais rien perdre de leur douceur et de leur sérénité. Il arriva quelquefois, dans ces premiers temps de ferveur et d'enthousiasme religieux, que des jeunes filles d'Auray, touchées du dévouement des Sœurs et de leurs excessives fatigues, s'offrirent à leur venir en aide et virent leurs offres accueillies. Plusieurs d'entre elles, parvenues à la vieillesse, parlaient encore avec admiration de la charité des Dames de Saint-Louis et se souvenaient avec émotion du temps qu'elles avaient ainsi passé auprès d'elles.

Nous sommes obligés de confesser que, parmi les retraitants, quelque-uns se présentaient à la porte du monastère dans un état qui touchait à l'ivresse. C'est, on le sait, un défaut dominant du pays, défaut qu'on sera peut-être porté comme moi, non pas à absoudre, mais à excuser, quand on se rappellera que ces pauvres paysans bretons ne boivent que de l'eau pendant toute la semaine, se nourrissent avec une sobriété sans exemple, et qu'il leur suffit parfois, après une longue course à pied pour se rendre soit au marché, soit même à un lieu de pèlerinage, d'un verre de cidre ou d'un petit verre d'eau-de-vie pris à jeun, pour perdre un moment la tête. A part donc les ivrognes de profession ou d'habitude, plus nombreux en Bretagne et aussi méprisables qu'ailleurs, l'indulgence n'est que justice pour l'ensemble de cette bonne et laborieuse population qui supporterait mieux la boisson si elle mangeait plus et buvait plus souvent.

Un jour un de ces braves gens fit à la supérieure, qui lui reprochait sa démarche chancelante et voulait l'éconduire, une réponse d'une naïveté charmante et qui la désarma : « Comment, disait-elle, pouvez-vous vous présenter dans cet état dans notre maison? — Hélas ! Ma Mère, lui répondit simplement le pauvre homme, c'est justement pour me corriger de ce vilain défaut que je viens faire une retraite chez vous. »

Les Sœurs étaient d'ailleurs bien récompensées de leur dévouement et de leur peine par les grâces dont les retraites étaient l'occasion et par les témoignages de reconnaissance que leurs hôtes leur prodiguaient. L'esprit de Jésus-Christ régnait vraiment dans ces assemblées et passait du cœur de ses épouses dans toutes ces âmes pénitentes ou avides d'une plus grande perfection. Avec le temps, les retraites ont diminué dans la maison d'Auray. En 1850, leur nombre était encore de 12 dans l'année, et celui des retraitants de 2,600 environ. — Ces chiffres se sont successivement abaissés, et l'année 1878 n'a plus compté que 1,018 retraitants, hommes ou femmes, répartis entre 7 retraites. La multiplication des maisons religieuses où se font ces exercices, l'habitude des missions prêchées dans les paroisses et qui les remplacent d'une manière incomplète sans doute mais pourtant efficace, expliquent cette décroissance qu'il serait injuste d'attribuer uniquement à l'affaiblissement de la foi et des caractères.

Quoi qu'il en soit, l'œuvre des retraites est un des principaux bienfaits de la fondation de madame Molé, bienfait subsistant dans une large mesure et qui seul suffirait à assurer à la pieuse fondatrice la gratitude de ce bon peuple de Bretagne, plus digne et plus capable que tout autre de l'apprécier et d'en profiter.

CHAPITRE XVII.

La fondation de la maison d'Auray imposa à madame Molé un surcroît de préoccupation, et de charges. Le nombre de ses religieuses était encore peu considérable, et si Dieu, fidèle en toutes choses, n'avait à partir de ce moment multiplié les vocations, elles eussent succombé sous le fardeau excessif de leurs nombreux devoirs. Il n'y avait pas alors de sœurs converses dans la communauté, et les religieuses, outre l'assistance au chœur, le chant des psaumes, la méditation et la prière, devaient suffire à tout, depuis les offices matériels, jusqu'à la direction du pensionnat, des classes d'externes et des petites filles élevées dans la maison. Or, dans les premières années de la fondation, cette dernière charge eut suffi seule

à les occuper du matin au soir et à épuiser toutes
leurs forces physiques. Qu'on juge de leur fatigue
et de leur dévouement par les détails qui nous sont
parvenus sur ces *temps héroïques* de l'Institut.

Dès le début, le nombre des enfants reçues dans la
maison s'éleva à soixante-dix ; elles arrivaient pour
la plupart dans un état de dénuement et de malpropreté dont on ne peut se faire une idée. Il fallait les
peigner, les nettoyer des pieds à la tête, les vêtir, et
toutes ces opérations préliminaires soulevaient le
cœur et révoltaient la nature. Mais rien ne rebutait
cès saintes filles dont plusieurs avaient été élevées
dans des habitudes de délicatesse et de luxe, ni la
saleté de ces pauvres petites abandonnées, ni la gros-
siéreté de leur langage et de leurs sentiments.

C'était un bien autre supplice de coucher au milieu d'elles, alors surtout que les dortoirs n'avaient
pas encore été agrandis et reconstruits comme ils le
furent dans la suite. L'insuffisance du local obligeait
à entasser soixante-dix enfants et soixante-dix lits
dans un espace qui n'en pouvait contenir qu'une
trentaine. Les murs et les planchers très-anciens et
sans réparations engendraient des insectes qui enva-
hissaient tout le dortoir et que rien ne pouvait en
chasser. Les enfants y étaient habituées et n'en dor-
maient pas plus mal. Mais les sœurs qui, à tour de
rôle, couchaient quinze nuits de suite à côté d'elles,
y souffraient un véritable martyre. La chaleur, les
insectes, la mauvaise odeur leur rendaient le sommeil impossible. Une de ces religieuses, qui fut plus

tard supérieure générale, racontait qu'à sa première quinzaine, elle ne put s'endormir pendant treize nuits. A la quatorzième nuit, accablée de fatigue elle tomba dans un sommeil si lourd que le lendemain matin on eut toute les peines du monde à la réveiller.

Et cependant nulle ne se plaignit jamais, même après la fondation d'Auray, et ne demanda à être exemptée de ce pénible service. Cette quinzaine était au contraire regardée par ces saintes filles comme une quinzaine de grâces et quelque douce plaisanterie était d'ordinaire tout ce qui révélait leur souffrance.

Chose admirable ! madame de Lamoignon qui, aussitôt que sa fille eut prononcé ses vœux, s'était jetée à ses pieds, lui promettant de l'aider dans son œuvre de tout son pouvoir, madame de Lamoignon si délicate, habituée à être servie dans les plus minutieux détails, et âgée déjà de plus de soixante ans, sollicita l'honneur de faire, avec les novices qu'elle formait à la charité, ces quinzaines de garde qui semblaient au-dessus des forces humaines. On ne lui permit pas de passer la nuit près des enfants, mais elle les servait au réfectoire, les visitait pendant leur travail, et donnait partout l'exemple du plus actif dévouement.

Vêtue comme les religieuses, sans avoir fait de vœux, elle participait à tous leurs travaux et était la providence des enfants pendant leur séjour à la communauté et après. Quand ces pauvres petites, principalement les orphelines, quittaient la maison après leur cinq années d'apprentissage, elle leur fournissait un trousseau, leur témoignait un tendre et persévérant intérêt. Elle se chargeait également de toutes les fournitures d'école des enfants externes.

Mais parmi les déshéritées qu'elle se plaisait à secourir, il y en avait une qui, sans jamais solliciter ses aumônes, en avait un besoin tout particulier, c'était sa fille. De l'amour des pauvres qu'elle avait chéris et soignés dès sa jeunesse, madame Molé s'était élevée à l'amour de la pauvreté. C'était une des obligations de la vie religieuse qu'elle recommandait le plus à ses Filles et dont elle leur donnait l'admirable exemple, pénétrée qu'elle était de la vérité de cette parole de sainte Jeanne de Chantal : « C'est la piété qui a enfanté les richesses des ordres religieux ; mais ces filles dénaturées ont étouffé leur mère. » Elle y revenait sans cesse dans ses instructions :

« L'état religieux, leur disait-elle, exige qu'on soit pauvre de cœur et d'affection, et que l'on vive de privations, de renoncement et de sacrifices... Voyez Jésus-Christ, notre modèle. Il a passé le temps qui a précédé son ministère dans l'exercice d'un métier pénible et assujettissant; c'était celui de Joseph que l'on croyait son père; d'où vient que les Juifs le nommaient avec mépris le fils du charpentier, charpentier lui-même. Et en effet le second Adam, venu pour expier la faute du premier, voulut subir la peine ordonnée pour la réparer : « Je suis pauvre, dit-il par son prophète, et dans les travaux dès ma jeunesse. »

« Pour nous, mes chères Filles, leur disait-elle encore, si nous tenons à nos propres biens, aux douceurs et aux jouissances de la vie, nous serons privées des avantages promis à la pauvreté. Il ne nous restera que cet anathème effrayant : Malheur à vous, riches ! Malheur à vous qui êtes rassasiés ! Ah ! pour échapper à ce coup de foudre et nous mettre à l'abri de cette malédiction, cachons-nous sous les ailes de la pauvreté. »

Pénétrée de ces sentiments, elle fit tout au monde pour que l'esprit de pauvreté régnât dans toute sa communauté, et elle y réussit. Au lieu de la pousser dans cette voie, ses directeurs durent l'y retenir. Elle voulut que rien, dans les habitudes des Sœurs de Saint-Louis, ne sentît, je ne dis pas le luxe ou le bien-être, mais la plus modeste aisance. Point de superflu ni dans le coucher, ni dans la nourriture, ni dans le vêtement, mais le strict nécessaire, comme il convient aux épouses du Dieu fait homme qui naquit dans une étable, vécut sans avoir où reposer sa tête, mourut sur une croix et reposa après sa mort dans un tombeau d'emprunt. Elle les assujettit aussi au travail des mains à l'exemple de ce divin Sauveur, afin qu'elles se considérassent comme des pauvres qui vivent du produit de leur labeur quotidien.

En ce point comme en tous les autres, elle était la première à observer la règle, et prêchait d'exemple plus encore que de parole. Quoiqu'elle s'accusât de négligence à cet égard et que dans son humilité elle

s'écriât : « Tu veux que rien ne te manque ; tu scanda-
lises tes Sœurs par ta sensualité. Où est donc le vœu
que tu as fait de renoncer à tout pour suivre Jésus-
Christ ? Quand seras-tu donc religieuse ? » elle était
l'édification de toute sa communauté et poussait
jusqu'à l'excès son amour et sa pratique de la sainte
pauvreté. Ses directeurs étaient obligés de lui faire
violence et de faire appel à son obéissance pour
l'arrêter dans cette voie de renoncement absolu ! Elle
s'en plaignait à eux-mêmes en des termes singulièrement touchants : « Vous me reprochez, leur écrivait-
elle, de me laisser manquer de quelque chose dans
mes vêtements, ma chambre, etc... Ah ! permettez-
moi de ressentir un peu la pauvreté et de me priver
de tout ce qui, en ce genre, ne m'est pas d'une
absolue nécessité, afin d'augmenter par ce moyen ce
que je pourrai donner aux pauvres, aux amis de
Jésus-Christ. Je serais bienheureuse, si vous me per-
mettiez d'être pauvre moi-même. Ne faut-il pas que
je le sois plus que toutes mes sœurs ? »

Elle l'était en effet et de toutes façons. Il n'y en
avait pas une seule parmi ses filles qui fût plus misé-
rablement vêtue. Elle avait tout naturellement employé à des ornements d'autel les riches étoffes et
les dentelles qu'elle portait autrefois dans le monde.
Avant même d'avoir prononcé ses premiers vœux,
elle s'était dépouillée de tout, à tel point qu'au jour de
l'entrée des enfants internes, Mgr de Pancemont ayant
fait appel à la charité de madame Molé et des dames
qui l'avaient suivie, pour fournir ces pauvres petites

filles du linge nécessaire, chacune apporta devant le prélat une part de son trousseau, les unes des chemises, les autres des jupons, des camisoles, des bas ou des mouchoirs. Seule la Mère fondatrice n'offrait rien. — « Eh bien ! Madame, lui demanda l'évêque étonné, presque scandalisé, serez-vous la seule à ne rien donner? » Et en même temps, de la canne qu'il tenait à la main il souleva le bas de sa robe. — Non, Monseigneur, répondit humblement la sainte femme, je n'ai plus rien à donner. » Et en effet, sous la robe déjà bien modeste et bien vieillie, il n'aperçut qu'un misérable jupon presque en lambeaux. C'était tout son trousseau.

Ces débuts font juger de la suite de sa vie religieuse. Ses habits étaient si usés qu'on avait bien de la peine à les raccommoder. Quelques-uns n'avaient plus de couleur et les pièces rapportées faisaient disparaître l'étoffe primitive. Un jour elle fut obligée de garder le lit, pour qu'on pût rapiécer son unique robe. Quelquefois la Sœur chargée de la lingerie venait lui dire qu'il était impossible de raccommoder son linge, tant il était vieux et usé. Alors elle lui répondait avec douceur d'un air moitié riant, moitié suppliant: « Allons, ma fille, prenez courage ; essayez encore cette fois. Par là, nous acquerrons chacune un mérite de plus, vous en pratiquant la patience, et moi en pratiquant la pauvreté ! »

N'osant pas mettre à la même épreuve la patience du cordonnier de Vannes qui murmurait d'avoir toujours à rapiécer les mêmes chaussures, elle les

envoyait à Auray où quelque pauvre ouvrier se chargeait de cette humble besogne.

Quant à son logement, il était digne de sa toilette.
Il se composait d'un petit oratoire et d'une chambre.
L'oratoire, propre dans sa pauvreté à cause de sa destination, n'avait pour tout ameublement qu'un prie-
Dieu, un crucifix, une image de la sainte Vierge,
et les sept psaumes de la pénitence grossièrement
encadrés. Mais la chambre, qui pourrait la décrire?
Un plancher ouvert en plusieurs endroits, des murs
dégradés, la toiture en si mauvais état qu'il y pleuvait
de toute part dans les grandes averses, enfin des cloi-
sons si mal jointes que le vent y entrait comme dans
un bois : telle était la demeure de madame Molé, fille
des Lamoignon, veuve d'un des plus riches seigneurs
de la cour de Louis XVI, mère d'un ministre de
Louis XVIII ! Aucune de ses religieuses n'était aussi
mal logée, et elle ne l'eût pas souffert. Mais pour elle,
elle se fût reproché d'y faire la moindre réparation.
Il fallut que madame de Lamoignon, sa mère, profi-
tant d'une de ses absences, fît réparer cette misérable
cellule et qu'elle en payât les frais, d'accord avec
M. le Gal, qui voulut fournir les planches nécessaires. C'est avec cette générosité, avec cet esprit de
dévouement et de sacrifice que la Mère Saint-Louis
pratiquait la pauvreté et en donnait l'exemple à ses
sœurs.

Pour ne pas défaillir dans cette voie si pénible à la
nature, et pour y maintenir sa communauté, la Mère
Saint-Louis n'avait pas seulement recours à la médi-

tation, à la piété, au silence et à la solitude qu'elle chérissait par-dessus tout et qu'elle ne quittait que pour exercer les devoirs de sa charge ; elle retrempait chaque jour les forces de son âme dans la communion, et l'Eucharistie était le centre et le soleil de sa vie religieuse. Elle eût voulu passer son existence entière à la chapelle, en face du Saint-Sacrement, et pour suppléer à l'impossibilité de satisfaire ce désir, elle avait, dès le principe, sollicité de son évêque et de ses directeurs la grâce de l'adoration perpétuelle dans sa communauté. N'ayant pu l'obtenir, elle pleurait à la pensée de l'abandon de Jésus au tabernacle. «Ah! s'écriait-elle avec larmes, le divin Sauveur est méconnu par ses créatures ; il n'y a personne qui comprenne son amour. Par tout ce qu'il a fait pour les hommes dans les jours de sa vie mortelle, il n'a réussi qu'à faire des ingrats. Au moment de mourir, pour faire violence à leur cœur, il institua l'Eucharistie, ce prodige de son amour par lequel il habite près de nous, dans nos maisons, et il y est encore méconnu, oublié, abandonné!... Ah ! que sont devenus ces heureux jours où il m'était donné de passer des heures entières au pied des autels, encore s'écoulaient-elles trop vite ! Hélas ! peut-être ne les verrai-je jamais revenir. »

Que disait-elle à Dieu dans les moments où elle était libre d'aller épancher son cœur en sa présence? Nous en voyons quelque chose dans ses lettres de conscience où l'obéissance la forçait à ne rien cacher à son directeur.

« Voici le langage de mon cœur, quand je suis dans la présence de mon Dieu. D'abord, tout ce que les saintes Écritures fournissent de plus tendre, de plus ardent, se retrace à mon esprit ; et j'ose me servir de ces expressions, tout indigne que j'en suis. Entraînée par le mouvement de mon cœur, je parle à Jésus tantôt comme une créature à son créateur, tantôt comme une criminelle à son juge de qui cependant elle attend miséricorde, enfin comme une amie à son ami, comme une épouse à son époux, et cela d'une manière si tendre, si familière, si affectueuse, que, quand je reviens à moi-même, je ne puis y penser, sans être couverte de confusion. »

Quand son corps quittait le pied des autels, son âme ne les quittait pas et elle emportait partout avec elle la pensée de son bien-aimé : « La pensée de Jésus ne me quitte plus, disait-elle. Elle enflamme mon cœur d'un feu toujours plus vif, et il me semble que j'en suis toute consumée. Je crois avoir retrouvé le souverain bien que j'avais perdu. Après tant d'ingratitude de ma part, quelle clémence dans Jésus de me recevoir encore ! Que dis-je ? C'est lui qui revient, qui me réclame, qui me poursuit. Jamais je ne pourrai reconnaître un si grand bienfait. Puissé-je au moins le faire reconnaître et aimer de toutes mes filles ! »

Quelle que fût l'étendue de son obéissance, il y avait des moments où ses épanchements avec Dieu et les lumières qu'elle recevait de lui dépassaient et défiaient toute expression. C'était surtout quand elle s'anéantissait dans la contemplation des merveilles du Sacré Cœur de Jésus, cette dévotion qui de nos jours a pris un si grand et si légitime développement, et que la piété mystique de madame Molé avait acceptée et embrassée avec ardeur. Alors son cœur se fondait dans celui de son divin époux et elle ne faisait plus qu'un avec lui : « Il me semble, écrit-elle brièvement et comme malgré elle, que dans cet état d'union, mon bien-aimé m'ouvre son sacré Cœur et met à ma disposition toutes ses grâces, en me disant de lui demander celles que je désire le plus. Je n'ai jamais été poussée à former d'autre vœu que celui d'être attachée à sa croix jusqu'à la mort..... Il ne peut rien me refuser, dit-elle encore, et ses biens sont à moi, si je veux. Je vais lui faire violence pour tâcher de l'aimer encore davantage. » Après ces balbutiements, elle s'arrête, comme terrassée sous le poids des grâces : « C'est un sujet sur lequel je ne puis ni parler ni écrire ; je sens trop vivement. »

N'est-il pas vrai que quand on a pu jeter ainsi un regard dans l'intérieur de cette âme, on comprend les saints excès de sa pénitence, de son dévouement au prochain, et de sa pauvreté ? Dieu vivait en ce cœur ; il venait chaque jour y renouveler sa vie par la communion de son corps et de son sang, et dès lors il n'est pas étonnant que toutes ses actions fussent marquées du sceau de la charité dont il est la source et la substance même.

La Mère Saint-Louis eût voulu, pour que toute sa communauté participât à la plénitude des grâces qui la remplissaient elle-même, que la pratique de la communion quotidienne fût consacrée par la Règle. Dans un temps où l'esprit du Jansénisme avait porté une si grave et si universelle atteinte à la communion fréquente et blessé en ce point tant d'âmes sacerdotales et chrétiennes, c'est une preuve singulièrement touchante de l'élévation de sa foi et de son sens profondément catholique, surtout si l'on songe que, par sa naissance et son mariage, elle appartenait au Parlement, foyer et forteresse suprême du Jansénisme.

Tout en lui permettant la communion de chaque jour, Mgr de Pancemont ne crut pas pouvoir aller jusqu'à l'inscrire dans les constitutions de l'Institut comme une pratique obligatoire. Il se contenta de laisser ce point capital de la vie religieuse à l'appréciation de la supérieure, l'autorisant ainsi à mesurer cette nourriture céleste à la dévotion et aux besoins spirituels de chacune de ses filles. Il est inutile d'ajouter que la Mère Saint-Louis, et après elle les autres supérieures usèrent toujours de cette latitude avec la plus grande largeur d'esprit et de cœur, et dans le sens des enseignements constants de la sainte Église romaine. Les Sœurs de Saint-Louis ont été et sont vraiment les filles de l'Eucharistie, et, en cela comme en toute chose, elles ont toujours cherché à prendre pour modèle leur sainte fondatrice.

Madame Molé, absorbée par les devoirs généraux de son gouvernement, ne pouvait s'occuper des soins matériels à donner aux pauvres enfants dont elle était la mère adoptive ; mais elle s'occupait de leur esprit et de leur cœur avec une sollicitude toute particulière, et se donnait à ces chères petites comme à ses religieuses elles-mêmes. A la fin de chaque semaine, elle se faisait remettre les notes de toutes les élèves, et les réunissant autour d'elle elle adressait publiquement à chacune les louanges ou les reproches toujours assaisonnés de tendresse et de bonté qu'elles avaient mérités. Les enfants tenaient tellement à la contenter qu'une réprimande suffisait d'habitude, et que rarement la même petite fille s'attirait deux fois de suite ses avertissements. Elles lui promettaient en pleurant de se corriger, et tenaient leur promesse. Quant à celles qui avaient mérité ses éloges, elles l'entouraient avec bonheur, et trouvaient leur plus douce récompense à entendre la bonne Mère leur dire qu'elle les aimait comme ses enfants, parce qu'elles en étaient dignes.

Elle se mêlait souvent à leurs récréations pour les mieux connaître, et, se faisait toute à tous, suivant le précepte de saint Paul, elle se faisait enfant avec les enfants. On la voyait se prêter à leurs amusements, favoriser leurs jeux, répondre à leurs questions les plus importunes et les plus bizarres avec une bonté qui leur ouvrait le cœur. Si dans une solennité quelconque elles venaient lui faire un petit compliment, elle paraissait y prendre un grand plaisir, quoique souvent elle fût bien fatiguée ou préoccupée de graves soucis, et les remerciait par des paroles aimables et des sourires maternels.

Chaque année à la fête de Saint-Louis, elle aimait

à les servir à table, à la grande joie des enfants et à la grande édification de ses Sœurs. Un jour, une de celles-ci, la voyant fatiguée, lui dit : « Ma Sœur, permettez que je vous aide, la cuillère pèse trop pour vous. — Eh quoi ! lui répondit-elle, saint Louis en distribuant la nourriture aux pauvres ne se fatiguait-il pas ? » Et elle continua à imiter jusqu'au bout l'humilité et la bonté de son saint patron.

Mais c'était surtout à l'époque de la première communion qu'elle redoublait de soins et de zèle pour que ces petites âmes dont elle se sentait responsable devant Dieu accomplissent pieusement ce grand devoir de la vie chrétienne. Elle multipliait les instructions pour éclairer leur esprit, embraser leur cœur, et Jésus-Christ qui, chaque jour, venait purifier ses lèvres comme un charbon ardent et sanctifier son âme par sa présence corporelle, donnait à sa parole une efficacité toute divine. Ne pouvant instruire de vive voix les enfants de sa maison d'Auray, elle les évangélisait par écrit, et leur adressait des lettres si brûlantes, si pénétrées de l'amour de Jésus-Christ, qu'elles touchaient jusqu'aux larmes les maîtresses et les élèves et faisaient sur toutes les impressions les plus fortes et les plus durables.

CHAPITRE XVIII

NOUVELLES ÉPREUVES POUR LA MÈRE SAINT-LOUIS. — ELLE
EN TRIOMPHE ET S'ABANDONNE A DIEU. — RÉCOMPENSE
DE CET ABANDON. — RÉVISION DE LA RÈGLE. — ÉTABLIS-
SEMENT DU NOVICIAT. — SA BONTÉ POUR LES NOVICES.
— CRÉATION DES SOEURS OBLATES.

M. l'abbé Grignon, que madame Molé avait choisi
pour directeur de sa conscience et supérieur de sa
communauté, étant mort dès 1810, trois ans après
Mgr de Pancemont, elle donna, comme nous l'avons
dit, la direction de son âme et de son œuvre à
M. le Gal, grand vicaire du diocèse, qui, par la voie
de la mortification et de la pénitence austère, la fit
marcher à grands pas vers une perfection toujours plus
haute. Cette direction, qui répondait à l'humilité de
la Mère Saint-Louis , l'avait attachée intimement à
ce prêtre éminent et sévère, et sa parfaite entente de
l'administration, les soins et les services qu'il rendait
avec un grand zèle à ses religieuses l'avaient bien
vite portée à le considérer comme la lumière et le

protecteur indispensable de son Institut. Il était devenu la Providence visible de l'humble fondatrice qui avait en lui une confiance sans bornes. On conçoit donc sans peine sa douleur et son effroi, quand elle apprit qu'il était mandé à Paris pour l'élection du supérieur général de la congrégation de Saint-Lazare, dont il était membre, et qu'on songeait à lui pour cette charge qui l'eût fixé à Paris pour toujours. A ce moment, elle avait de graves difficultés dans le gouvernement de sa communauté; sa santé était fort ébranlée, et toutes ces circonstances réunies la jetèrent momentanément dans un découragement profond. La lettre qu'elle adressa à M. le Gal à cette occasion en est la vive et touchante expression.

« Me voilà donc, lui écrivait-elle, exposée à tomber entre les mains d'un nouveau supérieur. S'il me demande quels sont les moyens d'existence de mes maisons et ceux qu'elles auront après moi, que lui dirai-je? Avouer la vérité, ne sera-ce pas en éloigner tout le monde et les ruiner de crédit? Car, vous le savez, le produit des ouvrages n'est presque rien. Mes faibles ressources de fortune n'auraient pas suffi jusqu'à ce jour, si votre charité ne m'était venue en aide... J'espérais qu'après m'avoir aidée pendant ma vie, vous prendriez soin de mes chères filles et de mes pauvres enfants quand je n'y serai plus. Mais vous partez, et avec vous toute espérance m'est ravie. Je vais voir tomber une œuvre à laquelle je me suis sacrifiée... On me reprochera d'avoir abusé de la confiance de celles que j'ai réunies dans ces deux maisons (de Vannes et d'Auray), que j'y ai engagées par un vœu spécial, sans avoir les moyens de les y faire vivre... Dieu me le reprochera-t-il donc aussi?... Je vous conjure, au nom de la charité de Jésus-Christ, de me tracer la conduite que je dois tenir pour être sans reproche devant les hommes et surtout devant Dieu. Il serait bien cruel pour moi d'être condamnée au dernier jugement, après avoir tout sacrifié pour faire le bien. »

Ces angoisses, ces doutes sur la durée de son œuvre et sur la pureté même de ses intentions, ces supplications aussi douloureuses qu'ardentes, en mettant à nu l'humilité presque excessive de madame Molé et sa défiance d'elle-même, montrent en même temps les difficultés d'une fondation religieuse, et ce qu'il faut de fermeté, de vertu, de confiance en Dieu, de certitude qu'on obéit à sa volonté, pour entreprendre et continuer une œuvre de ce genre. M. le Gal n'eut point de peine à lui prouver qu'elle s'exagérait singulièrement la situation de ses maisons, leurs besoins présents, leur sécurité à venir, qu'elle n'avait trompé personne, qu'elle ne s'était pas trompée elle-même, et que, s'il venait à lui manquer, Dieu enverrait à sa fidèle servante un autre appui, comme il l'avait fait jusqu'alors. Il lui promit que si la Providence l'appelait à Paris, il ne l'oublierait ni ne l'abandonnerait pas, qu'il lui continuerait ses secours spirituels et même temporels, et il l'exhorta vivement à repousser, comme une tentation, ses pensées de découragement. Ranimée par ces conseils et revenue à ses sentiments habituels de confiance en Dieu, la Mère Saint-Louis rejeta courageusement et définitivement toute préoccupation trop humaine. Elle résolut et promit à son sage directeur de s'en remettre désormais tout entière à la divine Providence du soin de sa fondation, de ses œuvres, de sa réputation, et elle sortit de cette nouvelle épreuve, comme de celle qui avait suivi la mort de Mgr de Pancemont, plus forte, plus humble et plus détachée de toutes les choses de ce monde. Dieu la récompensa de cet entier abandon en lui laissant le pieux directeur qu'elle avait tant craint de perdre et qui, ayant refusé le gouvernement de sa compagnie, demeurera jusqu'à la fin le guide spirituel et le soutien temporel des Sœurs de la charité de Saint-Louis.

Dès l'année suivante, sa confiance en Dieu fut mise à une autre épreuve. C'était en 1812 : les expiations des ambitions insensées de Napoléon et de ses attentats contre le vicaire de Jésus–Christ, arraché violemment de Rome et retenu captif à Fontainebleau, commençaient pour l'Empereur et pour la France. Tandis qu'au dehors, les éléments, ministres de la justice divine, faisaient tomber des mains de nos soldats leurs armes victorieuses de l'Europe, et préparaient, par des désastres sans nom, la ruine finale de l'Empire, à l'intérieur la misère était immense ; la disette se faisait sentir d'un bout à l'autre de la France, et la Bretagne, qui nourrit la sobriété de ses enfants de mil et de blé noir, n'était pas à l'abri du fléau. La communauté des Sœurs de la charité de Saint-Louis fut atteinte comme tout le monde, et, parmi les embarras financiers où se trouvait madame Molé, c'était un grand embarras de plus. Comment subvenir à la nourriture de toutes ses Sœurs de Vannes et d'Auray, et de sa nombreuse famille d'enfants pauvres et d'orphelines? La prudence ne lui conseillait-elle pas de céder à la nécessité et de renvoyer, au moins pour un temps, une partie de ces pauvres petites?

Quel que fût le cri de la prudence, celui de la charité fut plus fort, et la Mère Saint-Louis n'hésita point: « Non, dit-elle, Dieu ne nous abandonnera pas. Je ne veux renvoyer aucune de mes petites filles; je les garderai toutes, quand je devrais vendre pour cela jusqu'à ma dernière pantoufle.—Hélas! ma pauvre Mère, lui fit observer une de ses Sœurs, quand vous vendriez toute votre garde-robe, vous auriez à peine de quoi leur donner un déjeûner. — N'importe, reprit-elle en souriant de la justesse trop évidente de l'observation, je n'en renverrai aucune, et je suis sûre que nous nous en tirerons. » Elle s'en tira en effet, Dieu aidant, et les annales de la communauté n'indiquent pas que personne, religieuse ou enfant de l'ouvroir, soit mort de faim pendant cette année terrible, ou même s'en soit plus mal porté.

En échange de ce généreux abandon à sa Providence, il semble que Dieu ait voulu, par un gage sensible de son amour, témoigner à son humble servante qu'elle était agréable à ses yeux. Voici en effet ce qu'elle écrivait vers cette époque à M. le Gal dans une de ces lettres intimes qu'il exigeait de sa pénitente et que nous citerons presque dans son entier, malgré sa longueur, parce qu'elle jette un jour admirable sur la beauté mystique de cette âme. C'était à la suite d'une retraite de la communauté.

« Dans le vif désir que je ressentais de témoigner mon amour à Jésus-Christ, j'ai saisi avec empressement l'occasion que m'en donnait la retraite que viennent de faire toutes mes filles. Je ne me suis épargnée sur rien. Tout ce que j'ai cru pouvoir servir à la gloire de Dieu et au salut de leurs âmes, je l'ai fait. Je n'ai pas pensé un instant à moi ; mais j'ai tout offert à Dieu, tout souffert pour elles, et cela, je puis vous l'assurer, sans en désirer et en attendre d'autre récompense que le bonheur de souffrir quelque chose pour Jésus-Christ. — Ah ! comment puis-je exprimer ce que ce Dieu de bonté a fait pour moi ! Je puis bien dire qu'il a daigné regarder la bassesse de sa servante. Par un miracle de sa grâce, il a rompu les chaînes sous lesquelles je gémissais. Je me sentais, depuis un an, puissamment attirée à la pratique de la charité ; mais, malgré mes efforts et mes combats, les pensées de mon esprit, les affections de mon cœur, tout était contraire à cette vertu. Que de gémissements j'ai poussés ! Que de larmes j'ai répandues ! Dans quelle humiliation je me trouvais de voir en moi si peu de charité ! Il est vrai, mon Père, que vous me rassuriez ; vous me disiez de me juger plutôt par mes œuvres que par mes sentiments. Soumise à cette décision, j'ai redoublé de zèle et d'ardeur pour la pratique de cette vertu, et je goûte actuelle-

ment toute la douceur qui y est attachée, à tel point
que je crains de me faire illusion en voyant le changement qui s'est opéré en moi. Je sais qu'il a été
l'objet de mes vœux, de mes prières et de mes
larmes depuis un an ; mais qu'est-ce qu'une année
pour obtenir une aussi grande grâce ?

« Mardi dernier, fête de sainte Thérèse, étant au
pied des autels, je sentis mon âme délivrée. J'éprouvai un mouvement de la grâce qu'il me serait impossible d'exprimer. Une voix intérieure me disait : Tes
chaînes sont rompues, tu peux marcher maintenant.
— Malgré les œuvres extérieures auxquelles je me
livrai toute la journée, cette voix retentissait toujours
dans mon cœur. Le soir, me trouvant quelques instants seule devant le Saint-Sacrement, ah ! mon
cœur s'est perdu, s'est abîmé dans le Sacré Cœur de
Jésus. Ce bon Maître m'a révélé un secret dont je
dois vous faire part, c'est que j'ai à peine commencé
à entrer dans la carrière du sacrifice à laquelle je
suis appelée. Oui, je le reconnais, et je ne puis même
trouver de paix que dans cet aveu : Dieu a tout fait
pour moi, et je n'ai encore rien fait pour lui ; car,
puis-je appeler quelque chose les petits sacrifices
que j'ai pu faire? Et encore, que d'imperfection, dans
l'action et les motifs ! Je n'ose dire que j'aime Dieu,
mais j'oserai dire que je suis consumée du désir de
l'aimer. J'en ai une faim et une soif insatiables.......
Que rendrai-je au Seigneur pour tous ses bienfaits ?
— Ah ! dit le prophète, je prendrai le calice du salut,
et j'invoquerai le nom du Seigneur. Tel est aussi le

désir de mon cœur. Qu'il me soit permis de me saisir de ce calice d'amertume et de douleur que mon Dieu a accepté pour mon salut ! Laissez-moi la liberté d'y boire avec lui; ma douleur est trop vive de faire si peu pour Celui qui a tout fait pour moi.

« Dieu m'appelle, oserai-je vous le dire, à une vie parfaite, vie de foi pure, vie de mort à tout objet créé et à moi-même. Il me fait voir les grâces attachées aux sacrifices que je dois faire pour marcher dans cette voie. Ces grâces sont l'objet de mes désirs les plus ardents, mais ne m'en demandez pas davantage sur ce sujet : ne me demandez pas ce qui se passe entre Dieu et mon misérable cœur dans ces états d'oraison où je me suis trouvée depuis mardi. Ce n'est pas défaut de confiance en vous, vous le savez bien, mais il n'est pas possible de vous rendre, par aucune expression, ces transports d'amour que j'éprouve, ce langage de cœur si délicieux qui, sans parole, est entendu de Dieu ; ces impressions de foi et de lumière qui me pénètrent dans ces moments et me laissent toujours embrasée d'une nouvelle ardeur. Comment vous dire la connaissance que j'acquiers de ma bassesse, de mon indignité, de mon néant, de ma corruption, qui me porte à me considérer, avec tant de vérité, comme la dernière des servantes du Seigneur, et m'inspire tant d'amour pour les humiliations ?

« Il me serait encore plus difficile de vous dire ce que Dieu me fait entendre. Cependant, je comprends bien clairement qu'il veut faire de moi un holocauste entier, et que, tant qu'il verra en moi quelque chose qui ne soit pas immolé à son amour, il ne sera pas satisfait. Alors il me semble se complaire à me retracer les bienfaits, les voies miséricordieuses de sa Providence sur moi, sa longanimité à m'attendre, sa bonté à me recevoir, malgré mes délais, mes résistances et mon ingratitude. Et ces reproches, il ne me les fait pas en Dieu offensé, en juge irrité, mais en père tendre qui (pardonnez-moi l'expression) me sollicite de le désarmer et me presse de ne plus mettre d'obstacle aux torrents de grâces que son amour me réserve encore.

« Mon bon Père, il ne peut plus y avoir pour votre fille d'autre bonheur, d'autre consolation, après le trait brûlant dont son cœur est percé, que de souffrir pour Jésus-Christ et avec Jésus-Christ. Ce n'est pas que je m'attende à goûter toujours sur la croix, où je veux désormais fixer ma demeure, les douceurs dont Dieu enivre mon âme dans ce moment. Non, je le sais par ma propre expérience, je dois m'attendre aux sécheresses, aux tentations ; mais j'ai aussi la preuve en moi-même de la vérité de ce que dit le prophète-roi qu'un seul jour passé avec le Seigneur console et dédommage de tout. »

C'est par cette succession d'épreuves spirituelles ou temporelles et de grâces vraiment célestes que Dieu faisait passer l'âme de sa fidèle servante, et qu'il la perfectionnait de plus en plus, comme un fruit qui n'arrive à sa maturité et n'acquiert toute sa saveur qu'après avoir passé, de la fraîcheur des nuits et de la rosée du matin, à la chaleur pénétrante du soleil.

Pour que ces états extraordinaires fussent sans danger et qu'elle distinguât ce qui venait du ciel de ce qui pouvait venir de son imagination, il lui fallait le directeur froid et prudent que Dieu lui avait donné et une soumission entière à ses décisions et à ses conseils. Cette soumission, née de son humilité, semblait croître avec sa sainteté, et elle y trouvait sa force et sa consolation. Dès les premiers temps de sa vie religieuse, Mgr de Pancemont, admirant son esprit d'obéissance, la donnait pour exemple à ses Sœurs, et leur disait : « Si j'ordonnais à votre Mère d'aller sur la place publique les pieds nus, elle le ferait sans hésiter et sans répliquer un seul mot. » Sa confiance en M. le Gal et sa docilité à lui obéir en toutes choses étaient plus grandes encore, si c'est possible, et quand il avait parlé, c'était vraiment la voix de Dieu qu'elle avait entendue. Elle était sûre ainsi de ne pas se faire d'illusions et de ne s'abandonner ni à des découragements ni à des contentements sans raison. Comme supérieure, elle avait charge et pouvoir de donner à ses Sœurs les directions et permissions nécessaires. Mais, obligée comme les autres, d'observer la règle, c'était à son directeur, qu'elle devait s'adresser dans les cas difficiles ou douteux. Ne pouvant le voir qu'aux jours déterminés de ses visites à la communauté, elle notait tout ce qu'elle avait à lui demander, et lui présentant ces notes quand il arrivait, elle se mettait à genoux pour recevoir ses décisions comme des ordres du ciel. Si pourtant une décision à prendre était urgente, elle agissait suivant sa propre inspiration, mais ne manquait pas de lui en rendre compte à sa première visite. Elle unissait ainsi la décision nécessaire au gouvernement avec les exigences de son humilité et de sa défiance d'elle-même. Elle ne lisait les lettres qui lui étaient adressées qu'après avoir demandé et obtenu son autorisation, à moins qu'elles ne fussent indiquées comme urgentes et exigeant une réponse immédiate. — Elle s'était engagée par un vœu spécial à cette obéissance absolue vis-à-vis de son directeur, et c'est à cela qu'on est redevable de ces lettres admirables où nous avons puisé et où nous puiserons encore pour connaître à fond les trésors de son âme, qu'elle ouvrait au ministre de Dieu comme à Dieu lui-même. Cependant, comme nous l'avons déjà dit, elle n'était pas toujours libre de manifester et d'exprimer tout ce qui se passait entre Dieu et elle. Souvent, après ces transports d'amour, ces extases, ces touches puissantes de la grâce qui la remuaient jusqu'au fond du cœur et la faisaient fondre en larmes, elle oubliait tout ou demeurait sans parole pour exprimer ce qu'elle avait ressenti. Il arrivait parfois qu'elle pouvait écrire ce qu'elle ne pouvait dire. D'autres fois, sa plume était impuissante comme sa parole. Le Roi, suivant le mot de l'Écriture, l'obligeait à garder son secret, et l'obéissance n'y pouvait rien.

Ce besoin et cette promptitude de soumission à son directeur, elle s'étonnait et se scandalisait de ne pas les retrouver chez les autres. Quand par aventure une de ses Sœurs lui témoignait quelque répugnance ou quelque hésitation à suivre les avis de son confesseur, elle la reprenait vivement, et l'exhortait à obéir toujours sans raisonner et sans hésiter : « Eh quoi ! ma fille, dit-elle un jour à une de ses compagnes, voudriez-vous donc vous conduire vous-même ? Sachez que Satan est tout prêt à vous diriger, si vous refusez d'obéir à votre directeur. Auriez-vous plus de confiance en lui que dans le ministre de Jésus-Christ ? »

Grâce à la sainte énergie de ces paroles et à ses exemples, elle inspirait à toutes ses Sœurs cette habitude de soumission chrétienne, fille et gardienne de l'humilité.

Dans la rédaction de la règle de son Institut, elle avait donné des preuves efficaces de son esprit d'obéissance, en soumettant ses idées propres à celles de Mgr de Pancemont, et l'expérience l'avait convaincue depuis de la sagesse des tempéraments apportés par le prélat aux saintes exagérations de son zèle. Madame Molé en donna des preuves nouvelles dans l'œuvre délicate de la révision de ses constitutions. On se souvient qu'elle avait renoncé à solliciter dès 1805 l'approbation canonique du Souverain-Pontife, dans la pensée qu'il y aurait peut-être des modifications à apporter à la règle quand on l'aurait appliquée pendant quelques années. Le moment lui semblant venu de procéder à cette révision, elle s'en ouvrit à M. le Gal, et lui demanda de l'assister de ses lumières ou plutôt de prononcer sur les questions qui faisaient doute dans son esprit. Tout dévoué à l'Institut dont il était le supérieur, M. le Gal lui promit son concours, et, comme Mgr de Pancemont, il lui ordonna de faire elle-même ce travail et de le lui soumettre quand elle l'aurait achevé.

Alors recommencèrent pour la sainte fondatrice les études, les méditations, les veilles des premiers jours. Elle n'épargna ni larmes, ni pénitences pour attirer sur son travail la bénédiction d'en haut. Tantôt elle allait demander secours et lumière au pied du tabernacle, et là, dans les effusions de son amour, elle sollicitait de son divin époux d'opérer par elle le salut de sa communauté. Tantôt, retirée dans son oratoire, elle demeurait quelquefois plusieurs heures à genoux devant son crucifix, tellement absorbée dans ses réflexions qu'elle n'entendait rien de ce qui se passait autour d'elle. De temps en temps, de profonds soupirs témoignaient de la ferveur de son oraison.

Des diverses modifications qui résultèrent de ce travail revu et approuvé par M. le Gal, il en est deux principales dont l'influence fut décisive sur les progrès et l'avenir de la communauté ; je veux parler de la fondation d'un noviciat et de l'établissement de sœurs converses. Chacun de ces deux points mérite quelques développements nécessaires.

La formation des religieuses est l'œuvre la plus importante peut-être des fondatrices et des supérieures des ordres, puisque ce sont en quelque sorte les vases d'élection destinés à contenir et à porter de génération en génération l'esprit de leur communauté.

12.

Quelque saintes que soient les premières religieuses d'un ordre nouveau, si elles ne forment pas des novices à leur image et ressemblance, l'ordre s'éteindra avec celles qui l'ont fondé. Madame Molé, qui s'était préparée par huit années de prières, d'études et de sacrifices, à la vie religieuse, savait mieux que personne à quel prix, par combien de soins et de peines on atteint ce résultat, et dès la fondation de son Institut, elle s'était préoccupée de l'éducation des novices. Mais la création d'un noviciat formant comme un établissement distinct dans la maison exigeait un personnel qui n'existait pas encore au début de son œuvre, et pendant les premières années, elle avait dû se résoudre à laisser les postulantes et les novices mêlées aux religieuses, vivant en partie de leur vie, et n'ayant point une existence à part.

Cette vie commune pouvait avoir un avantage, celui de faire profiter les novices des exemples de dévotion, de zèle et de charité des religieuses professes et de les initier ainsi d'une façon complète dès le début aux devoirs et aux vertus de leur état. Mais à côté de cet avantage, elle avait plus d'un inconvénient. D'une part, en mettant sous les yeux des novices la vie quotidienne des professes avec leurs vertus, on les exposait à voir aussi les imperfections, les défauts, les manquements mêmes qui sont inévitables dans les communautés les plus régulières et les plus pieuses. Or, la jeunesse est sévère et plus portée à se scandaliser des faiblesses qu'à s'édifier des vertus. D'autre part, le noviciat étant un temps d'épreuves où les vocations véritables se dessinent et se décident, mais où les vocations fausses ou faibles se dévoilent et disparaissent, il n'était pas convenable et il pouvait être fâcheux d'initier dès le principe les novices à toutes les habitudes, à toutes les œuvres, aux secrets même les plus respectables et les plus saints de la communauté. Ces raisons et beaucoup d'autres tirées de l'expérience et de la pratique de la vie religieuse déterminèrent madame Molé à hâter autant que possible le moment de l'établissement d'un noviciat placé sous la direction d'une religieuse, et dans lequel les exercices, le travail et les récréations seraient distincts de ceux des Professes. Il suffira, pour se rendre compte de la nécessité de cette séparation, de savoir qu'au moment de la fondation de la Maison d'Auray, sur quatorze novices qui se trouvaient alors à Vannes cinq seulement furent admises à la Profession, ce qui montre combien de jeunes personnes pieuses se font illusion sur leur vocation et prennent pour un appel véritable de Dieu un élan momentané de piété. Or, les caractères de la vocation se remarquent bien plus vite dans un noviciat où tout est dirigé dans ce but que dans les exercices, les travaux et la vie militante de la communauté.

Jusque-là, la Mère Saint-Louis, en sa qualité de fondatrice et de supérieure, avait été la maîtresse des novices. C'était une de ses fonctions les plus chères et que la nécessité seule pouvait la forcer d'abandonner. Sa profonde connaissance des devoirs et des exigences de la vie religieuse, son coup d'œil pénétrant et les lumières surnaturelles qu'elle puisait dans la prière et la familiarité de Dieu, lui permettaient de juger presque à coup sûr et du premier jour la sincérité ou plutôt la réalité des vocations. En voici une preuve remarquable, qui remonte à l'époque même de la fondation.

Mademoiselle Rivalain, sœur de l'ancien curé de Lorient, était entrée, à la veille de la Révolution, au monastère des Ursulines de Vannes et en avait été chassée presque aussitôt avec ses compagnes. Dès qu'elle sut que madame Molé fondait une maison religieuse, elle vint se présenter à la fondatrice qui avait grand besoin de sujets en ces commencements si laborieux et si éprouvés. « Mademoiselle, lui dit madame Molé, consultons ensemble la volonté divine. Mettez-vous en retraite, et je prierai avec vous. » A la fin de la retraite, elle lui dit avec une assurance que mademoiselle Rivalain ne put attribuer qu'à des lumières venues d'en haut : « Attendez un peu et prenez patience. Votre maison se reformera et vous pourrez y rendre des services. » En effet, les Ursulines s'établirent de nouveau à Vannes quelques années plus tard. Mademoiselle Rivalain y rentra, et en fut supérieure pendant dix-huit ans.

La Mère Saint-Louis apportait le même jugement et aussi la même bonté dans l'instruction et la direction des novices. Elle étudiait leur caractère, semblait s'occuper particulièrement de chacune d'elles, et toutes ses leçons étaient marquées au coin de la sagesse et de la plus tendre amitié. On nous permettra d'en citer deux exemples.

Une novice, tourmentée par des peines intérieures, croyait les faire cesser en se livrant à des austérités corporelles, mais, n'osant rien faire de son propre mouvement, elle en vint demander la permission à sa supérieure. La Mère Saint-Louis, croyant qu'il y avait plus d'élan irréfléchi que de vertu dans ce désir, lui répondit par un refus. Puis comme la novice insistait, elle lui dit que des résolutions de cette gravité demandaient plus de réflexion et qu'avant de prendre une décision elle avait besoin d'y penser devant Dieu. Quelques jours plus tard, elle lui fît connaître son jugement par ces douces et sages paroles : « Voulez-vous savoir, ma Fille, le secret de témoigner à Dieu votre amour et de vous délivrer de vos peines ? Ce n'est point par ces pénitences extérieures que vous l'obtiendrez plus facilement, mais par les sacrifices journaliers que vous aurez à lui faire dans l'accomplissement de votre emploi et l'exacte fidélité à notre sainte Règle. » La novice suivit ce conseil, et elle fut délivrée de ses inquiétudes et de ses peines.

Une autre Religieuse qui pendant bien des années édifia la communauté, la sœur Sainte-Opportune, dut à la bonté et à la perspicacité vraiment miraculeuse de la Mère Saint-Louis la grâce de persévérer dans sa vocation. « Un jour, racontait-elle longtemps après à ses sœurs qui plus jeunes n'avaient pas connu leur sainte fondatrice, notre bonne Mère m'appela et me dit de toute la tendresse de son cœur : « Vous avez de la peine ? Qu'est-ce donc qui vous rend triste ainsi ? dites-le moi, mon enfant. » — Toute surprise de ces paroles, car j'avais vraiment de la peine, mais je ne m'en étais ouverte à personne : « Moi, triste, ma Mère ! lui répondis-je ; mais je suis si bien près de vous . » Et elle, continuant: « Ce matin, pendant votre travail, vous étiez soucieuse, je l'ai vu ; vous aviez de la peine. Ne craignez pas, ma fille, de tout dire à votre Mère. » — Comment ma Mère avait-elle pu savoir que je souffrais? Elle n'avait pas paru dans la chambre où j'avais travaillé le matin. Je me mis à pleurer et lui dis qu'effectivement, ce jour-là même, en travaillant, je roulais dans mon esprit la pensée de quitter le couvent où j'étais si heureuse afin de travailler à payer une dette que mon père ne pouvait acquitter. « Cette dette peut lui attirer de mauvaises affaires, dis-je en terminant, et, ma bonne Mère, je n'osais vous en parler. » Ma Mère fondatrice me reprit doucement de ce manque de confiance, prit note de cette affaire et me dit de ne plus m'en inquiéter : « Allez, ma Fille, ajouta-t-elle, je me charge de cela, et ne pensez plus qu'à aimer de tout votre cœur le Dieu qui vous a choisie pour son service. Et surtout, une autre fois ne craignez plus de me dire vos chagrins : je suis votre Mère, pourquoi garder quelquechose sur votre cœur ? »

C'est avec cette bonté admirable jointe à ce merveilleux discernement des âmes qu'elle traitait des choses de Dieu et du monde et qu'elle en agissait avec ses novices comme avec ses religieuses. Aussi, la résolution si sage et si nécessaire qu'elle prit d'établir un noviciat distinct de la communauté, bien que

placé dans la même maison, fut-elle accueillie par
les novices avec une peine qui ne nuisit en rien à
leur soumission. Elles comprirent que cette mesure
était inspirée à la pieuse fondatrice par le seul intérêt
de leurs âmes et de la communauté, et elles se con-
solèrent de ne plus demeurer sous sa direction immédiate par l'assurance qu'elle leur donna qu'elle leur
continuerait sa tendresse, ses conseils et ses soins.
Elle le fit en effet jusqu'à la fin, et de tous les devoirs
de sa charge, ce fut toujours le plus doux et le plus
cher à son cœur.

La sœur qu'elle choisit pour diriger ce noviciat fut
la Mère Sainte-Julie, une de ses premières compagnes,
en qui elle avait remarqué les qualités nécessaires à
cette délicate fonction. L'humilité de la bonne sœur
recula d'abord devant cette responsabilité : « J'ai fait
venir Sainte-Julie, écrivait madame Molé à M. le Gal,
et lui ai annoncé la nouvelle dignité dont j'allais la
revêtir. Vous ne pourriez vous peindre sa surprise
et sa désolation. Sa première parole a été celle-ci :
« Non, sûrement, ma Mère, cela ne peut pas être ;
j'en suis incapable. » Je l'ai raisonnée, je l'ai calmée,
j'ai parlé de l'obéissance. A ce mot, la pauvre fille,
revenue de sa surprise, m'a dit : « Eh bien ! ma
Mère, faites ce que vous voudrez, mais je suis incapable. » Je lui ai promis de l'aider, ce qui l'a un peu
consolée. Ensuite, j'ai appelé les novices qui ont paru
un peu déconcertées de ce changement et néanmoins
ont fait bonne contenance. Tout de suite, j'ai installé
mon noviciat dans son nouveau logement, et demain

nous commencerons les exercices. » — Depuis que j'ai écrit ceci, ajoutait-elle un peu plus tard, j'ai vu 'des mines bien allongées parmi nos anciennes professes. Nous aurons à combattre la jalousie. J'ai lieu de croire qu'on cherchera à obtenir de moi d'aller au noviciat aux heures des exercices. Tenons bon, je vous en prie, à ne pas le permettre, car nous gâterions tout. »

Si la Mère Saint-Louis s'imposa la loi de laisser à la maîtresse des novices la direction des exercices, elle ne s'isola point pour cela de cette portion chérie de sa famille. Elle assista la Mère Sainte-Julie de ses conseils et de son expérience, voulut faire elle-même les premières instructions, et lui traça un plan de conduite où la prudence la plus consommée s'allie à la piété la plus tendre.

Cette grave question réglée, madame Molé s'occupa de la seconde, la création de Sœurs converses. Il s'agissait cette fois, non pas de compléter l'Institut par un établissement prévu dès le principe, mais de modifier la règle et de revenir sur la décision primitive. Dans la plupart des communautés religieuses, qui ne sont pas vouées exclusivement aux œuvres actives de charité, on trouve, à côté des religieuses de chœur, des Sœurs converses, d'une éducation inférieure, chargées des emplois domestiques. Le but de cette institution est double ; d'une part elle permet aux religieuses de vaquer plus librement soit à la prière, à la méditation, aux études et aux exercices spirituels, soit à l'éducation des enfants ; de l'autre elle rend la vie de communauté accessible à beaucoup de pauvres filles très-pieuses et très-dignes du service direct de Jésus-Christ, mais auxquelles l'insuffisance de leur instruction en fermerait l'accès.

Madame Molé, dans son ardeur pour la mortification et sa soif d'humilité, avait insisté vivement près de Mgr de Pancemont, pour qu'il n'y eût qu'une seule classe de religieuses toutes employées indistinctement aux soins des enfants, aux exercices spirituels et aux emplois domestiques. « Il serait honteux, disait-elle, que des religieuses qui font profession de marcher sur les traces de Jésus-Christ et de l'imiter dans sa pauvreté et ses humiliations, eussent des Sœurs converses pour les travaux les plus humbles et les plus pénibles. J'aurais bien lieu de craindre, s'il en était ainsi, que la jalousie n'entrât dans notre communauté en même temps que la charité et la mortification en sortiraient. »

Vaincu par l'insistance et l'élévation des motifs de madame Molé, Mgr de Pancemont avait cédé sur ce point, bien qu'il doutât de la possibilité de maintenir longtemps un tel état de choses. Mais l'expérience ne tarda point à montrer à la Mère Saint-Louis que son zèle l'avait entraînée à une application erronée d'une idée juste. Ses religieuses succombaient sous le fardeau d'occupations également nécessaires et inconciliables. Les soins matériels de la maison, cuisine, blanchissage, nettoyage de tout genre, nuisaient aux exercices spirituels, à la surveillance et à l'instruction des enfants. Les forces et la santé des Sœurs n'y suffisaient pas, et il fallait appeler pour certains emplois, des personnes du dehors qu'on payait à la journée, ce qui présentait de nombreux inconvénients. D'un autre côté, madame Molé avait bien vite expérimenté que les travaux domestiques ne sont ni les plus pénibles, ni les plus mortifiants dans une maison religieuse, et que ses Sœurs, dont l'esprit de pénitence et de zèle était admirable, trouvaient dans leur pauvreté, leur obéissance à la règle, dans la loi du silence et dans le soin continuel des enfants, toutes les occasions souhaitables de mortification du corps et de l'esprit. — Elle fut donc la première, avec son humilité accoutumée, à revenir sur sa détermination et à modifier la règle en ce point.

Après avoir pris l'avis de M. le Gal, elle se décida à recevoir sous le nom d'*Oblates de Saint-Louis* des Sœurs converses qui, sans avoir les moyens nécessaires pour l'instruction des enfants, pourraient se sanctifier dans la vie religieuse, s'occuper plus spécialement de certains emplois matériels, et former les enfants au travail des mains. Elle rédigea, pour cette catégorie nouvelle de ses filles, des règlements particuliers et leur donna une maîtresse distincte de la maîtresse des novices, chargée de les instruire, et de les former à la vie religieuse. D'après ces règlements, les Sœurs oblates doivent faire comme les autres, deux ans de noviciat et sont admises à prononcer, non des vœux, mais une promesse de persévérer dans le genre de vie qu'elles ont embrassé. Après dix ans d'une vie régulière et édifiante, on leur permet de faire les vœux de pauvreté, chasteté et obéissance et quand elles ont atteint l'âge de quarante ans, elles peuvent, comme les Sœurs de chœur, faire le vœu de stabilité.

Cette utile création complétait la règle des Sœurs de la charité de Saint-Louis, qui, dès lors, ne reçut plus aucune modification jusqu'au jour où elle fut consacrée par l'approbation suprême du chef de l'Église. L'œuvre constitutionnelle, si j'ose ainsi parler, de madame Molé était achevée, et l'essor rapide que sa communauté prit depuis cette révision des statuts primitifs prouva la sagesse de la fondatrice après avoir prouvé son humilité.

CHAPITRE XIX

Tandis que la Mère Saint-Louis, retirée du monde
et tournée tout entière du côté du ciel, s'occupait de
réformer et compléter les constitutions de son humble
Institut, l'Empire accomplissait ses destinées, et
l'œuvre gigantesque de Napoléon s'écroulait au milieu
de désastres sans nom. Cette fois encore l'humilité
du roseau survivait à l'orgueil du chêne. Mais la
communauté des Sœurs de Saint-Louis subit le
contre-coup des événements violents qui suivirent,
et vers la fin des Cent jours, au mois de juin 1815, la
maison d'Auray eut cruellement à souffrir et fut à la
veille d'une destruction complète.

On sait que la Bretagne catholique et royaliste

n'accepta qu'en frémissant l'aventure désastreuse des Cent jours et qu'elle n'attendit pas, pour témoigner de sa fidélité à la monarchie des Bourbons, la bataille de Waterloo. Une insurrection de jeunes gens, d'écoliers, presque d'enfants, née à Vannes dans un jour d'effervescence, étonna, menaça un moment Napoléon revenu de l'île d'Elbe, et eut, comme les guerres de la Révolution, ses héros et ses succès, on pourrait presque dire ses victoires. Pendant cette héroïque échauffourée, des prises d'armes eurent lieu sur divers points du Morbihan, et Auray fut le théâtre de troubles assez graves. Les troupes impériales commandées par le général Bigarré occupèrent la ville après une vive résistance des royalistes, et comme le couvent du Père-Éternel se trouve situé auprès de la promenade du Loc qui domine la ville et où l'action fut la plus chaude, les Sœurs de Saint-Louis coururent les plus grands dangers pendant et après le combat.

Il était environ 7 heures du matin quand les religieuses entendirent le bruit de la fusillade, mêlé aux cris des combattants dont beaucoup vinrent tomber morts ou blessés jusque sous leurs fenêtres. Elles étaient alors à la chapelle, récitant leur office. Elles entendaient siffler les balles qui traversaient les murs et les vitraux et s'abattaient au milieu d'elles. Mourantes d'effroi, elles puisèrent néanmoins, dans le respect de la règle, le courage héroïque de rester à leurs places jusqu'à la fin de l'office. Alors elles quittèrent le chœur et allèrent se réfugier dans le réfectoire avec leurs petites filles pour lesquelles elles tremblaient plus encore que pour elles-mêmes. On pouvait tout attendre en effet de l'exaspération des soldats victorieux, fanatiques de l'Empereur, prédisposés à voir dans une maison religieuse un foyer de royalistes, exaspérés par une énergique résistance et par la vue du sang du général Bigarré, leur chef, qui venait d'être blessé sous leurs yeux.

Bientôt en effet de violents coups de crosse ébranlèrent et enfoncèrent la porte du couvent ; la portière fut renversée, foulée aux pieds et si brutalement frappée qu'elle mourut six mois après d'un cancer, suite des coups qu'elle avait reçus. Les soldats se répandirent dans toute la maison, pillant, brisant tout ce qu'ils recontraient, avec des imprécations et des menaces qui heureusement ne se réalisèrent pas contre les personnes. Grâce à Dieu, malgré le fanatisme et la surexcitation du combat, les soldats français se retrouvèrent toujours avec leur bon cœur, comme nous les avons vus dans ce récit même après la défaite des émigrés à Quiberon. Ils ne touchèrent donc ni aux religieuses ni à leurs pensionnaires, mais ils n'épargnèrent ni leurs crucifix, ni leurs chapelets, et plusieurs se firent un jeu cruel et prolongé de leur frayeur. Ils détruisirent les provisions de fil, de coton et de dentelles, renfermées dans l'ouvroir, ne respectèrent même pas les ornements sacerdotaux qu'ils trouvèrent dans la sacristie. Mais ils ne passèrent pas outre et n'entrèrent pas dans la chapelle. La supérieure, mademoiselle de Leissègues, en religion

Sœur Sainte-Félicité, craignant pour les vases sacrés et les objets les plus précieux, les avait enlevés de la sacristie à l'approche de l'invasion et placés sur l'autel, en disant à Dieu avec cette foi qui obtient les miracles : « Je vous remets, Seigneur, ce précieux dépôt. Veuillez le préserver de toute profanation ainsi que votre saint temple. » Cette prière fut exaucée. Soit reste de respect religieux, soit intervention directe de Dieu, les soldats, même les plus impies, ne franchirent pas le seuil du sanctuaire, et après plusieurs heures qui parurent des siècles aux pauvres Sœurs de Saint-Louis, ils quittèrent le couvent, laissant intact ce à quoi elles tenaient le plus, après leur honneur et la vie de leurs chères orphelines, les objets consacrés par le corps et le sang de Jésus-Christ.

Madame·Molé, informée par la rumeur publique du combat qui ensanglantait Auray et du danger que couraient ses filles, passa cette journée et la nuit suivante dans des angoisses inexprimables. On se figure ce que durent être les nouvelles contradictoires que lui apportaient d'une heure à l'autre les personnes fuyant Auray, les récits exagérés et effrayants des violences faites à sa chère maison et à ses chères Sœurs, et toutes les horreurs que les souvenirs de la Révolution rappelaient à son imagination exaltée. Si elle eût pu suivre l'élan de son cœur, elle aurait couru à leur aide pour les défendre ou succomber avec elles. Mais les routes n'étaient pas libres ; de Vannes à Auray, le mouvement des troupes était incessant, et d'ailleurs, elle pouvait craindre pour sa maison de Vannes les mêmes dangers de la part des troupes impérialistes. Elle resta donc au pied du Saint-Sacrement, priant, pleurant, confiant à Dieu le soin de veiller sur ses épouses menacées. Quand elle apprit le lendemain à quel prix les malheurs suprêmes avaient été épargnés à ses chères filles, elle se confondit en actions de grâces, et ses larmes d'angoisse se changèrent en larmes de joie. Qu'importaient des dégâts matériels, quand tout le reste était sauf, quand le temple de Dieu avec ses vases sacrés, et les épouses de Jésus-Christ, ces autres temples vivants du Saint-Esprit, étaient respectés? Cette tempête terrible mais courte passa, le roi de France revint au milieu des acclamations d'un peuple qui malheureusement a perdu l'habitude d'acclamer longtemps les mêmes personnes et les mêmes choses, et jusqu'à sa mort, madame Molé n'eut plus à traverser d'épreuves de ce genre.

Elle profita au contraire du retour de Louis XVIII pour reprendre l'œuvre, commencée avant les Cent jours, de la reconnaissance légale de sa communauté. On se souvient qu'un décret impérial du 17 septembre 1804 avait autorisé la maison de Vannes, mais sans faire mention de son caractère religieux. Il était donc important, pour la sécurité de la maison mère comme des établissements fondés ou à fonder par la communauté, qu'elle fût reconnue avec son caractère et tous ses droits de congrégation religieuse dirigée par une supérieure générale. L'instruction de cette af-

faire, entamée dès 1814, fut poursuivie avec toute la
bienveillance possible et toute la lenteur tradition-
nelle depuis le mois de juillet 1815 jusqu'au mois de
mars 1816. Madame Molé, pour en hâter la solution,
avait écrit directement à Louis XVIII, et, après avoir
fait l'historique de sa fondation et exposé au Roi les
demandes qui lui étaient adressées de différents côtés
pour fonder dans les campagnes de petits établissements de son Ordre, elle terminait sa requête par ces
paroles si touchantes et si dignes dans leur simplicité :

« Peut-être Votre Majesté se rappellera-t-elle avec
quelque intérêt, en lisant le nom de la fondatrice,
celui de l'un de ses plus fidèles sujets, qui, sur l'échafaud, a péri victime de son attachement et de son
amour pour son Roi. »

Le nom de Molé d'une part, de l'autre celui de
saint Louis sous le patronage duquel la fondatrice
avait placé sa communauté, devaient en effet attirer
l'attention et la sympathie du roi de France. C'était
d'ailleurs un moment de résurrection religieuse et, au
point de vue catholique comme au point de vue
politique, le gouvernement de la Restauration portait
dignement son titre. Le 21 mars 1816, un an jour pour
jour après la rentrée de Napoléon à Paris, Louis XVIII
consacrait l'existence légale de la fondation de madame Molé par une ordonnance royale ainsi conçue :

« Article 1er. — Les établissements d'éducation
gratuite et de charité, légalement fondés à Vannes et
à Auray par madame Molé de Champlatreux, sont
confirmés. Les religieuses qui les dirigent prendront

la dénomination de Sœurs de la charité de Saint-Louis.

Art. 2. — Cette congrégation pourra former de nouveaux établissements et accepter les donations et les legs faits à son profit, en se conformant aux lois et règlements sur cette matière. »

Par cet acte royal, l'Institut des Sœurs de Saint-Louis recevait la personnalité civile toute entière, treize ans environ après le jour où madame Molé avait pris le voile avec ses premières compagnes, et, remarque singulièrement touchante, le fils de la sainte fondatrice, à peine âgé de trente-cinq ans, allait entrer comme ministre dans les conseils souverains du Gouvernement au moment même où ce gouvernement reconnaissait solennellement l'œuvre de sa mère, comme si Dieu eût voulu montrer qu'il récompense quand il lui plaît, par des honneurs et des prospérités même temporels, les œuvres et les sacrifices des saints, dans la personne de leurs enfants.

Ceux qui connaissent les lois actuelles sur les congrégations religieuses savent qu'au moment de leur reconnaissance légale, leurs statuts doivent être approuvés en Conseil d'État. Cette formalité prescrite par la loi du 24 avril 1825 n'existait pas encore en 1816 et c'est pourquoi l'ordonnance relative aux Sœurs de la charité de Saint-Louis n'en fait pas mention. Ce n'est qu'en 1844, par une ordonnance en date du 22 juillet, que cette lacune fut comblée, de sorte que, par un concours étrange de circonstances, l'Empire, la Restauration et la monarchie de juillet contribuèrent à la consécration officielle et légale de la fondation de madame Molé. Tant il est vrai que la charité réunit où la politique divise, et que les institutions de ce genre sont en dehors et au-dessus des partis !

Les statuts des Sœurs de la charité de Saint-Louis, approuvés par le pouvoir civil, l'avaient été longtemps avant par l'autorité ecclésiastique, et le 24 avril 1816, un mois après la reconnaissance officielle de la communauté par ordonnance royale, Mgr de Bausset, alors évêque de Vannes, leur avait donné sa haute approbation en ces termes : « Après avoir pris connaissance des règlements et constitutions de ladite congrégation et avoir rendu grâces à l'Auteur de tout bien de ce qu'il a suscité dans ce malheureux temps une dame aussi distinguée par son rang que par ses vertus pour accomplir une si bonne œuvre, nous les avons approuvés et approuvons par ces présentes, signées de nous, munies de notre sceau et de la signature de notre secrétaire. »

Pour que la consécration de l'œuvre de madame Molé fût complète, il n'y manquait plus que l'approbation canonique du saint-siège. La fondatrice se mit immédiatement en mesure de l'obtenir et bien qu'elle ne réussît point alors dans ses démarches et que le saint-siège n'ait statué définitivement à cet égard que quinze ans après sa mort, nous allons tracer brièvement les incidents de cette longue et importante procédure pour n'avoir plus à y revenir.

La Mère Saint-Louis pensait que cette affaire ne présenterait pas de difficultés sérieuses. Dès 1805, lors de son voyage à Paris et de son audience du pape Pie VII, elle avait obtenu du cardinal Caselli, qui avait examiné sa Règle, l'assurance que l'approbateur canonique du pape lui serait accordée sans peine, et c'était elle-même qui avait désiré ajourner cette consécration de quelques années pour se donner le temps d'introduire les améliorations suggérées par la pratique et l'expérience. Mais elle reconnut bien vite que la solution des affaires, quelles qu'elles soient, dépend des circonstances et des hommes et se modifie avec eux. Mgr de Bausset venait d'être remplacé sur le siège de Vannes par Mgr de Bruc qui, plein de bienveillance pour madame Molé et pour son œuvre, fit des objections sur l'intervention du saint-siège dans une affaire de ce genre. Aux premières ouvertures de la fondatrice, il lui dit « que sa Règle était très-sage et très-bien faite, mais qu'il fallait bien examiner si l'on devait recourir à Rome pour l'approbation ; qu'une Règle qui ne prescrivait que des vœux simples regardait l'évêque diocésain et non le Souverain Pontife. » Sans s'opposer formellement à ses démarches près de la cour de Rome, il refusa donc de les appuyer.

Désolée de ce contre-temps et ne sachant quelle conduite tenir, madame Molé s'adressa au cardinal la Luzerne son parent, qui s'était déjà occupé de la question : « Mon respectable cousin, lui écrivit-elle, il survient un embarras auquel j'étais loin de m'attendre. Mgr de Bruc, notre nouvel évêque, après m'avoir très-bien reçue, il y a quelques jours, vient de me dire qu'il ne peut pas m'appuyer auprès du Souverain-Pontife. Il craint qu'on ne porte par-là atteinte aux droits de l'évêque diocésain, et cependant rien de plus formellement exprimé dans notre Règle que l'entière dépendance où nous sommes de son autorité..... Notre Règle a été faite par Mgr de Pancemont ; Mgr de Bausset, qui lui a succédé, y a mis une approbation des plus flatteuses. A présent, que dois-je faire ? Donnez-moi votre avis, je vous en conjure ; je le suivrai avec une grande confiance. N'ayant pas de lettre pour Rome de Mgr de Bruc, dois-je renoncer à mon dessein ?. Il m'en coûtera, je l'avoue, mais je suis prête à tout plutôt que de blesser mon évêque. »

La réponse du cardinal de la Luzerne était facile à prévoir, et la fin de la lettre de madame Molé prouve qu'elle la pressentait et s'y soumettait par avance. soumission trop raisonnable d'ailleurs et trop catholique pour que nous lui en fassions un mérite : « Ma chère cousine, lui répondit-il, je désirerais pouvoir vous donner une réponse satisfaisante, mais je ne le puis. Je suis allé trouver M. le Nonce, qui m'a répondu nettement que le Pape ne voulait pas se mêler de l'approbation des congrégations religieuses qui s'établissent dans les différents pays, et de l'examen de leurs constitutions ; que c'est absolument l'affaire des évêques diocésains. Je suis fâché de ne pouvoir vous donner une réponse plus conforme à vos désirs, mais je dois vous dire ce que pensent et Rome et la France. »

Madame Molé s'inclina humblement devant cette décision et remit à d'autres temps et à la volonté de Dieu la réalisation de ses vœux. Il appartenait, comme nous l'avons dit, à une autre supérieure générale de la communauté d'en être le témoin, et semblable à Moïse, la sainte fondatrice vit de loin cette terre promise, mais elle n'y entra point. La Mère Sainte-Julie, une de ses premières compagnes, qui fut maîtresse des novices, puis supérieure générale de l'Institut, eut la joie d'obtenir ce que la Mère Saint-Louis n'avait point obtenu. Grâce à l'intervention de Mgr de la Mothe de Broons et de Vauvert, successeur de Mgr de Bruc, la demande d'approbation fut reprise, activement suivie près du saint-siège, et, cette fois, ne souleva aucune difficulté sérieuse. Le décret soumis au pape Grégoire XVI par la commission des cardinaux qui l'avaient préparé fut signé le 4 décembre 1840, et dans la lettre de l'agent ecclésiastique annonçant à la Mère Sainte-Julie cette grande nouvelle il est dit « que la congrégation générale a trouvé les constitutions de la communauté admirables et des plus belles qui aient peut-être jamais été soumises au saint-siège, et qu'elle les a approuvées d'une voix unanime ». Éloge si magnifique et tombé de si haut, qu'après l'avoir entendu, il n'y a plus qu'à louer Dieu et à se taire.

Voici en quels termes est conçu l'acte apostolique du 4 décembre 1840 :

« Dans l'assemblée générale des Éminentissimes et Révérendissimes les seigneurs cardinaux préposés pour les affaires et les consultations des évêques et des réguliers, qui a eu lieu au palais apostolique du Quirinal le 28 août 1840, les Éminentissimes Pères, ayant attentivement considéré les lettres de recommandation de l'évêque de Vannes et scrupuleusement examiné les Constitutions de l'Institut des Sœurs de la charité de Saint-Louis, ont répondu que les susdites Constitutions devaient être approuvées comme elles sont rédigées dans le présent exemplaire, si cela plaît à Sa Sainteté.

« Le rapport de cesdites Constitutions ayant donc été fait à Notre Très-Saint Père Grégoire XVI, le 4 décembre 1840, Sa Sainteté a confirmé en tout la résolution de la sacrée-congrégation et approuvé lesdites Constitutions. »

Madame Molé avait dû attendre la reconnaissance légale de sa communauté par le gouvernement français pour donner suite à un projet qui lui tenait fort à cœur, la fondation d'une nouvelle maison de son Ordre dans le diocèse de Rennes. Depuis deux ans déjà, la négociation de cette affaire était commencée entre elle et le pieux recteur ou curé de Pléchâtel, paroisse rurale située dans le canton de Guichen (Ille-et-Villaine). Cet excellent prêtre nommé l'abbé Lohier, ayant entendu parler du bien que les Sœurs de Saint-Louis faisaient à Vannes et à Auray, avait tout préparé pour obtenir un établissement analogue dans sa paroisse. Une zélée chrétienne, mademoiselle Giffard, avait mis à sa disposition une maison très-convenable avec ses dépendances, ainsi que les frais d'installation. Lui-même s'engageait à payer la plus grande partie de l'entretien des Sœurs et de leurs pauvres élèves, et la Mère Saint-Louis était très-désireuse d'arriver à une entente définitive. Mais elle ne pouvait rien conclure sans être autorisée à accepter la donation de mademoiselle Giffard, et pour cela il était de toute nécessité que sa communauté fût légalement reconnue. Une fois cette question tranchée, le reste alla de soi et se termina rapidement.

Rien n'est plus touchant que l'ardent désir du bon M. Lohier de posséder ses religieuses et que la simplicité naïve avec laquelle il l'exprime. Je ne puis résister à l'envie de mettre sous les yeux de mes lecteurs quelques passages de cette aimable et pieuse correspondance. Ils y verront la physionomie d'un vrai curé breton, un mélange de finesse et de bonhommie, de sans-façon et d'humilité, le tout sur un fond solide d'amour de Dieu et des âmes.

Dès le mois de septembre 1814, M. Lohier écrivait à Madame Molé : « Madame la supérieure, n'ayant point eu le bonheur de recevoir de vos nouvelles depuis le retour de mademoiselle Giffard, je désire qu'elles soient bonnes, et, de plus, que vous ayez reçu quelque réponse favorable à nos projets. Vous aviez fixé l'époque du voyage de ces dames pour le commencement de février : vous savez que cette époque est de rigueur. En conséquence il faut que vous ayez la bonté de mettre tout en règle pour ce mo-

ment.... J'ose espérer que vous ferez le même honneur à vos Filles de Pléchâtel qu'à celles d'Auray.
Vous les avez installées vous-même. Ainsi je suis
persuadé que vous vous ferez un devoir et un
plaisir d'accompagner vos bonnes Filles. Vous ayant
possédée quelque temps à la maison, vous leur
rendrez leur nouvel asile plus supportable ; et elles
se rappelleront chaque jour avec plaisir les différents
lieux que vous aurez parcourus avec elles ; elles
croiront encore, par une douce illusion, y voir et y
entendre leur bonne Mère. De plus, étant installées sous vos auspices, elles auront bien plus
de courage pour supporter les peines attachées
à leur situation, et placées par une si bonne
mère, elles ne pourront manquer de réussir. »

Il ajoute une prière à madame Molé au sujet de
l'adoration perpétuelle qu'il voudrait faire établir
dans sa paroisse par l'autorité directe du légat du
Pape. — A quoi, madame Molé répond avec un grand
sens qu'il lui semble que c'est à l'évêque de Rennes
lui-même à l'établir ou à en demander l'autorisation
au saint-siège.

Quant à son voyage à Pléchâtel : « Je n'ai point
encore, dit-elle, parlé à mes filles de ce sujet. Je me
contente de prier Dieu d'y préparer leur esprit et
leur cœur. Si sa sainte volonté la fait réussir, je me
ferai non-seulement un devoir mais un plaisir de vous
les conduire. »

Toujours prudente autant que charitable, elle
voulut, avant de rien conclure, se rendre compte

par elle-même de l'état des lieux et des choses, et elle fit avec M. le Gal le voyage assez pénible et fort long de Vannes à Pléchâtel.

Vers la même époque, le bon recteur lui écrit : « Je regarderai comme le plus beau jour de ma vie celui où j'aurai le bonheur de posséder vos bonnes filles et de fixer leur séjour dans ma paroisse. Faites en sorte, ajoute-t-il avec une ineffable simplicité, qu'elles joignent les talents à la vertu, parce que, Dieu aidant, elles seront, j'espère, plus occupées par la suite qu'on ne le croirait au premier aperçu. Dieu veuille bénir mes intentions et les vôtres, Madame, et nous accorder la faveur bien précieuse de travailler efficacement à sa gloire et au salut des âmes.... »

Les Cent jours arrivent, le temps se passe ; enfin, la communauté est reconnue, les difficultés sont levées et la fondation de Pléchâtel est autorisée. Cette heureuse nouvelle hâte le rétablissement du bon recteur qui vient d'être gravement malade, peut-être d'impatience et de chagrin de tous ces retards. Le 2 septembre 1816, il écrit à madame Molé :

« J'ai été très-flatté de votre bonne visite et de celle de M. le supérieur. Je vous en fais mes sincères remerciements ; j'ai regretté seulement qu'elle ait été courte. Si vous pouviez m'en dédommager en amenant nos chères Sœurs, cela me serait bien sensible. J'ose me flatter que vous ne les enverrez pas seules, car elles trouveraient la route bien longue et leur arrivée bien triste.... Qui pourrait les encourager à prendre en gré le lieu de leur exil et à le soutenir avec patience, sinon vous, Madame, ou M. le Supérieur? Car, il ne faut pas se le dissimuler, Pléchâtel n'est point Vannes sous aucun rapport, et quelque bonnes intentions que j'aie pour ces dames, le frère nouveau n'est nullement capable de les dédommager de la privation d'une excellente mère.

« Je vous ai trompée sans le vouloir, ajoute-t-il avec sa touchante bonhomie, quand je vous ai dit que ces dames n'auraient de dépense que leur viande. Il y aura de plus les ouvriers à payer, ce qui se montera à plus de trois francs par semaine. Je fournirai, comme j'ai eu l'honneur de vous le dire, quatre sommes de seigle et quatre fûts de cidre. J'y joindrai encore cinq à six cordes de bois : quant aux fagots, la provision en est faite. Mais c'est tout ce que je puis faire. Ainsi, notre bonne Mère, vous aurez la bonté de donner à mes chères Sœurs quelque chose pour les ouvriers et autres petites dépenses du ménage. De plus, nous aurons certainement des pensionnaires, ce qui demandera quelques couchettes. Il faudra bien que notre bonne Mère nous donne de quoi bercer nos enfants ; car, de les mettre à terre sur des nattes comme les anciens solitaires, cela ne serait ni sain pour nos enfants, ni commode pour le père et les mères qui seraient trop fatigués de se courber si bas pour leur donner les soins d'usage. Les mauvais chemins vont être raccommodés : puisse notre bonne Mère les étrenner, et croire au plaisir qu'elle procurera à son très-humble et soumis fils. »

J'ai transcris avec intention ces petits détails de ménage, ces 3 francs par semaine à trouver, ces misérables couchettes en bois à fournir, parce qu'ils font toucher du doigt la pauvreté sainte du curé de village et de la fondatrice plus dévouée encore que la moindre de ses filles et qui a renoncé, pour cette pauvreté volontaire, à toutes les jouissances de la fortune et à toutes les délicatesses de la vie. Ce qui paraîtrait puéril devient alors sublime, et ce qui ferait sourire fait monter les larmes aux yeux.

Cette fois, tous les vœux du bon recteur furent exaucés. Il eut les couchettes et les 3 francs par semaine pour les ouvriers, et les chemins raccommodés furent étrennés par la Mère Saint-Louis et par ses Filles. Le 13 septembre 1816, l'évêque de Rennes lui écrivait : « C'est avec une satisfaction très-vive, madame la Supérieure, que je vois la réussite de cette affaire, et mon diocèse enrichi d'un établissement qui, animé de la charité ardente dont sa fondatrice donna déjà tant de preuves, ne peut manquer d'être constamment un objet de vénération pour les fidèles et d'édification pour moi. » Dès le lendemain, la Mère Saint-Louis arrivait à Pléchâtel avec deux religieuses de chœur et deux Sœurs oblates. Elle y installa ses chères Filles dans la maison donnée par mademoiselle Giffard et préparée pour les recevoir, et les laissant sous la direction de la Sœur Sainte-Julie qui devait plus tard la remplacer comme supérieure-générale, elle prit congé, non sans une vive émotion, de cette portion de sa famille spirituelle.

Le bon recteur, lui aussi, la vit s'éloigner avec larmes, car nous l'avons vu dans sa dernière lettre, il se regardait déjà comme faisant partie de cette sainte famille et il l'appelait naïvement sa mère. Sous sa protection et sous l'autorité sage et ferme de la Sœur Sainte-Julie, l'établissement de Pléchâtel produisit tous les fruits d'édification et de salut qu'on en attendait. Le nombre des petites filles pauvres reçues et élevées dans la maison à côté des classes d'externes s'accrut peu à peu avec les ressources, et aujourd'hui comme au début, la communauté des Sœurs de la charité de Saint-Louis est pour la paroisse de Pléchâtel une source de bénédictions, et, pour les fidèles du diocèse, suivant la parole de l'évêque de Rennes, un objet constant de vénération. L'œuvre des retraites y a été établie en 1866, et y ajoute ses bienfaits à ceux qui datent de l'époque de la fondation.

CHAPITRE XX

Par la fondation de Pléchâtel, madame Molé sortait
du diocèse de Vannes et mettait le pied dans celui de
Rennes, affirmant ainsi le caractère général de la
congrégation. Ce fut la dernière œuvre du dehors,
et quoiqu'elle vécût plusieurs années encore, aucun
autre établissement de son ordre ne fut fondé jusqu'à
sa mort. Elle se consacra dès lors à son perfection-
nement personnel, au développement moral et intérieur de son institut, et, sous son autorité maternelle, sous sa direction aussi prudente qu'énergique
et sainte, ses filles grandirent en nombre et en vertus
pour accomplir les œuvres réservées à leur dévouement après que leur fondatrice les aurait quittées
pour le ciel. C'est donc la vie de la Mère Saint-Louis

dans sa maison de Vannes qu'il nous reste à étudier et à approfondir pour compléter notre tableau si incomplet et si insuffisant de son existence, de ses œuvres et de ses vertus.

Avant de parler de ses rapports avec ses Sœurs et avec Dieu, disons d'abord quelques mots de ses relations avec sa famille suivant la chair. Nous avons raconté les vertus et les bontés de sa vénérable Mère, madame de Lamoignon, qui lui demeura fidèle jusqu'à sa mort, que la communauté regardait et vénérait comme une aïeule et qui figurait en quelque sorte sainte Anne dans cette famille religieuse dont Jésus-Christ était le centre et la vie. Quoiqu'elle n'eût pas fait de vœux, elle portait l'habit des professes, on l'appelait la Mère de Lamoignon, et elle partageait avec sa fille la tendresse et le respect de toute la congrégation. La vocation de madame Molé n'avait donc fait, de ce côté du moins, que de rendre plus intimes et plus doux les liens de la nature et du sang.

Ses rapports avec son fils et sa fille ne pouvaient être les mêmes, et il est certain que son entrée en religion devait avoir pour conséquence nécessaire de les rendre moins fréquents. Mais, de part et d'autre, l'affection avait survécu aux habitudes d'une vie commune, habitudes que d'ailleurs le mariage modifie toujours si profondément. Elle aimait ses enfants comme avant son départ du monde, elle les suivait de ses vœux, de ses prières constantes, de ses conseils, des sacrifices quotidiens qu'elle offrait pour eux. De leur côté, ils lui gardaient une affection profonde, et s'ils ne comprirent point toute la beauté de sa vocation, s'ils ne purent que difficilement s'habituer à voir leur mère achever sa vie sous l'humble cornette d'une religieuse, au milieu de pauvres enfants dont elle partageait le dénuement, ils respectèrent sa décision et lui témoignèrent toujours la plus tendre déférence. Plus d'une fois, l'un et l'autre firent le voyage de Vannes pour la venir voir, et ces réunions étaient pour la mère et pour les enfants une source d'épanchements sans contrainte et de douces émotions. Quelques traits montreront l'aimable simplicité et l'abandon plein de confiance de leurs relations.

Dans un des premiers séjours que M. Christian de Lamoignon et sa femme firent à Vannes, celle-ci, toute jeune encore, puisqu'elle s'était mariée à quatorze ans, dit à sa mère : « Maman, j'ai envie de m'amuser. Permettez-moi de prendre les vêtements d'une de vos orphelines, puis j'irai au milieu d'elles dans la cour, et vous verrez que mon mari ne me reconnaîtra pas. » La bonne mère se prêta volontiers à cette innocente plaisanterie. La jeune femme descend donc sous quelque prétexte, fait à la hâte cette toilette si nouvelle pour elle, et va se mêler aux orphelines dans leur cour de récréation. Bras dessus, bras dessous avec elles, elle va, vient, jasant, riant et jouant son rôle de son mieux.

M. de Lamoignon, accoudé à une fenêtre près de sa sœur qui était en même temps sa belle-mère, suivait avec intérêt les mouvements et les jeux des enfants. Tout à coup, il se tourne vers sa voisine et lui

dit : « Louise, tu as là-bas une jeune fille qui me
semble avoir besoin d'une surveillance particulière.
— Laquelle donc ? fit madame Molé jouant l'étonnement ? — Laquelle ? Comment ne l'as-tu pas déjà
remarquée ! Elle est pourtant assez différente des
autres. Quelle petite tournure élégante ! quel air dis-
tingué ! quelles manières du monde ! ô ma chère,
surveille-la. » Et il continuait sur le même ton moitié sérieux, moitié plaisant.

La bonne mère le laissa dire quelque temps, puis
se prenant à rire : « Ah ! Elle a bien joué son rôle et
gagné sa gageure ! Cette jeune fille, mon cher ami,
regarde la mieux, c'est ta femme ! »

Cette petite scène fit la joie des religieuses, des orphelines, et madame Molé fut heureuse de montrer
ainsi à ses enfants que la charité se fait toute à tous
et que son austère vocation ne l'empêchait pas de
comprendre la gaieté de la jeunesse et d'en jouir.

Elle était aussi libre et aussi tendre avec son fils
qu'avec sa fille. Un jour, c'était en 1817, le comte
Molé, devenu pair de France et ministre de la marine,
se trouvait à Vannes auprès de sa mère. Il venait sans
doute de visiter les ports de mer de la Bretagne ou
de procéder à quelque cérémonie officielle ; car il
avait emporté avec lui son uniforme des grands jours.
— « Mon enfant, lui dit sa mère, veux-tu me faire un
plaisir ? — Mais certainement, maman ; que dési-
rez-vous ? — Mes petites seraient très-curieuses et
très-heureuses de te voir dans ton grand costume.
(Qui oserait dire que la sainte femme ne partageait

pas secrètement le même désir : l'amour maternel est si curieux !) — Oh ! si ce n'est que cela, chère maman, c'est trop facile. »

Aussitôt dit que fait. Le pair de France, le ministre de Louis XVIII, va revêtir son brillant uniforme, et entre solennellement dans la chambre de travail des enfants qui demeurent ébahies, n'ayant pas assez de leurs deux yeux pour regarder. Il demeura au milieu de ces pauvres petites filles et se laissa contempler par elles aussi longtemps qu'elles le voulurent. Madame Molé jouissait de leur surprise et de leur contentement, et son fils était heureux de procurer cette satisfaction à sa mère. Il me semble que ce trait jette un jour charmant sur la simplicité du comte Molé, sur la bonté de sa mère, et sur la douce cordialité de leurs relations. Quand on pense au rôle considérable joué par M. Molé et aux saintes œuvres de sa mère, on se rappelle, devant ces aimables enfantillages, que les grandes âmes se manifestent souvent dans les petites choses et que rien d'ailleurs n'est petit pour la charité.

M. Molé et sa sœur, par ce sentiment de charité qui porte à se pencher vers les humbles et pour faire plaisir à leur mère, ne manquaient pas, quand ils la venaient voir, de donner aux orphelines des goûters qu'ils se plaisaient à servir eux-mêmes avec beaucoup de grâce.

Plus tard, l'humble maison de Vannes reçut une autre visite, celle de mademoiselle Louise de Lamoignon, petite-fille de madame Molé, et du jeune comte

Adolphe de Ségur, son mari. La sainte grand'mère chérissait particulièrement cette enfant qu'elle avait vu naître pendant son voyage à Paris en 1805. Sa venue dans la communauté était toujours une grande cause de joie; on la regardait comme l'enfant de la maison, et quand elle dut se marier, la Mère Saint-Louis tint à ce que son voile de mariage fût fabriqué et brodé par ses orphelines. On en admira beaucoup la beauté sur la tête de la jeune mariée, et Dieu permit ainsi que la pauvreté de la religieuse fournît à sa petite-fille un des plus riches ornements de sa toilette de noces.

Après avoir parlé des enfants de madame Molé et de leurs charmantes relations avec leur mère, qu'on nous permette de consacrer un souvenir spécial à une personne qu'elle reçut enfant des mains de Mgr de Pancemont, qu'elle aima d'une affection toute maternelle et qui ne la quitta jamais jusqu'à son dernier soupir. Comme c'est à elle qu'on doit beaucoup des renseignements intimes qui ont été conservés sur la sainte fondatrice des Dames de Saint-Louis, elle a droit de figurer dans la biographie de celle qui fut sa mère d'adoption.

Mademoiselle Thérèse Prévoteau était née aux environs de Reims le 8 mai 1793. Son père, riche propriétaire de vignobles, ayant été ruiné par la Révolution, vint en Bretagne où il vécut dans de modestes emplois. Pendant les tournées pastorales de Mgr de Pancemont, monsieur l'abbé Jarry, son secrétaire, qui fut plus tard supérieur de la communauté, eut occasion de voir la jeune Thérèse qui faisait sa première communion. C'était une âme à mettre à l'abri des séductions du monde où sa beauté pouvait l'exposer à bien des dangers. Mgr de Pancemont s'intéressa vivement à sa situation, et, du consentement du père, il la conduisit à madame Molé qui s'attacha bientôt à elle et l'aima dès lors comme sa fille. Thérèse de son côté s'éprit pour sa bienfaitrice d'une tendresse passionnée, et, bien que sa santé délicate et peut-être une absence de vocation ne lui aient jamais permis de faire ses vœux, elle refusa toutes les propositions qui lui furent faites de s'établir dans le monde, et resta près de la Mère Saint-Louis, remplissant tous les emplois, servant, édifiant et charmant la communauté.

Instruite et formée à la charité par les leçons et les exemples de madame Molé, elle s'employa longtemps et utilement à la classe des enfants externes et suppléa ainsi, tant que ce fut nécessaire, à l'insuffisance du nombre des religieuses. Madame de Lamoignon, malgré son âge avancé, ne s'était-elle pas chargée elle-même des fonctions de préfète de cette école?

Après la mort de madame Molé, qui expira presque dans ses bras, et de madame de Lamoignon, Thérèse céda aux vives instances de la vicomtesse Christian de Lamoignon, fille de la sainte fondatrice, et alla passer plusieurs années auprès d'elle. Mais elle ne put s'accoutumer à vivre en dehors de sa chère communauté, et elle y revint prier, servir Dieu et les âmes et achever sa vie.

14.

C'était, au dire de toutes celles qui l'ont connue, un ange de piété, de bonté et de douceur. On se rappelle avec émotion dans la maison de Vannes tous les exemples de vertu qu'elle a donnés, vertu aimable qui savait se faire toute à tous et égayer saintement les personnes qui l'approchaient.

Elle aimait Dieu par-dessus toute chose, et ne pouvait entendre parler d'une offense grave faite à ce bon maître sans fondre en larmes. Elle avait d'ailleurs reçu ce don des larmes commun chez les saints, et souvent quand elle se mettait en prières, les Sœurs la voyaient inondée de pleurs. Dans les premiers temps, elle était tout humiliée de ne pouvoir les dissimuler; mais plus tard, occupée de Dieu avant tout, elle ne s'en mettait plus en peine.

Chaque jour, elle passait de longs moments au chœur, et disait confidentiellement à une Sœur que, dès qu'elle se présentait devant Notre-Seigneur, elle tombait dans un état qui ne lui permettait que de s'anéantir.

La volonté de Dieu! le bon plaisir de Dieu! telle était sa devise favorite, et elle proférait ces mots avec un accent admirable d'abandon à cette divine volonté.

Devant le Saint-Sacrement, elle cherchait à adorer, à réparer et à expier pour ceux qui outrageaient ou méprisaient par leur indifférence ce don incompréhensible du Dieu fait chair. Elle en avait vu de lamentables exemples pendant son séjour dans les environs de Paris où la foi est presque morte, et elle

le racontait aux religieuses avec une indicible douleur.
« Un jour, leur dit-elle, je voulus me confesser et j'al-
lai trouver l'excellent curé de la paroisse. « Certainement, Mademoiselle, me répondit-il, mais veuillez
attendre un instant. Hélas! J'ai si peu occasion d'entrer au confessionnal qu'il faut auparavant le mettre
en état! » — Puis, mes chères Sœurs, ajoutait-elle,
chaque jour j'allais tenir compagnie à Notre-Seigneur, et jamais, non jamais, tout le temps que j'y
ai été, je n'ai vu une seule âme devant le tabernacle. »
Et sa voix s'étouffait dans les sanglots. L'émotion de
ce cœur tout embrasé d'amour gagnait celles qui l'entendaient, et toutes de concert allaient offrir au divin
délaissé l'hommage de leurs larmes et la réparation
de leur douleur.

Thérèse aimait tendrement les malades et se plaisait
à soigner ces membres souffrants de Jésus-Christ.
Chaque jour, après la messe, elle allait visiter toutes
celles de la maison, et s'entendait si bien à les secourir
qu'en l'absence du médecin on recourait à elle avec
une égale confiance.

Les dernières années de sa vie, elle fut attaquée
de douleurs si violentes, que parfois elles lui
arrachaient des cris involontaires. Dans ces moments,
on l'entendait s'écrier : « Je l'ai voulu, mon Dieu, je
je l'ai voulu! » d'où l'on peut induire qu'elle avait
demandé ces souffrances à Dieu comme une grâce.
Mais elle ne s'en expliqua jamais autrement, et cela
est demeuré un secret entre elle et Dieu.

Le 20 novembre 1858, au moment où la Sœur

Oblate qui la soignait dans sa dernière maladie, entra le matin dans sa chambre, la sainte fille lui dit : « O Sophie, que j'ai fait un beau rêve cette nuit ! » et elle allait continuer, quand tout à coup se souvenant : « C'est l'heure du silence maintenant : je te raconterai cela après la messe. » La Sœur sortit, et quand la messe sonna, la malade quitta sa chambre et chercha à se traîner vers la chapelle, pour faire une dernière visite à son Jésus. Mais elle ne devait pas avoir ce bonheur, et Dieu qui allait la recevoir au ciel lui demanda ce suprême sacrifice. Arrivée au petit appartement qui précède la chapelle, elle tomba inanimée. On l'entoura à la hâte, mais ce fut pour recevoir son dernier soupir. Le prêtre qui était à deux pas n'eut pas même le temps de lui donner l'extrême-onction, et cette belle âme s'envola vers le Paradis qui lui avait été montré dans sa dernière nuit et où elle aspirait depuis longtemps.

Elle ne fut pas séparée après sa mort de la communauté qu'elle avait tant aimée, et qui voyait en elle comme un legs et un portrait vivant de sa sainte fondatrice. On l'inhuma dans le cimetière des religieuses, au pied de la croix, près des deux supérieures générales qui avaient succédé à madame Molé. Et son souvenir est demeuré parmi les Sœurs de Saint-Louis comme celui d'une sainte amie de Dieu, d'une âme privilégiée qu'elles se plaisaient à appeler leur paratonnerre, tant elle priait et souffrait pour l'œuvre si chère de sa bienfaitrice.

Son intimité, sa douce familiarité avec madame

Molé, l'avaient initiée à toutes ses vertus, à toutes les pratiques même cachées de sa dévotion, et c'est grâce à son témoignage, joint à celui des anciennes Sœurs vieillies dans la communauté, que nous avons pu, après le premier biographe de madame Molé, reconstituer les traits de la grande physionomie de la fondatrice et les circonstances intimes ou extérieures de sa vie religieuse.

C'est par elle, par exemple, qu'on a su les longues heures d'oraison que faisait la Mère Saint-Louis, alors que toute la communauté prenait son repos. Souvent onze heures, minuit même sonnaient, et la prière se prolongeait encore. Plus d'une fois aussi, elle surprit sur les bras de la sainte femme ou sous ses vêtements les traces ou les indices des chaînes de fer, des instruments de pénitence dont elle faisait usage pour associer sa chair à la mortification de son esprit et de son cœur. « Qu'est-ce que cela, ma Mère ? lui demandait la jeune fille. — Allons, allons, petite curieuse, répondait madame Molé sans avoir l'air d'y attacher aucune importance, cela n'est rien. » Et elle détournait la conversation.

Nous avons dit plus haut que, par esprit de soumission à Mgr de Pancemont, la sainte fondatrice avait supprimé de sa règle l'obligation des pénitences corporelles, et qu'elle ne les permettait même à ses filles, surtout aux jeunes sœurs, qu'avec une grande prudence. Néanmoins, elle autorisait celles en qui elle reconnaissait un désir de mortification tout à fait pur de sentiments humains et procédant directement de l'amour de la croix, à suivre leur inspiration à cet égard, et l'usage des instruments de pénitence les plus cruels à la nature était presque général chez les premières religieuses de la communauté. Nous ne parlons que du passé, parce que la discrétion et l'humilité des filles de Saint-Louis nous ferment la bouche en ce qui touche le présent.

Parmi les saintes âmes qui vécurent et grandirent dans la pénitence et la charité auprès de madame Molé et sous sa direction, nous en citerons quelques-unes qui ont laissé dans la communauté les plus vivants souvenirs.

C'était, après mademoiselle Glais, dite Sœur Sainte-Julie, première maîtresse des novices, première supérieure de Pléchâtel, et première supérieure générale de l'Institut après la fondatrice, mademoiselle Senaut, en religion Sœur Marie-Thérèse, première supérieure d'Auray où elle mourut en 1812, puis mademoiselle de Lessègues, en religion Sœur Sainte-Félicité, dont la charité était proverbiale dans la communauté et au dehors, et qui, ayant fait profession le 1er mars 1807 en même temps que sa sœur, mourut à Auray en 1842.

C'était encore la Sœur Sainte-Monique, veuve de M. Chautard, qui entra au noviciat dès 1803 et fit profession en 1805. Sur l'avis de la mère Saint-Louis, elle se chargea de l'éducation de ses deux petites-filles, privées de leur mère, qui furent élevées au pensionnat de Vannes et furent depuis religieuses à Angers. La fondatrice avait pour son mérite et sa vertu une estime particulière. Elle édifia la communauté jusqu'à sa mort, qui eut lieu en 1824, par sa simplicité, sa force à supporter les souffrances, et l'humilité qui la portait à rechercher et à remplir les emplois les plus répugnants à la nature et les plus bas aux yeux du monde.

Citons également la Sœur Saint-Martin , et sa mère la Sœur Saint-Arsène. La Sœur Saint-Martin, dans le monde mademoiselle Marie Chancel, entra au noviciat en 1813 et fit profession en 1825. C'était une personne charmante, d'un tact exquis, d'une bonne grâce qui attirait tous les cœurs. Elle fut supérieure de la maison de Pléchâtel après la Sœur Sainte-Julie, puis économe de la maison de Vannes. Six ans avant sa mort, commença pour elle une sorte de martyre, des douleurs de tête inexplicables ne lui laissaient pas de repos. Parfois la violence du mal lui arrachait des cris de douleur qui retentissaient dans le cœur de ses compagnes. Sa patience était inaltérable et son humilité si grande que, quand ses horribles crises étaient passées, elle se reprochait sa lâcheté, alors que chacun autour d'elle admirait son héroïsme. Elle eut quelque relâche avant sa mort, reçut les sacrements avec la plus touchante piété et expira doucement le 9 septembre 1843.

La Sœur Saint-Arsène entra au noviciat peu après sa tante, et édifia comme elle la communauté : avant même qu'elle eût quitté le monde, sa vertu et son humilité étaient telles que, son confesseur lui disant d'aller baiser la pierre au milieu de la cathédrale de Vannes, elle le fit sans hésiter. Madame Molé, avec la sûreté de son coup d'œil, vit tout de suite que c'était une âme fortement trempée et qui irait loin dans les voies de Dieu. Aussi lui voua-t-elle une affection toute sainte et ne lui épargna-t-elle pas les humiliations que la Sœur acceptait comme la bonne Mère s'y attendait. Sa fidélité à la règle était si connue qu'une de ses compagnes disait en parlant d'elle : « Elle aurait plutôt donné une pinte de son sang que dire une parole inutile au temps du silence. » Elle remplit successivement et avec un égal succès les emplois de maîtresse des enfants pauvres de Saint Gildas et des pensionnaires d'Auray, de maîtresse des novices à Vannes, de supérieure à Pléchâtel et enfin elle fut chargée de la fondation de Lorient. A St-Gildas, elle donna des exemples admirables de dévouement et d'abnégation. Les enfants élevées dans la maison n'ayant pas suffisamment de vêtements de rechange, la sainte Sœur, en vraie mère de famille, s'en allait de grand matin au lavoir, nettoyait, lavait les effets de ses chères petites, chargeait ces habits tout mouillés sur ses épaules, revenait ainsi à la communauté, et comme souvent la cloche annonçant la messe la surprenait en ce pénible exercice, elle allait à l'église, sans prendre le temps de se changer pour ne pas manquer le saint sacrifice. Elle mourut à Lorient, en 1840, bien jeune encore puisqu'elle n'avait pas quarante ans, mais pleine de mérites devant Dieu et devant les hommes, et laissa dans la ville et dans la communauté la réputation d'une sainte.

Telles étaient, entre beaucoup d'autres, les servantes de Jésus-Christ qui grandissaient, dans l'amour de Dieu et des pauvres, autour de la pieuse fondatrice, et qui recevaient d'elle l'exemple de toutes les vertus. Elles travaillaient avec elle et sous sa direction à leur propre perfection d'abord, puis à la formation des jeunes Sœurs, des novices et des enfants élevées dans la communauté ; et du rayonnement de toutes ces âmes se formait un foyer ardent de charité qui faisait de la maison de Vannes un vestibule du paradis. Madame Molé ne se reposait pas un seul jour dans son œuvre de sanctification, et elle était la première par l'esprit de mortification, d'obéissance et d'humilité, comme par l'autorité de supérieure générale de l'Institut qu'elle avait fondé.

Nous avons trouvé dans ses écrits les engagements qu'elle avait pris à diverses époques de sa vie religieuse, sous forme de vœux, pour arriver à la perfection d'une véritable épouse de Jésus-Christ, que ses directeurs approuvaient et sanctionnaient, mais avec la réserve expresse qu'ils ne l'obligeraient pas sous peine de péché. En voici deux où la sainteté de son âme se révèle et s'exprime en des traits de feu et de sang.

« Acte réparatoire de mes résistances à la grâce de mon Dieu, qui ne m'est pas inspiré seulement par la crainte des châtiments que je reconnais sincèrement avoir mérité : non, c'est l'amour le plus vif et le plus ardent qui me l'a dicté. 1° Je voue et je livre à Dieu mon corps coupable, en lui demandant qu'il satisfasse sur lui à sa justice, soit en lui envoyant des infirmités, soit en le condamnant à la mort et à la mort qu'il lui plaira, soit au contraire en lui rendant la santé et la force pour qu'il se livre à la pénitence. Enfin, je le lui abandonne entièrement, promettant de ne me plaindre de rien et de recevoir tout ce qu'il m'enverra avec reconnaissance et amour. 2° Je voue et je livre à Dieu mon esprit, ne voulant à l'avenir m'en servir que pour travailler à sa gloire. 3° Je voue et je livre à Dieu mon misérable cœur, ce cœur si longtemps ingrat et sourd à sa voix, ce cœur que la puissance de sa grâce a terrassé et dont les flammes de son divin amour ont enfin fondu la glace. Je le lui livre sans réserve, je ne veux plus aimer que Dieu seul et mon prochain pour l'amour de lui. Je m'engage à réparer par l'exercice de la plus grande charité toutes les fautes que j'ai commises contre cette belle vertu ; j'y consacrerai tout le temps qu'il me laissera encore sur la terre... 4° Enfin, je ne veux plus me considérer que comme une victime qui se met aujourd'hui volontairement sur la croix pour y demeurer attachée jusqu'à la mort. J'y attendrai en paix et avec résignation les coups que l'amour divin daignera m'y porter ; je les recevrai avec reconnaissance et amour. Je n'ose les attirer par mes désirs, car je reconnais que j'en suis indigne. Mais, ô mon Dieu, vous aurez pitié de moi ! C'est votre voix que j'ai entendue au fond de mon cœur ; c'est elle qui m'a dicté ce que je viens de tracer. C'est vous qui me l'avez demandé cet acte de sacrifice, ô divin Jésus ; c'est de tout mon cœur que je demande la permission de le faire, et dans celui-là je comprends tous ceux qu'à l'avenir il vous plaira de me demander. *Plus à moi*, mon Dieu, mais *toute à vous !* »

Le second vœu que nous voulons citer est adressé à M. le Gal, son directeur, sous une forme plus solennelle encore : « Moi, Marie-Louise-Élisabeth, après m'être mise en la présence de la Très-Sainte Trinité, le Père, le Fils et le Saint-Esprit, que j'adore et invoque de tout mon cœur, je déclare entre vos mains, mon Père, après en avoir reçu de vous la permission, que je choisis la croix de Jésus-Christ pour mon partage, que je m'y consacre et m'y donne tout entière. Comme chrétienne, j'en suis enfant ; comme religieuse, j'en suis épouse, et dans ce moment, par amour je fais vœu d'en être la victime. J'accepte toutes les souffrances et toutes les afflictions qu'il plaira à Dieu de m'envoyer pour me faire accomplir ce vœu et je lui demande, comme la plus grande grâce de ne point me laisser un seul jour jusqu'à ma mort sans porter sa croix. Je promets, à compter de ce jour, de les recevoir toutes avec reconnaissance et amour. J'ose dire que Dieu m'est témoin que, dans ce moment, je renonce à tout, je lui sacrifie tout sans aucune espèce de réserve, pour obtenir de lui la grâce de vivre et de mourir sur la croix et dans son amour. »

D'autres fois, descendant de ces hauteurs sublimes, elle prenait des engagements plus précis et s'obligeait à des mortifications déterminées. C'est ainsi qu'après avoir promis à Dieu de tenir son cœur et son esprit éloignés de toutes les satisfactions de la terre, elle ajoutait : « Quant à l'extérieur, je prends l'engagement pour toute ma vie de ne donner à mon corps que la nourriture dont il a besoin pour sa conservation ; j'aurai toujours soin que la qualité de cette nourriture n'ait rien qui puisse lui plaire et flatter la sensualité, mais au contraire que ma chair se trouve privée et mortifiée. Mon coucher sera tout au plus un matelas et une paillasse. »

Il ne faudrait pas croire que ces engagements ne fussent pris que sur le papier et que les élans d'amour, la soif de pénitence qui les inspiraient, demeurassent à l'état de lettre morte. Si l'on en juge par ce qu'on sait des mortifications corporelles de madame Molé, sa mortification spirituelle devait être continuelle, son amour de la croix pratique, et sa fidélité à ses vœux d'une rigueur effrayante à la nature. Nous avons déjà dit ce qu'était la pauvreté de ses vêtements et de son logement. Son coucher et sa nourriture étaient à l'unisson. La règle prescrivant une paillasse et un matelas, elle n'osait y déroger en supprimant l'un ou l'autre, mais elle avait fait piquer sa paillasse pour qu'elle fût plus dure à ses pauvres membres fatigués, et quand à son matelas, elle ne le fit battre que deux fois en vingt ans. C'est sur cette couche, digne d'un trappiste, qu'elle se reposait de ses veilles prolongées, de ses infirmités précoces, et qu'elle prenait quelques heures à peine de sommeil : car elle était exacte à se lever dès l'aurore, à l'heure règlementaire, à quelque heure de la nuit qu'elle se fût couchée.

Sa nourriture était aussi pauvre et insuffisante. Elle ne prenait jamais que d'un seul plat par repas, l'acceptait tel qu'il lui était présenté, sans y ajouter jamais de sel, de poivre ni d'aucun autre assaisonnement, et sans jamais faire entendre une plainte s'il était mal apprêté. — Comme on savait qu'elle aimait beaucoup les fruits, on lui en servait quelquefois ; mais elle n'y goûtait jamais, et elle trouvait moyen de couvrir sa mortification d'un prétexte de santé.

Elle ne faisait jamais de feu, quelle que fût la rigueur de la saison. Seulement, quand sa main engourdie ne pouvait plus tenir la plume ou l'aiguille, elle allumait quelques enveloppes de lettre, quelques vieux chiffons de papier, et réchauffait un moment ses doigts à cette flamme passagère. Quand elle devint trop malade pour continuer ces austérités, il fallut, pour l'y faire renoncer, l'ordre formel de son directeur, et encore se reprochait-elle devant ses Sœurs, ces adoucissements forcés comme des lâchetés.

Son obéissance à la Règle était parfaite, et en ce point comme en tous, elle servait de modèle à la communauté. Beaucoup de gens de tous rangs et de toutes fonctions s'imaginent que ceux qui exercent l'autorité, depuis l'humble gouvernement d'un atelier ou d'une école, jusqu'à celui de l'État, ne dépendent que d'eux-mêmes, et ayant à commander n'ont jamais à obéir. Erreur fondamentale et destructive de l'autorité, bien que très-répandue et très-pratiquée de nos jours. Madame Molé avait horreur de cette doctrine ou plutôt de cette hérésie. Elle savait que le premier exemple que les supérieurs doivent à leurs sujets est le respect des lois, et la Règle étant la loi suprême et constitutionnelle dans les communautés, elle l'observait avec un scrupule rigoureux. Une dame de ses amies s'étonnant un jour de la voir s'astreindre aux moindres observances avec une exactitude qui lui semblait excessive, elle lui dit vivement : « Eh ! que deviendrait mon vœu d'obéissance ! Ne l'ai-je pas fait aussi bien que nos Sœurs ? ne dois-je pas l'observer comme elles et plus parfaitement encore, puisque je leur dois l'exemple ? »

Leur donnant ainsi l'exemple de l'obéissance, elle avait deux fois le droit de leur en donner des leçons, et elle y mettait autant de dévouement et de fermeté que de bonté. Un jour voulant éprouver une de ses Filles, elle lui demanda de rester avec les novices pour présider à leurs travaux ; puis s'apercevant qu'elle acceptait cette distinction avec trop d'empressement, elle la manda, peu de temps après, et lui dit assez sèchement d'aller rejoindre ses Sœurs à la communauté. « Ma Mère, fit la religieuse étonnée et peinée, je vous en prie, laissez-moi au noviciat. — Non, non, répliqua la Mère Saint-Louis, il faut que vous appreniez à être religieuse et à ne pas suivre votre volonté. »

La pauvre Sœur se retira interdite et se soumit

courageusement à l'ordre de sa supérieure. Mais, poussant à l'excès l'ardeur de son obéissance, elle se mit à demander des permissions à tort et à travers pour des choses permises et même ordonnées. « Où allez-vous ? lui dit un jour la Mère Saint-Louis qui avait remarqué ce défaut.—J'allais demander la permission de donner ma leçon aux enfants. — Ah ! voilà du raffinement que je n'aime pas. A-t-on besoin de permission pour obéir ? Puisque c'est un emploi que l'obéissance vous confie, allez-y simplement et sans tant subtiliser. « C'est avec cette mesure, ce discernement, ce mélange de douceur et de force, *suaviter et fortiter*, qu'elle formait, réformait l'esprit de ses Filles, et qu'elles les façonnait à l'exercice exact de l'obéissance comme des autres vertus de leur état.

De son humilité, que dirai-je après ce qu'on en a déjà vu ? L'humilité est le sel de cette terre bénie qu'on appelle la vie religieuse; elle est le fondement de toute vertu chrétienne; car elle est la connaissance pratiquée de Dieu et de soi-même, c'est-à-dire du néant de la créature et de la toute-puissance, de la toute-perfection de Dieu. C'est à cette lumière, la seule vraie, que les saints, se voyant et se jugeant, se méprisent et se traitent à l'égal des derniers misérables avec une sincérité de conviction que le monde ne peut même comprendre. Cette vertu maîtresse, madame Molé l'avait au plus haut degré, et la portait jusqu'à une défiance excessive d'elle-même. De là, sa peur et son éloignement pour le gouvernement de sa communauté, sentiment qui ne la quitta jamais,

que l'obéissance seule l'empêcha de suivre, et qui la
porta plus d'une fois à tenter l'impossible près de ses
directeurs pour être déchargée de cette fonction dont
elle se croyait incapable et indigne. Un jour entre
autres, après plusieurs instances repoussées, M. le
Gal vit entrer une de ses Sœurs qu'elle lui avait re-
commandée pour la remplacer comme supérieure
générale, et qu'elle avait fait appeler sans lui dire pourquoi. A cette vue, M. le Gal, devinant le nouvel assaut
qu'il allait avoir à subir, se leva brusquement et
sortit sans vouloir rien entendre. Il témoigna un vif
mécontentement à la Mère Saint-Louis qui en fut
toute déconcertée et qui depuis n'osa pas renouveler
ses tentatives. Mais elle ne put jamais se consoler de
la dignité à laquelle elle était condamnée, et voici en
quels termes admirables et touchants, elle s'en exprimait dans une lettre intime où elle ouvrait son
cœur.

« L'humilité est le fondement de toutes les vertus ;
elle en est aussi la gardienne. Plus qu'une autre j'en
sens le besoin, parce que, rentrant en moi-même, je
reconnais que je suis toute remplie d'orgueil, ce qui
me cause une peine extrême. Les hommes, qui ne
jugent que par l'extérieur et ne voient pas mon indignité, me donnent des louanges que je ne mérite pas.
Sans doute je réduis ces éloges à leur juste valeur,
c'est-à-dire à rien ; mais il n'en est pas moins vrai que
cela réveille et flatte l'amour-propre. L'affection qu'on
me témoigne, cette supériorité que me donne ma
place, cette dépendance où l'on est de moi, m'ôtent

tout moyen de pratiquer l'humilité. Que de fois, j'ai envié le bonheur de mes Filles ! La vertu ne s'acquiert et ne se fortifie que dans la pratique, par conséquent l'humilité dans l'humiliation. Le moyen le plus sûr pour moi serait de descendre du rang que j'occupe pour devenir la dernière de la maison. Dieu sait que j'ai souvent formé ce désir dans mon cœur; j'en ai même fait la demande, hélas ! inutilement. Ce serait cependant pour moi une véritable douleur d'y être maintenue jusqu'à la fin de ma carrière. Mais tant que j'y serai, je dois chercher au moins à me pré-server des écueils qui m'y environnent, et m'appli-quer à l'humilité pratique, par exemple : veiller sur mes paroles et mes actions, afin de n'en laisser échap-per aucune qui puisse ou m'attirer des louanges, ou faire sentir ma supériorité, céder à l'avis des autres toutes les fois que je n'y verrai pas d'inconvénient réel, enfin offrir à Dieu tous les jours quelques actes d'humilité selon les occasions. Si elles ne se pré-sentent pas d'elles-mêmes, je devrai les rechercher, et Dieu est si bon qu'il me fera la grâce de les trouver. »

On voit que la Mère Saint-Louis était de cette race des vrais humbles qui ne croient point à leur propre humilité. A l'inverse de cette bonne dame peu avancée dans les voies spirituelles, qui disait naïvement : « J'ai bien des défauts mais, pour l'humi-lité, je ne crains personne, » elle s'estimait la der-nière de ses Sœurs, et en toutes choses se mettait après toutes les autres. Son humilité, allait, comme nous l'avons vu, jusqu'à une défiance excessive d'elle-même, et elle doutait de sa capacité comme de sa vertu. Aussi réclamait-elle sans cesse les conseils de tous, provoquant les critiques, et s'étonnant des louanges avec une naïveté qui prouvait sa méchante opinion d'elle-même.

Une Sœur lui ayant dit un jour que, contrairement à ses craintes, les malades ne manquaient de rien à l'infirmerie, et que, grâce à ses ordres et à sa charité, tout était pour le mieux, elle lui exprima sa joie de cette bonne nouvelle, et après avoir remercié la Sœur elle ajouta : Me voilà rassurée sur ce point ; mais, je vous en prie, si vous aperceviez que je néglige quelques-uns de mes devoirs, ou si vous remarquez en moi quelques défauts, ayez la charité de m'en avertir. — A quoi la bonne Sœur répondit avec une égale simplicité : « Oui, ma mère, je le ferai. »

En quittant le monde pour le cloître, Paris pour Vannes, les délicatesses de la vie et les louanges de haute société, pour l'existence pénitente sanctifiée et humiliée d'une Sœur de charité, elle eût voulu qu'on oubliât autour d'elle son origine, sa naissance, sa famille et les sacrifices qu'elle avait faits à Dieu en se consacrant à son service et à celui des enfants pauvres. Elle souffrait quand on parlait devant elle de ses grandeurs passées, et si une de ses Sœurs l'interrogeait parfois à ce sujet, elle était visiblement contrariée, se taisait ou détournait la conversation. Un jour qu'on insistait pour connaître quelques particularités de sa vie dans le monde elle répondit : « Vous me demandez là des choses qui sont si loin de moi que je les ai oubliées. D'ailleurs, mes enfants, n'ai-je pas dû, comme vous, dire au monde un éternel adieu ? Ces questions sont donc inutiles et pour vous et pour moi. » — Mes armes? dit-elle une autre fois en réponse à une question sur le blason de sa famille, je n'ai pas d'autres armes que la croix de Jésus-Christ. »

Un autre jour encore, dans une instruction sur la vocation religieuse, ses Sœurs lui disaient : « O ma Mère ! quelle belle couronne vous aurez dans le ciel ! nous autres, nous n'avons rien sacrifié en entrant en religion, mais vous, vous avez renoncé à tout. L'avenir le plus brillant vous attendait dans le monde ; vous pouviez jouir de l'estime et de la considération, des richesses et des avantages qu'elles procurent, et vous avez tout donné à Jésus-Christ. — C'est pour cela, répliqua-t-elle vivement, que je suis obligée plus que vous à la reconnaissance. La fortune et les honneurs sont des pièges tendus à notre vertu. Quand on y échappe, comme j'ai eu le bonheur de le faire, on ne saurait trop remercier la divine bonté d'avoir brisé ces liens qui nous retenaient captifs. » C'est ainsi qu'elle tournait tout à son abaissement et à la gloire de Dieu, ce qui est le caractère propre de l'humilité.

Cette appréciation du bonheur et de l'honneur de sa vocation, qu'elle mettait au-dessus de tous les biens de la terre, revenait sans cesse sur ses lèvres et faisait l'édification continuelle de sa communauté. Elle avait connu *le tout* du monde, et elle avait compris que ce tout n'est rien. La vie n'avait eu rien de caché pour elle que le péché, j'entends le péché grave, celui qui sépare de Dieu, le seul que les saints mêmes puissent toujours éviter. Elle avait goûté les joies légitimes de la famille, la douceur d'un ménage chrétien, de l'amour conjugal dans ce qu'il a de plus pur et de plus fort, et de l'amour maternel. Après les joies de la vie, elle en avait connu les amertumes, les déchirements d'un horrible veuvage, la mort de trois de ses enfants sur cinq, les angoisses d'une prison qui fut pour elle, pendant plusieurs mois, comme le vestibule de l'échafaud, et mieux que personne, elle pouvait répéter la parole des Livres saints : « Vanité des vanités, tout n'est que vanité. » Après toutes ces joies disparues, et tous ces orages, la vie religieuse s'était présentée à elle comme le port, et elle s'y était jetée non point avec l'enthousiasme d'une âme toute neuve, mais avec la maturité de l'âge, de la souffrance et de la vertu. Le cloître, ce n'était pas pour elle un repos égoïste, mais le travail pour Dieu, la fin des agitations du monde, la solitude et la méditation alternant avec le service des âmes, la sainte et salutaire pénitence acceptée, désirée et continuée pour son pays qui l'avait persécutée, pour la société qui méprisait ou raillait son sacrifice, pour ses chers enfants eux-mêmes qu'elle se sentait impuissante à protéger plus efficacement contre les entraînements et les dangers du monde, dont elle avait vu autour d'elle tant de lamentables exemples.

Depuis le jour de la mort de M. Molé jusqu'à son

départ pour Vannes, c'est-à-dire pendant huit ans, elle avait appelé ce moment de tous ses vœux : « Je suis malheureuse sur cette terre, écrivait-elle alors ; mon cœur est comme noyé dans un océan d'amertume. D'où vient cela? Je le sens, ô mon Dieu ! Vous m'en avez convaincue. C'est que je ne suis pas là où vous m'appelez. Je ne pourrai jouir de la véritable paix que lorsqu'il me sera permis de tout quitter pour me livrer, dans la solitude, à la connaissance du divin Jésus, votre Fils, à l'étude de votre sainte loi, au recueillement et à la prière... Vous le voulez, j'en suis certaine, mais quand viendra cet heureux instant ! Oh ! que vous me faites attendre, jour mille fois désiré ! »

Ce jour désiré était arrivé, et elle avait fait l'expérience de la vie religieuse avec ses consolations célestes, mais ses travaux accablants, ses luttes, ses misères, ses sacrifices de tous les jours. Sous le poids de cette croix adorable aux saints, mais excédant les forces des demi-vocations et des âmes ordinaires, plusieurs de ses premières compagnes, de celles qui l'avaient suivie de Paris à Vannes avaient succombé, et, pleurant leur faiblesse, étaient rentrées dans le monde. Pour elle, sa vocation ne s'était qu'affermie par l'épreuve comme ces arbres vigoureux qui poussent chaque jour des racines plus profondes, malgré le vent et les tempêtes. A mesure qu'elle avançait vers le terme de sa vie, sa joie spirituelle, sa reconnaissance augmentaient avec son détachement du monde et son amour de Dieu.

Elle bénissait son divin Époux de l'avoir appelée à lui, attachée à lui par des liens indissolubles. Elle appelait son entrée en religion sa sortie d'Égypte, et bien que la terre promise des élus ne soit que le paradis, le silence, la solitude, la manne de son désert étaient pour elle une source inépuisable de jouissances et d'actions de grâces. Ses travaux, les angoisses de sa fondation et de son gouvernement, ses infirmités croissantes, n'en interrompaient point le cours, et dans bien des endroits de ses lettres intimes, on trouve des effusions comme celles-ci, témoignages brûlants des sentiments qui remplissaient son cœur :

« Quand je pense à mon bonheur, aux douceurs que j'éprouve dans ma retraite, au calme intérieur qu'elle me fait goûter, je ne cesse de m'écrier : que vos tabernacles sont aimables, ô mon Dieu ! Qu'il est doux d'habiter dans votre maison ! un seul jour passé auprès de vous vaut mieux que mille passés auprès des enfants des hommes. Je chanterai éternellement la miséricorde dont vous avez usé envers moi, en m'appelant à vivre dans ce sanctuaire. »

Admirables épanchements d'une grande âme, qui témoignent de la plénitude de l'amour divin, d'une correspondance parfaite à des grâces extraordinaires, et qui sentent déjà l'approche de l'éternité !

CHAPITRE XXI

De tous les devoirs des chefs d'État, de communauté ou de famille, le premier est de gouverner. Or, quand il s'agit d'une supérieure de communauté, surtout d'une fondatrice, gouverner, c'est à la fois et instruire et diriger. C'est faire connaître à fond la Règle qui est la loi par excellence de toute communauté, puis l'interpréter en l'appliquant soit à l'Ordre pris dans son ensemble, soit à chacun des membres qui le composent. L'instruction, la direction et la correction forment donc si nous ne nous trompons, les trois principales fonctions du gouvernement d'une communauté religieuse. Nous avons déjà vu avec quel soin, avec quelle prudence, quel amour et quel discernement des âmes, madame Molé dirigeait les novices et les religieuses professes placées sous son autorité. Nous l'avons vue, à chaque page de

cette histoire, mêlant le précepte à l'exemple, con-
seillant, éclairant, soutenant les courages, et remplissant vis-à-vis de chacune de ses Filles, comme
vis-à-vis des enfants confiées à ses soins, les devoirs
d'une bonne mère de famille.

Il nous reste à examiner comment elle entendait
et pratiquait la correction, et comment elle s'acquit-
tait du devoir si important et si difficile de l'enseignement doctrinal et moral de sa famille spirituelle.

Ce qui dominait dans son système de correction,
c'était la bonté. Naturellement, elle eût été rigide plutôt que facile dans sa conception des devoirs de la
vie chrétienne et dans l'application de la Règle. Mais
l'humilité et la charité avaient changé en bonté et en
douceur cette disposition première, et son commandement était plein de mansuétude. Écoutons-la rap-
pelant à celles de ses Sœurs qui avaient autorité soit
comme maîtresses des novices, soit comme supérieures
des établissements détachés, soit comme chargées de
l'instruction des enfants, les caractères de la correction chrétienne et ses conditions. Ce n'est que la
mise en précepte de ce qu'elle pratiquait elle-même
avec autant de vertu que de succès.

« Ce sujet, écrit-elle dans une interprétation admirable de chacun des articles de la Règle, est de la
dernière importance. Je dis que, pour que la correction soit bien faite, vous devez avoir égard 1° à
vous-mêmes qui la faites ; 2° aux personnes à qui
vous la faites ; 3° aux fautes pour lesquelles vous la
faites ; 4° à la manière dont vous la faites. » Nous

ne reproduirons ici que le premier point, qui donnera une idée suffisante de l'élévation et de la sagesse
de ses vues en cette matière.

« Si nous devons tous nous supporter les uns les
autres, il semble que cette obligation soit plus grande
encore pour les supérieurs, qui doivent, à l'exemple
de saint Paul, se faire tout à tous, pour les gagner
tous à Jésus-Christ. Que rien ne vous rebute donc
dans l'exercicre de votre charge, ni la stupidité ou
défectuosité des sujets, ni la petitesse ou puérilité
des choses. Quoique vous deviez les punir, ne soyez
pas beaucoup surprises des fautes mêmes les plus
capables de surprendre. Qui connaît bien le cœur de
l'homme, rien ne l'étonne, ou ne l'étonne que peu.
Ne méprisez non plus rien comme petit, surtout à
l'égard des plaintes qui vous seront portées. Ce qui
paraît petit à vos yeux paraît grand à ceux des autres,
par la peine qu'elles en souffrent. Que cette peine
soit réelle ou imaginaire, elles n'en souffrent pas
moins et elles n'en ont pas moins besoin de votre
secours et de vos soins charitables pour l'adoucir ou
même, s'il est possible, la dissiper entièrement. S'il
s'en trouvait de telles qu'il soit à propos de n'y
répondre que par le mépris, accompagnez-le toujours
d'un ton de bonté et de douceur qui engage la personne elle-même à rougir de sa faiblesse et à faire
peu de cas de sa peine.

« Ce que nous venons de dire n'empêche pas sans
doute les repréhensions, puisque vous devez veiller
au maintien du bon ordre et corriger les transgessions.

Prenez garde que la nonchalance et l'amour trop grand de votre repos, que l'affection tendre que vous portez à quelques-unes, en un mot que le respect humain, la timidité naturelle ou quelque autre principe également défectueux ne vous fasse garder le silence, quand il s'agit de parler, de reprendre, de corriger.

« Quand vous serez dans le cas de le faire, veillez beaucoup à ce que la répréhension et correction ne se sentent ni de l'antipathie naturelle, ni de l'humeur et de l'impatience. Si donc, par votre caractère ou les circontances, vous ne trouviez pas que votre cœur soit dans une assiette assez paisible, à moins que la chose ne souffre pas de délais, remettez la correction à un temps où vous serez plus calme.

« Quoique ce soit la faute plutôt que la personne coupable qui doive ou qui puisse indigner, ayez une sorte de compassion pour la faute elle-même, et penchez toujours plus dans la correction vers la douceur que vers la sévérité. Il est des occasions où vous aurez besoin d'avoir des ménagements pour certains esprits altiers, indociles ; mais usez-en de manière à ne point donner à penser que vous les craignez. Soyez en garde contre l'impatience, l'abattement, le découragement, quand, après bien des corrections et malgré tous vos ménagements, vous trouverez tous vos soins inutiles. Patientez alors, priez beaucoup, faites prier, ne désespérez de rien, et attendez tout de Dieu. »

Toute la suite de cette instruction que nous voudrions pouvoir citer tout entière est empreinte de la même sagesse, de la même connaissance du cœur humain, et surtout de la même bonté. C'est bien là en effet ce qui dominait dans la conduite comme dans le cœur de madame Molé, et c'est en cela que son gouvernement se rapproche de celui de la grande Sainte Jeanne de Chantal formée à l'école du grand saint François de Sales, le plus doux et le meilleur des hommes.

Cette bonté ferme et prudente se remarque dans tous les écrits de madame Molé et est un des traits distinctifs de son caractère religieux. Mais elle s'y rencontre avec beaucoup d'autres qualités remarquables, et ce n'est pas sans une surprise mêlée d'admiration que nous avons parcouru la longue série de ses instructions et de ses discours. — Elle ne les lisait pas, mais elle les écrivait avec soin avant de les prononcer, et les archives de la communauté qui les conserve précieusement se trouvent renfermer un cours presque complet de dogme et de morale égal et même supérieur à beaucoup de ceux qu'on lit avec édification dans les recueils d'éloquence sacrée. Ce cours se compose de deux instructions pour chaque dimanche de carême, d'une instruction pour chaque dimanche de l'avent, d'exhortations sur chacune des vertus religieuses, d'une retraite complète, de discours pour chaque fête importante de l'Église, et de divers sujets de circonstance. Il y faut joindre l'explication très détaillée de la Règle, article par article, qu'elle écrivit de mémoire d'après ses entretiens avec Mgr de Pancemont, et dont nous avons cité tout à l'heure un extrait relatif à la correction. Tous ces écrits publiés formeraient certainement huit ou dix volumes.

On y remarque les qualités maîtresses de l'écrivain et de l'orateur sacré, une connaissance approfondie de la langue latine, de l'Écriture Sainte et des Pères, une logique serrée, une exposition lumineuse une fermeté de pensée et de style presque sans défaillance, une analyse du cœur humain qui, par sa profondeur et son expression, rappelle Bourdaloue : le tout fondu dans un sentiment admirable de foi, de piété et d'amour de Dieu et des âmes. On s'étonne de rencontrer cette virilité d'esprit jointe à cette tendresse de cœur dans une religieuse vivant au milieu de pauvres sœurs et d'orphelines qu'elle élève, même quand on se rappelle que cette religieuse était fille des Lamoignon, femme et mère des Molés, c'est-à-dire pour lui appliquer le mot de Racine *fille*, *femme*, *sœur*, *et mère* d'écrivains et d'orateurs éminents. Non que le talent, et la science soient rares dans les cloîtres et dans les plus modestes couvents de femmes : Ils y sont plus répandus que dans le monde, et s'y développent sous la lumière de Dieu et la garde de la vertu. Mais le don de penser, d'exposer, d'écrire et parler avec cette perfection est rare dans les couvents comme partout.

On nous permettra de citer quelques exemples à l'appui de notre appréciation, et ces citations, quelque développées que nous les fassions, ne paraîtront certainement pas un hors-d'œuvre dans cette histoire d'une âme d'élite qu'il est de notre devoir de faire connaître dans toutes ses beautés.

Voici d'abord l'exposé d'un discours sur la foi, qui, entre beaucoup d'autres, nous a paru par sa netteté et sa solidité lumineuse, rappeler Bourdaloue dont j'osais citer le nom tout à l'heure :

« Nous connaissons trois sortes de vie sur la terre : la vie des sens, la vie de la raison et la vie de la foi. — La vie des sens appartient aux mondains, aux sensuels, aux idolâtres de leurs passions et de leur corps, qui sont tous les ennemis irréconciliables de la croix de Jésus-Christ. La vie de la raison est celle des philosophes qui se parent de ce beau titre qu'ils ne méritèrent jamais, parce que dans leurs principes et dans leurs mœurs ils outragent même la raison. Adorateurs de leurs lumières, victimes de leur orgueil, ils se vantent de dissiper les ténèbres de l'entendement par les seules forces de la raison. Mais Dieu les livre à la vanité de leurs pensées, à la tyrannie de leurs passions honteuses, aux contradictions et aux extravagances du paganisme ; car c'est ainsi qu'il confond toute hauteur qui s'élève contre la science des mystères de Jésus-Christ, son Fils. — La vie de la foi est celle d'une âme qui marche à la lumière de cette colonne de feu, comme les Israélites. Vivre de la foi, c'est conformer ses sentiments, ses paroles, ses actions et toute sa conduite à la foi, cette règle infaillible descendue du ciel, ce flambeau divin qui éclaire tout homme venant en ce monde, ce fondement de toutes les vertus, ce lien sacré qui doit unir tous les hommes dans le culte d'un même Dieu et d'un même Seigneur : *Unus Dominus, una fides, unum baptisma.* »

On ne saurait être plus net, plus ferme, plus précis dans la pensée et dans l'expression.

Lisons maintenant dans leurs principaux développements deux instructions, l'une sur la fidélité des chrétiens dans les petites choses, l'autre sur la fidélité de Dieu. Si je ne me trompe, on y trouvera la réunion de toute les qualités de l'éloquence sacrée dont le but est de toucher en instruisant et d'embraser les cœurs en illuminant les esprits.

« De la fidélité dans les petites choses. — Courage, bon et fidèle serviteur, parce que vous avez été fidèle dans de petites choses, je vous établirai dans de grandes. (Ev. de saint Mathieu.)

« Ecoutez, mes chères Filles, et instruisez vous. Dieu a parlé : celui qui est fidèle dans les petites choses le sera dans les grandes. Il y a donc une liaison, une affinité entre les plus légers sacrifices et les grandes vertus. Celui qui méprise les petites choses tombera peu à peu. Le mépris des devoirs moins essentiels renferme donc un principe de dépérissement qui dispose aux grandes chutes et peut aboutir à la mort. En effet, en méprisant les légères observances et en vous permettant les fautes légères, vous contristez l'esprit de la grâce, cet esprit de pureté et d'amour. Vous ôtez à la charité les aliments qui doivent nourrir et entretenir en vous ce feu sacré. Vous perdez cette délicatesse de conscience qui, ajoutant à l'horreur du mal la chaste crainte qui en redoute jusqu'aux apparences, environne votre âme comme d'une double enceinte, et vous préparez ainsi les voies à l'ennemi toujours attentif à vous surprendre... Mais ce n'est pas sous ce rapport que je veux envisager aujourd'hui la fidélité dans les petites choses. Je viens vous en inspirer l'estime, en vous proposant ces deux considérations; la gloire qui en revient à Dieu, l'avantage qui vous en revient à vous-mêmes.

« Dieu tire sa gloire de la fidélité aux petites choses. Sa gloire est dans l'accomplissement de sa volonté, et cette volonté s'accomplit dans chacune de vous par une attention continuelle à ne rien négliger des devoirs de votre état. Les occasions des grands sacrifices sont rares. D'ailleurs l'importance même de l'objet soutient la fidélité et la facilite : quelquefois un effort, un moment les termine; la vanité peut les corrompre. Mais dans ces sacrifices journaliers et sans appareil qui exigent des efforts renaissants, et qui n'ont que Dieu pour témoin, on peut dire que tout est pour lui et pour sa gloire.

« Quel est donc votre mérite, mes chères Filles, et le moyen de glorifier Dieu dans cette sainte retraite? Je le dis pour votre consolation, c'est l'exactitude à remplir tous vos devoirs; c'est la ponctualité à vous rendre au moindre signal de l'obéissance; c'est cette obéissance du cœur qui ne veut aucun intervalle

entre le commandement et l'action; c'est cet esprit
de renoncement qui sacrifie toute volonté propre.
Voilà ce que Dieu vous commande, et c'est l'engagement que vous avez contracté avec lui. Voilà ce qui
le glorifie. Ne cherchez pas dans une imagination
abusée ces actions éclatantes dont vous êtes dispen-
sées par l'obscurité de votre état. Ne vous amusez
pas à vouloir payer des dettes qui vous sont étrangères; mais payez ces dettes de chaque jour qui sont
renfermées dans l'accomplissement fidèle de vos devoirs.

« Fidélité aux petites choses. Oui, mes chères
Filles, elle honore Dieu. Si je ne trouve rien en moi
qui puisse répondre à sa grandeur infinie, je lui
donne du moins tout ce que je peux lui donner. Je
donne souvent, je donne promptement, je donne avec
joie et de toute la plénitude de mon cœur. C'est par-
là que nous glorifions Dieu en lui prouvant notre
amour. L'amour évite avec soin tout ce qui peut con-
trister ce qu'il aime; il saisit toutes les occasions de
lui plaire. Ces occasions reviennent souvent, et elles
n'échappent pas à une âme attentive qui a ces yeux
éclairés du cœur dont parle l'apôtre. Cœur humain !
l'amour qui produit cette fidélité doit te consoler
dans ton impuissance. C'est dans le cœur que Dieu
lit nos actions; c'est par le cœur qu'il en juge; et le
cœur est à lui lorsque, pour lui plaire, il ajoute à la
vigilance qui observe l'activité qui exécute.

« Dieu lui-même nous sert de modèle dans cette
attention de détail à embrasser les plus petits objets.

Dans l'ordre de la nature, ce souverain de tous les êtres se contente-t-il de diriger le cours des astres, d'appeler à son gré le calme ou la tempête, d'allumer la foudre ou de l'éteindre ? Ne préside-t-il, ne daigne-t-il jeter ses regards paternels que sur les grands événements qui remplissent la vaste étendue des siècles ? Non, il se glorifie, dit saint Augustin, dans les moindres effets, dans tous les soins de sa Providence. Rien n'est indigne de lui parce que tout est de lui. Sa puissance n'est ni épuisée par les plus grandes choses, ni rabaissée par les plus petits détails. Partout, il est semblable à lui-même, partout il est Dieu.

« Dans l'ordre de la religion, c'est par les plus petites choses qu'il opère les plus augustes mystères et les plus grands miracles. Dieu par cette conduite ne semble-t-il pas vouloir nous convaincre de l'estime que nous devons faire des petites choses, et oserions-nous les considérer comme des bagatelles, des minuties, lorsqu'il y trouve la manifestation de sa puissance et de sa gloire ? Il s'en est expliqué lui-même, et sa parole est formelle : Courage, serviteur exact et fidèle dans les petites choses ! Je n'attends rien que de faible et de borné de la part d'un mortel. Mais cette fidélité, mais le désir et le soin de me plaire, mais votre empressement à multiplier les hommages qui me sont dus, mais le respect et l'amour qui les accompagnent : voilà ce qui m'honore et ce qui touche mon cœur...

« Vous venez de voir combien cette fidélité est

glorieuse à Dieu. Voyons maintenant l'avantage qui nous en revient à nous-mêmes. Comment l'homme de commerce parvient-il à grossir ses revenus ? Par une attention continuelle à saisir les plus légers profits, à les accumuler. On voit les hommes les plus vulgaires, dirigés par cette maxime, multiplier les fruits de leur industrie et s'élever par degrés du sein de l'obscurité et de l'indigence à la plus haute fortune. C'est avec ce principe qu'on s'enrichit dans le monde, mais souvent pour appauvrir son âme et pour la perdre. Soyons aussi sages que les enfants du siècle. Empressons-nous d'amasser, le temps est court, les moments sont précieux ; le jour où notre mesure doit être remplie est peut-être moins éloigné que nous ne pensons. Avez-vous remarqué ce que l'Écriture dit de la manne? Chaque grain était petit en lui-même, mais aussi il fallait combler la mesure.

« Combien d'occasions de s'enrichir spirituellement, quand on veut en profiter! On retient cette parole, on réprime cette saillie, on étouffe ce ressentiment, on mortifie cette curiosité. Combien de circonstances où l'on peut surmonter un dégoût, souffrir un reproche, accepter une contradiction! Combien de vertus à pratiquer dans le détail des actions! Les supérieures commandent? j'obéirai promptement et avec la simplicité d'un enfant. Je dois agir dans un temps précis et cette ponctualité captive la nature? Je la captiverai. Telle pratique doit coûter à mon amour propre et l'humilier? Je l'humilierai. L'emploi dont je suis chargée peut me distraire? Je rentrerai en moi-même pour m'unir à Dieu. Mon caractère me porte à l'empressement et à l'activité? Je ralentirai cette ardeur naturelle pour agir d'une manière plus chrétienne et plus religieuse. Cette action peut m'attirer quelque estime et quelques applaudissements? Je purifierai mon motif et je n'agirai que pour Dieu. Que d'avantages, mes chères Filles, quels trésors de mérites ne pourriez-vous pas vous procurer par une attention continuelle à multiplier ces actes de vertu et à profiter des moindres occasions?

« ...... Qu'il me soit permis de faire ici une comparaison qui servira à cette instruction : J'entre dans une vaste forêt. Je vois s'élever ces arbres majestueux dont mes yeux étonnés mesurent la hauteur. Je me demande ensuite à moi-même qu'est-ce qui les soutient? quelques racines. C'est peu de chose si vous les comparez à la hauteur et à la beauté de ces arbres. Et cependant ce peu de chose les affermit et les met en état de lutter contre les tempêtes. Ces racines sont cachées dans le sein de la terre : Si vous les découvrez, elles n'ont rien que de commun, et avec si peu d'apparence, elles font tout. Ainsi, dans la religion les sacrifices les plus obscurs, de légères violences, ces victoires qu'on remporte en détail sur la nature et sur soi-même, soutiennent, affermissent, fortifient la vertu dans nos âmes.

« Ce sont de petites choses, mais nous avons la consolation de savoir qu'au service de notre bon maître, si tout est petit relativement à sa grandeur, tout est grand aux yeux de sa bonté, grand par le mouvement de sa grâce qui l'inspire, grand par le motif qui le produit, grand par l'approbation qu'il y donne et par l'acceptation qu'il en fait, grand par le prix qu'il y attache et dont il récompense nos faibles efforts... Oui, mes chères Filles, soyons fidèles dans les petites choses, et cette fidélité habituelle formera en nous ce fond de justice et de vertu que la grâce tient en réserve pour les occasions décisives ; et votre cœur, préparé par de légers sacrifices, éprouvera dans les plus pénibles la force qui soutient et l'onction qui console... Les yeux attachés sur le Seigneur, attentives à lui plaire, nous mériterons par cet esprit de vigilance et de ferveur les grâces de protection qui épargnent le combat ou donnent la victoire. Souvenons-nous toujours que le Dieu rémunérateur, en couronnant les élus, leur présentera la fidélité aux plus petits devoirs comme le fondement de leurs mérites et du bonheur de leur destinée... « J'ai tout compté, leur dira-t-il, et tout sera récompensé. Vos sacrifices étaient légers en eux-mêmes, mais vous les avez multipliés ; vos actions n'offraient aux yeux des hommes que de faibles apparences, mais votre intention était pure et digne de moi. Vos hommages pris séparément étaient peu de chose, mais votre fidélité fut constante : *Entrez dans la joie de Votre Seigneur,* et pour quelques moments de ferveur dans mon service, recevez une récompense éternelle et qui durera autant que Dieu même ! »

Nous pourrions citer, et nous voudrions le pouvoir faire, dix instructions aussi parfaites dans la forme, aussi fermes et solides dans le fond, aussi persuasives et lumineuses que celle qu'on vient de lire. Mais il faut nous borner et je ne citerai plus que l'instruction sur la *fidélité de Dieu* qui forme le digne pendant du discours sur la fidélité de l'âme chrétienne, en passant, pour abréger, certains développements aussi remarquables que les autres. On aura ainsi une idée assez complète de la manière, du style et de l'éloquence de madame Molé, en même temps que le profit d'une lecture spirituelle d'un haut intérêt et d'une vérité persuasive.

« *Fidelis deus per quem vocati estis*, Dieu par lequel vous avez été appelées est fidèle (Ep. de saint Paul aux Corinthiens.)

« Prêtez l'oreille, mes chères Filles, à une vérité si consolante qu'elle dissipe les alarmes, que les difficultés s'aplanissent, que la confiance se ranime, que les cœurs se dilatent et tressaillent d'allégresse. Si la vie religieuse présente des obligations dont la nature s'effraye, si quelquefois le courage s'énerve, si la vertu chancelle, armons-nous de ces paroles de l'apôtre saint Paul comme d'un bouclier : elles seront pour nous un cri de victoire : Dieu est fidèle. Oserions-nous donc penser que le Dieu des solitaires, en se réservant ces âmes choisies qu'il prépare à de grandes vertus par de grands sacrifices manque d'attrait pour les engager, de pouvoir pour les soutenir, de faveurs pour les consoler ! Non, le maître au service duquel nous nous sommes consacrées ne se laisse jamais vaincre en libéralité par sa créature;

16.

et si, pour lui plaire, nous sommes entrées dans les voies laborieuses du renoncement et de la pénitence, voici ce qu'il a fait pour nous et ce que son amour nous a préparé : 1° les dédommagements de nos sacrifices; 2° des ressources pour l'accomplissement de nos devoirs; 3° des ressources dans nos devoirs mêmes; 4° des grâces de force et de consolation dans nos peines.

1° Les dédommagements de nos sacrifices. Vous avez renoncé aux biens temporels pour marcher sur les pas d'un Dieu pauvre, vous avez choisi les privations et les délaissements de ce Dieu sauveur. Or, pour remplacer des biens périssables dont le sacrifice porte avec lui sa récompense en vous épargnant l'embarras de les acquérir, de les conserver, la crainte de les perdre, le péril d'en abuser, quels dédommagements ne trouvez-vous pas dans la pauvreté religieuse! Vous renoncez à des biens extérieurs, et vous jouissez des trésors et des richesses intérieures de la grâce. Vous êtes pauvres de ces biens funestes qui engendrent la mollesse et la corruption, et vous trouvez dans l'abnégation religieuse les sources du salut, une espérance pleine d'immortalité! voilà la consolation des pauvres.

« En captivant votre liberté par le vœu d'obéissance, vous sanctifiez ce que l'homme a de plus cher, j'en conviens, mais je dois ajouter, ce qu'il a de plus dangereux. Funeste liberté ! Quelles en sont les suites, vous le savez, mes chères Filles! Dans la vie religieuse, cette volonté n'est plus à vous, elle n'a d'autre mouvement que celui de la soumission, et dans cet état de dépendance où un Dieu obéissant est devenu votre modèle, toutes vos voies sont sagesse et vérité. Vous portez le joug du Seigneur, et tandis qu'une foule d'esclaves dominés par les lois du monde se plaignent de sa tyrannie et s'agitent dans leurs chaînes, vous chérissez les vôtres, vous les préférez à tous les titres dont l'orgueil humain s'applaudit : vous les avez reçues de cette main divine qui élève ceux qui s'abaissent : voilà la consolation des humbles.

« Vous vous êtes dévouées aux rigueurs de la mortification et vous avez sacrifié, au pied de la croix, les satisfactions de la nature et des sens.... Le monde vous attirait par ses charmes, et en se montrant sous des dehors flatteurs, il aurait peut-être su vous plaire et vous séduire, malgré les divins anathèmes qui l'ont frappé. En vous donnant à Jésus-Christ, vous n'avez rien à craindre que de l'aimer trop peu, rien à regretter que de l'avoir connu et aimé trop tard, rien à désirer que de vous désaltérer un jour dans ce torrent de délices dont il inonde ses élus : voilà la consolation des cœurs mortifiés.

« Heureux sacrifices dont vous êtes si abondamment dédommagées ! Je sais que ces saints engagements n'offrent aux yeux de la chair que des assujettissements pénibles, qu'une vie triste et amère. Mais pour vous qui avez reçu cet esprit de discernement qui sait apprécier l'espérance et la vocation des saints, vous trouvez dans ces biens précieux le bonheur et la paix. O si tant d'âmes séduites eussent connu le don de Dieu, que de chagrins et de remords elles se seraient épargnés ! Goûtez donc votre bonheur et bénissez la main bienfaisante qui vous a placées dans le lieu saint. Qu'il est beau de porter le joug du Seigneur, et de dépendre d'un maître qui ne veut régner sur nous que pour nous faire régner avec lui... Qu'il est doux lorsqu'on est près de terminer sa carrière de pouvoir dire avec un sentiment plein de confiance : Seigneur, vous fûtes l'objet de mes désirs, le Dieu de mon cœur. J'ai renoncé à tout par amour pour vous et j'ai acquis par ce renoncement un droit particulier à vos miséricordes. Ah ! c'est maintenant que je vois sous le plus grand jour qu'il n'y a qu'une seule devise nécessaire, que l'homme n'est véritablement grand, solidement heureux, que par ses rapports avec vous ; que ceux qui vous regardent comme un maître dur et austère ne vous connaissent pas ; que toutes les rigueurs de la pénitence payeront toujours imparfaitement la gloire de vous servir, l'espérance de vous posséder, le bonheur de vous plaire.

« J'ai ajouté en second lieu des ressources pour l'accomplissement de vos devoirs, devoirs faciles par la multiplicité des grâces que vous offre la religion. Grâces de lumière qui vous découvrent en même temps l'étendue de la loi et sa beauté, vos obligations et vos espérances, les sacrifices que Dieu exige de vous et les droits qu'il a sur vous. Grâces de recueillement qui vous défendent du tumulte et de la dissipation du monde, vous concentrent au-dedans de vous-mêmes et vous établissent dans cette solitude intérieure où Dieu vous veut pour converser avec vous. Grâces de vigilance qui vous sont données pour étudier votre cœur et l'observer, pour en régler tous les mouvements, par l'esprit de la foi et le conserver toujours libre et pur. Grâces de fidélité pour vous renoncer dans les occasions, pour dompter la nature, pour triompher de sa répugnance, de ses dégoûts. Grâces de ferveur pour accroître vos mérites, perfectionner vos vertus, enflammer votre amour.

.... « Enfin, Dieu présente à l'âme religieuse l'onction de son esprit qui la ranime et la fortifie dans ses peines. Qu'est-ce qui pourrait vous troubler, mes chères Filles, vous que je vois occupées du désir et du soin de plaire à Jésus-Christ ? Seraient-ce les tentations ou les aridités ? Les tentations ? Mais pour l'ordinaire, dans ces asiles où se trouvent réunis tous les secours intérieurs et extérieurs, vous n'éprouvez que ces tentations humaines dont parle l'apôtre. A l'ombre de la croix, vous êtes à l'abri de ces tempêtes violentes qui ébranlent et déracinent les cèdres les plus élevés. Ce n'est le plus souvent qu'un souffle léger qu'il est bon et utile de ressentir pour ne pas oublier qu'on est faible et apprendre à tout craindre de sa fragilité...... Seraient-ce les épreuves et les aridités intérieures? Etat pénible sans doute, où l'on marche sans appui sensible dans les sentiers de la vertu, où l'on croit sans ressentir les douceurs ineffables de la foi, où l'on espère sans attrait, où l'on aime sans goût ; situation crucifiante où l'âme éprouvée se dit à elle-même : *où est ton Dieu ?* où ce Dieu autrefois si aimable et si doux n'est plus qu'un ami qui se fait chercher, qu'un père qui se fait craindre. On s'afflige, on se plaint, on soupire. Mais éprouverait-on ce trouble, cette douleur, cette tendre inquiétude, si l'on n'aimait pas ? Dieu formerait-il dans l'âme ce désir qui le cherche, qui s'enflamme par l'absence, s'il ne voulait pas être aimé ? La fidélité qui se soutient au milieu des épreuves est le triomphe de l'amour. Croyez, mes chères Filles, que les privations et les amertumes préparent de nouveaux dons. Le Seigneur a marqué le terme où la lumière doit succéder aux ténèbres. Mais dussiez-vous, pour le glorifier, languir jusqu'au dernier moment dans cette nuit intérieure, demeurez-y avec foi et confiance, bien assurées que le soleil de justice viendra dissiper tous ces nuages.

...... « Que la tristesse et le découragement, ces tyrans de l'âme, soient donc bannis pour jamais de cette paisible retraite. Que la confiance ranime votre ferveur, soutienne vos efforts, facilite vos sacrifices, et au milieu des bienfaits dont Dieu vous a comblées, reprochez-vous comme un crime de n'espérer pas ou d'espérer trop peu. Dieu lui-même vous fait entendre sa voix : J'ai jeté sur vous un regard de prédilection, vous dit-il : pourriez-vous ne pas ouvrir votre cœur à l'espérance lorsque tout vous l'inspire ? Voudrais-je vous abandonner dans un séjour où je vous ai placées moi-même ? Mon esprit n'est-il pas avec vous pour vous conduire, ma grâce pour vous fortifier, mon amour pour vous protéger? Je vous ai destinées à une fin : ma sagesse ne vous répond-elle pas des moyens ? Si je vous ai choisies et distinguées dans la foule, n'ai-je pas choisi en même temps dans le trésor de mes miséricordes les secours proportionnés à vos besoins ? Vous avez des ennemis à vaincre ; mais doutez-vous de ma puissance ? Vous êtes faibles, n'est-ce pas pour vous que je suis le Dieu fort ?

...... « Ah ! mes chères Filles, si la religion vous engage à quelques renoncements, à quelques efforts, le monde n'a-t-il pas ses épreuves et ses croix ? Et quelles croix ! Des croix sans onction, des croix sans mérites, des croix qui trop souvent ne sont elles-mêmes que de nouvelles fautes ! La vanité a ses vic-times, et Jésus-Christ n'aurait pas les siennes ? Quand on aime, ne souffre-t-on pas de n'avoir rien à souffrir pour l'être aimé ? Oh ! oui, pour un cœur généreux qui aime, les obstacles sont de nouveaux aiguillons qui excitent l'amour, les travaux se changent en con-solations, les croix sont des faveurs et des récom-penses. Marchons, marchons, s'il le faut sur les ronces et les épines ! Oublions que nos pieds s'ensanglantent, et portons nos regards sur le terme où nous aspirons, sur ce trône éclatant qui nous attend au bout de la carrière. Si l'on exige de nous de grandes choses, disait saint François d'Assise à ses disciples, on nous en promet de plus grandes. Pratiquez les unes et sou-pirez après les autres. Les travaux de l'exil passeront avec le temps, et le repos de la patrie est immuable. »

Je ne sais si je me trompe, mais il me semble que c'est là de la véritable éloquence, de celle qui parle au cœur et à la raison, qui touche en éclairant, et qui charme en instruisant. La forte structure du discours se dessine vigoureusement sous la grâce et les ornements du langage, la science des choses de Dieu s'y mêle à la connaissance approfondie du cœur humain et c'est pourquoi, en rendant compte de l'impression que m'avaient faite ces instructions de la Mère Saint-Louis, je n'ai pas hésité à prononcer le grand nom de Bourdaloue. S'adressant à cet auditoire, c'est ainsi que l'illustre jésuite eût conçu, exposé et développé son sujet. J'en conclus que, dans cette humble religieuse, vivant au fond d'une province reculée, au milieu de Sœurs de charité humbles comme elle, parmi de petites filles orphelines qu'elle traitait comme ses enfants et qui l'appelaient leur mère, il n'y avait pas seulement une grande dame, une veuve illustre, fille et mère d'hommes d'État éminents : il n'y avait pas seulement une sainte âme, éprise jusqu'à la passion, d'humilité, de pauvreté, de mortification, n'aspirant qu'à glorifier Dieu et se sacrifier pour le prochain; il y avait aussi un écrivain et un orateur. Ces deux titres paraîtront sans doute peu de chose à ses filles spirituelles à côté de ceux que lui méritent ses vertus héroïques et que l'étude de sa vie et de ses œuvres nous a déjà révélés. Mais j'ai tenu à les lui restituer autant qu'il était en moi, parce qu'après tout ce sont des dons de Dieu, et qu'il est utile de prouver une fois de plus à la légèreté et à l'ignorance mondaines que, dans l'obscurité du cloître, sous la robe grossière des religieuses, les grands talents se rencontrent à côté des grandes vertus.

CHAPITRE XXII

INFIRMITÉS CROISSANTES. — ÉPREUVES INTÉRIEURES ET
GRACES SURNATURELLES. — CITATION DES ÉCRITS MYS-
TIQUES DE MADAME MOLÉ.

A mesure que madame Molé avançait dans la vie et
se rapprochait de l'éternité, ses infirmités croissaient
avec ses vertus, et les épreuves intérieures par lesquelles Dieu perfectionnait sa charité répondaient
aux grâces surnaturelles que ce bon Maître lui envoyait comme un avant-goût des joies du paradis.
Elle avait toujours été souffrante après le coup terrible que lui avait porté la mort de M. Molé, et la
dureté du genre de vie qu'elle s'était imposé, ses
mortifications de coucher, de nourriture, de pénitences corporelles, les préoccupations de toutes sortes
qui accompagnent la fondation et le gouvernement
d'une communauté religieuse, n'étaient pas faites
pour remettre et raffermir sa chétive santé. Les
germes d'une maladie de cœur qui datait peut-être
des secousses de son veuvage et de son séjour dans

les prisons de la Terreur, s'étaient peu à peu développés à l'insu des médecins qu'elle ne consultait que rarement, et les cinq dernières années de sa vie ne furent qu'une succession de souffrances qui minaient ses forces et la menaient peu à peu au tombeau.

Elle supportait ces épreuves avec une fermeté, une résignation parfaites, en parlait le moins possible, et luttait courageusement et silencieusement contre les défaillances de son corps. Souffrante elle-même, elle n'en était que plus compatissante aux souffrances de ses sœurs et de ses orphelines, et veillait avec une tendresse particulière aux soins des malades. Elle les visitait à l'infirmerie, et leur prodiguait les consolations spirituelles avec les soulagements physiques que permettait la pauvreté de la maison.

En même temps que les souffrances du corps, Dieu lui envoyait celles de l'esprit et du cœur, qu'elle avait demandées d'ailleurs en faisant ce *pacte avec la croix* dont nous avons parlé, et que le divin époux lui avait annoncée dès son entrée en Religion. « Dieu m'a prévenue longtemps à l'avance, écrivait-elle à son directeur, que je ressentirais dans mon corps de cruelles souffrances, que mon esprit et mon cœur seraient remplis d'amertume, que je serais réduite à un tel état de délaissement intérieur, qu'il me semblerait n'avoir plus rien à attendre de Dieu et des créatures, que ma peine serait si grande que je ne serais pas capable de goûter de consolations, que l'ennemi de mon salut emploierait tous les moyens de me porter à désespérer de la Providence et de la miséricorde de mon Dieu, enfin que je souffrirais un cruel martyre. Mais Dieu m'a montré en même temps que c'était une conséquence nécessaire du dévouement avec lequel je m'étais offerte à lui comme une victime. »

C'était bien une victime en effet, victime d'amour comme le Sauveur abandonné, délaissé, crucifié, auquel elle avait osé demander la faveur de porter avec lui sa croix et de participer à ses angoisses. Tentations d'incrédulité, de désespoir, de dégoût, elle les connut toutes, et sans jamais y consentir, elle en savoura toute l'amertume. Écoutons ses plaintes amoureuses, ses cris de détresse et en même temps de fidélité inviolable et de confiance surhumaine en Dieu.

« Voilà près d'un mois, écrit-elle, que je suis assiégée de pensées contre la foi : Elles vont jusqu'à nier la divinité de Jésus-Christ et sa présence réelle dans la sainte Eucharistie. Mon cœur et ma volonté les désavouent, mais que cela est pénible! O divinité de mon Jésus! Seul fondement de mon espérance, unique consolation dans mes peines, que deviendrais-je si vous m'étiez ravie? »

Après la foi, c'est l'espérance qui gémit et la charité qui soupire : « La tentation est revenue plus forte que jamais. Cette pensée : je suis perdue, se présente à chaque instant et m'accable. Que de larmes elle m'a fait verser! Mais les larmes ne m'en délivrent pas. Plus je vais, plus elle me poursuit. Le Ciel me paraît d'airain. Hier soir encore, dans un moment où elle m'accablait, je m'écriai tout haut (heureusement j'étais seule) : Mon Dieu, quand il serait vrai que vous m'avez rejetée, puisque vous me laissez encore sur la terre, je puis réparer le passé, et je dois même espérer que vous vous laisserez fléchir par mes larmes..... Je me regarde comme convaincue de ne pas aimer Dieu. Mais comment est-il possible qu'un cœur aussi sensible que le mien, aussi porté à l'affection, ne puisse pas parvenir à s'attacher à Dieu qu'il voudrait aimer par-dessus tout et uniquement? Je sens le vide des autres attachements, l'amertume dont ils remplissent l'âme, et malgré moi je m'y sens portée. Enfin, je cherche ce que je ne voudrais pas trouver, j'aime ce que je ne voudrais pas aimer, et cet état fait de ma vie un long et douloureux martyre. »

Dans ces moments d'épreuve et de trouble où Dieu toujours présent se voilait à ses yeux pour accroître ses mérites par le combat, elle s'affaissait comme Notre-Seigneur au jardin des Oliviers: tout en acceptant son calice, elle le suppliait de l'éloigner d'elle, et ces heures, d'ailleurs passagères, étaient vraiment pour elle des heures de ténèbres : « Les ténèbres, s'écrie-t-elle, se sont épaissies autour de moi, au point que je n'y vois plus rien, que je ne connais plus rien. Jésus paraît éloigné de moi. Les connaissances si grandes, si délicieuses, qu'il me donnait de ses perfections, des adorables mystères de son amour, la vue même de ma bassesse et de mon néant, tout semble perdu ; je ne suis plus capable de rien. Est-ce une épreuve? est-ce un châtiment? Je recon-

nais, ô mon Dieu, que si vous me traitez dans la sévérité de votre justice, je l'ai bien mérité, mais ayez
pitié de moi. Humiliez votre servante tant qu'il vous
plaira et comme il vous plaira, mais ne l'abandonnez
pas. Ai-je vécu dans l'illusion jusqu'à présent? Voilà
la crainte qui m'oppresse. N'était-ce donc pas vous,
ô mon Jésus! qui éclairiez mon esprit, qui parliez à
mon cœur, qui le touchiez, qui l'embrasiez, qui en
faisiez sortir ces soupirs tout de feu qui s'élevaient
vers vous? Quand je me croyais humblement pros-
ternée à vos pieds, les arrosant des larmes d'un
amour pénitent; quand pénétrée de la confiance que
m'inspiraient vos miséricordes, j'osais me jeter entre
vos bras; quand je me donnais à vous tout entière,
n'était-ce donc pas vous que j'adorais, que j'aimais?
Oh! non, mon Jésus, vous connaissez le cœur de
votre servante. Je vous l'ai dit bien souvent, dans
les ravissements, les extases que me faisaient éprouver les assauts que vous donniez à mon cœur, je vous
l'ai dit et vous le répète en ce moment d'affliction et
d'angoisse, je suis prête à renoncer à ces consolations,
si je dois vous plaire davantage; mais ne permettez
pas que l'ennemi de mon salut, qui est aussi le vôtre,
me séduise et me trompe. Si encore je pouvais recourir à celui que vous m'avez donné pour guide! Mais
dès que je veux lui découvrir ce qui s'opère dans
mon âme, je me trouve liée comme par une puissance invisible, et privée des lumières dont j'aurais
besoin. Si je recours à vous, ô mon Jésus, je ne vous
trouve plus, ou, si je vous trouve, vous n'êtes plus

ce tendre époux de mon cœur, mais un Dieu sévère et irrité. O mon Dieu, faites-moi endurer tout ce qu'il vous plaira, humiliations, afflictions, souffrances de toute espèce, j'accepte tout : je ne demande qu'une chose : faites-moi connaître la voie qui doit me conduire à vous, et faites que j'y marche. »

Des tentations, de quelque genre qu'elles soient, sont des grâces de Dieu lorsqu'on les accepte avec ces sentiments d'humilité. d'abnégation et d'amour si pur et si désintéressé qu'on en estime les souffrances et qu'on n'y craint qu'une seule chose, offenser Dieu, le diminuer en soi ou le perdre. Aussi n'étaient-elles point durables chez la Mère Saint-Louis et ne lui étaient-elles envoyées que pour l'éprouver, et la former, par la souffrance de cette épreuve, à la compassion de ses Filles affligées par les mêmes combats. Au sortir de ces heures d'angoisses, de ces abandons, de ces déchirements de l'âme, Dieu lui faisait sentir avec un redoublement de charité, la joie de sa présence, et la comblait de faveurs toutes divines. Alors, elle se livrait tout entière au ravissement de son Jésus retrouvé, elle se perdait, s'abîmait en lui, et les heures s'écoulaient sans qu'elle en eût le sentiment.

Une bonne Sœur oblate, la sœur Sainte-Sophie que nous avons déjà nommée, qui avait souvent à lui parler pour quelque commission, en sa qualité de portière de la communauté, se plaisait à raconter que, plus d'une fois, en arrivant dans la chambre de la Mère Saint-Louis, elle l'avait trouvée à genoux sur son prie-Dieu, absorbée dans une profonde méditation. Elle s'approchait d'elle, et voyant qu'elle ne bougeait pas, l'appelait : « Ma Mère ! ma Mère ! » Pas un mouvement, pas un mot de réponse. La Sœur recommençait : toujours même immobilité et même silence. Elle sortait tout émue, demeurait quelque temps au dehors, puis quand la chose était d'importance, elle se hasardait à rentrer et à appeler encore. N'obtenant rien elle s'éloignait de nouveau et revenait une troisième fois à la charge. Alors, la sainte fondatrice se retournait, comme revenant à elle, et la Sœur voyait son visage inondé de larmes. Larmes heureuses, larmes venues du ciel, pour compenser les larmes amères que lui faisait verser, aux moments d'épreuves, l'abandon apparent du divin Époux.

Elle avait en effet reçu ce don des larmes, comme celui de l'oraison, surtout quand elle venait de recevoir dans la communion le bien-aimé de son cœur. En ces moments, ses pleurs étaient intarissables et, comme elle le disait elle-même, coulaient plutôt de son cœur que de ses yeux. Quelquefois cette joie de son cœur se communiquait à son corps, en sorte qu'elle ne sentait plus ni faiblesse, ni infirmité. Il lui semblait, suivant ses expressions, que le précieux corps de Jésus-Christ que ses lèvres venaient de recevoir, répandait en elle une vie et une force inconnues.

On ne saurait douter, d'après ce que l'obéissance la forçait de révéler à son directeur, que dans ces moments d'union intime avec Dieu par l'oraison ou par la communion eucharistique, il ne lui parlât ou même lui apparût souvent soit dans sa passion, soit dans sa gloire. C'est du moins ce que ses maîtres spirituels ont pensé, sans toutefois rien entreprendre sur la décision de l'Église. On en pourra juger d'après les citations qu'on va lire... « Étant seule dans notre chapelle, disait-elle, il y a trois jours, en un état de sécheresse, je puis même dire d'impuissance totale, je vis (et cependant j'avais les yeux fermés) la face de Notre-Seigneur Jésus-Christ couronné d'épines et tout couvert de sang. Il me semblait qu'il était tout près de moi. Je me trouvai remplie d'une religieuse frayeur. Je voulus lever les mains, mais il me fut impossible de les mouvoir. J'ouvris les yeux, et je ne vis plus rien. Cette vision n'a-t-elle disparu que pour punir ma curiosité, je l'ignore. Ce que je sais, c'est que des actes d'adoration, d'amour, de reconnaissance se formèrent d'eux-mêmes dans mon cœur. Depuis ce temps, quoique je ne voie plus rien, je conserve une si vive image de ce qui m'est apparu, qu'elle semble me suivre partout, pour m'encourager à porter ma croix avec Jésus-Christ. »

..... Il y a plus de six mois, écrit-elle un autre jour, qu'étant en oraison dans notre chapelle, je demandais une grâce à Dieu avec beaucoup d'instance. J'éprouvai subitement une forte impression comme d'une voix intérieure qui me disait que je l'obtiendrais par l'invocation du saint nom de Jésus : Et en même temps, je fus remplie d'un sentiment très-vif de foi et d'espérance dans la puissance de ce nom adorable. Fidèle à ce mouvement que je regardais comme venu de Dieu, je suivis l'inspiration qui m'était donnée et je fus aussitôt exaucée : Depuis lors, je n'ai pas manqué un seul jour de l'invoquer et de lui témoigner ma reconnaissance... Depuis lors aussi, au seul nom de Jésus, mes doutes disparaissent, mes craintes s'évanouissent, la paix renaît dans mon âme..... Ce n'est pas tout, ajoute-t-elle, Dieu me demande d'établir ici une dévotion au saint nom de Jésus, et qu'il y ait un jour dans l'année où l'on ferait une communion générale à la messe, et dans la journée une heure d'oraison particulière sur ce sujet. Enfin, il m'est ordonné de travailler de toutes mes forces à inspirer cette dévotion à mes compagnes, afin que le nom de Jésus soit honoré et aimé de toutes celles qui composent cette petite congrégation. »

L'ordre divin fut en effet exécuté ; en 1823, deux ans avant sa mort, la Mère Saint-Louis établit l'exercice de dévotion en l'honneur du saint nom de Jésus, tel qu'il lui avait été prescrit ; elle composa elle-même le texte de la méditation que les Sœurs de la charité de Saint-Louis devaient faire dans toutes les maisons de la communauté le 6 janvier de chaque année, et cette dévotion y est toujours florissante comme du vivant de la sainte fondatrice.

Écoutons-la racontant une autre communication de l'Époux divin : ... « Je conjure mon bien-aimé Jésus, qui me commande d'écrire, de conduire lui-même ma plume. Peu de moments après avoir commencé une oraison, je me suis trouvée transportée par la contemplation en la présence de la Sainte-Trinité. Le Père

éternel semblait jeter sur moi un regard de miséricorde ; le Saint-Esprit m'embrasait de ses divines
ardeurs, et Jésus, mon bien-aimé, me fit entendre sa
voix. Oh ! comment exprimerai-je ce que je veux dire ?
Cette voix que je crus bien reconnaître pour celle de
mon Sauveur, de mon Époux, me dit « que mes
prières, mes larmes , mes gémissements m'avaient
fait trouver grâce devant lui ; que Marie, sa sainte
Mère, et mon bienheureux patron saint Louis les
avaient portés au pied de son trône, qu'ils n'avaient
pas cessé d'intercéder pour moi, que mon sacrifice était
accepté et qu'il me traiterait désormais en véritable
disciple et amante de la croix, me la faisant réellement
porter avec lui. » Pendant que cette voix me parlait,
j'étais si abîmée et si confuse que je ne pouvais rien
dire ; mais bientôt après, les sentiments d'amour
et de reconnaissance furent si violents que, mon cœur
ne pouvant plus les contenir, je m'écriai : « Est-ce
bien vous, ô mon Dieu, qui me parlez ? Est-il possible
que vous vous abaissiez jusqu'à moi ? — Oui, me fut-
il répondu, c'est moi qui t'ai aimée de toute éternité,
et qui t'aime encore malgré tes infidélités et ton ingratitude, c'est moi qui veux vaincre la dureté de ton
cœur par mon amour et mes bienfaits, bienfaits si
grands que ton esprit ne sera pas capable de les comprendre et que ton cœur même ne les goûtera qu'imparfaitement. C'est aujourd'hui le moment de ma
grâce, où, perçant moi-même ton misérable cœur
d'un trait brûlant, j'y écris mon nom et je le marque
du sceau de ma croix, parce que je te prends à moi

plus que jamais. J'écris aussi ton nom dans mon cœur... » Ces dernières paroles m'ont terrassée ; je ne sais ce que je suis devenue. J'entendis encore une fois la voix de Jésus me dire qu'il bénirait moi et l'œuvre dont il m'avait chargée, et sur laquelle il jetait en ce jour un regard de miséricorde. »

Ces communications intimes de Dieu, ces extases presque toujours mêlées pour elle d'une impression douloureuse, se renouvelaient sans cesse au moment de la communion. « Depuis près de vingt-cinq ans que je me nourris tous les jours du pain des anges, disait-elle, loin de m'en rassasier, j'y puise tous les jours une faim et une soif plus ardentes, ma foi dans la présence réelle de Jésus-Christ ayant toujours été très-grande. Mais depuis quelque temps, elle est si vive que, lorsque je m'approche de la sainte table, je me trouve dans un état intérieur d'adoration et d'amour qui suspend, pour ainsi dire, toutes les facultés de mon âme.

..... Étant près d'approcher de la sainte table, dit-elle ailleurs, j'ai reçu une impression plus vive qu'à l'ordinaire de la présence réelle de Jésus crucifié. Il me semblait voir (tant le sentiment de la foi était profond) cette humanité sainte couronnée d'épines, son corps n'étant plus qu'une seule plaie, la pâleur de la mort annonçant qu'il rendait son âme à son Père. Et une voix me disait qu'il souffrait tous ces tourments pour moi, que, me nourrissant dans la communion de cette chair immolée, me désaltérant de ce sang précieux qui coulait de tout son corps, j'allais recevoir imprimé en moi bien profondément le sceau de la croix. Je crus que la vie allait m'échapper ou que j'allais au moins m'évanouir; mais la force me revint et je pus prendre place au sacré banquet. Grâces immortelles vous soient rendues, ô mon divin Époux! Je vous ai entendu; oui, en versant les larmes les plus douces et les plus délicieuses, j'ai entendu une voix intérieure. C'était vous, ô Jésus, qui parliez à mon cœur. »

Après les visions de la Passion et de la croix, voici la vision de la gloire : « Au milieu des hommages que Jésus veut que je lui rende dans l'état où il était pendant sa vie mortelle, il permet quelquefois qu'un mouvement de son esprit me fasse lever les yeux vers le ciel pour le contempler un moment dans la gloire où il a fait entrer sa sainte humanité ..... Durant mon oraison que j'avais commencée comme à l'ordinaire, je me suis sentie, je ne sais comment, transportée hors de moi-même. Mon esprit a été rempli de lumières nouvelles qui n'avaient pas de rapports avec mon sujet d'oraison. Mon cœur s'est vu comme percé d'un trait brûlant et douloureux. Je ne pouvais plus penser, plus parler : je ne pouvais que pleurer. Mais quel bonheur dans ces larmes ! Je me suis trouvée dans un état d'espérance dont je ne connaissais pas la douceur. Le Ciel est encore à moi, si je suis fidèle... Je l'ai vu ouvert, et j'ai vu aussi tout ce qu'il fallait faire pour y entrer. Ah ! plutôt tout souffrir que de perdre la place qui m'y est réservée ! Après que je l'ai vue, qui pourrait m'y faire renoncer ? »

Ne semble-t-il pas , dirons-nous avec le pieux auteur de la première biographie de madame Molé, ne semble-t-il pas entendre saint Paul, revenu du troisième ciel, s'écrier : » Il n'y a pas de proportion entre les peines de cette vie et la gloire que Dieu nous réserve dans le ciel ! »

Nous pourrions nous arrêter après cette dernière citation, mais il nous reste à publier une lettre de madame Molé à M. le Gal, son directeur, où sous l'inspiration de Dieu venue en aide à l'obéissance, elle l'initie, avec une profondeur admirable de sentiment et d'expression, aux opérations les plus intimes de la grâce dans son âme. C'est du mysticisme le plus pur et le plus élevé, et je ne pense pas qu'en aucun de ses écrits, la sainte fondatrice des Sœurs de la charité de Saint-Louis, la sainte servante, la sainte épouse de Jésus-Christ ait exposé d'une façon plus saisissante, la force et les effets de l'amour divin en elle.

«..... Dans ces moments, il me semble que j'éprouve d'une manière aussi sensible qu'il est possible de dire les efforts douloureux et consumants du feu de l'amour divin. Il semble que mon bien-aimé se plaît, par le moyen de ce feu divin, à détruire tout en moi, volonté, désirs, affections du cœur, mon corps même.

«Je sens qu'il consume tout, ce sont des angoisses que je ne puis rendre, mais qui sont à l'âme aussi délicieuses que douloureuses. Dans cet état, mon âme n'est capable que d'aspirations, que d'élans continuels qui sortent de mon cœur pour s'élever vers Dieu, comme des flammes ardentes. Qui pourrait rendre le langage amoureux de l'âme dans cet état? J'en suis pleine de confusion avec moi-même quand j'en suis sortie..... Dans ces entretiens tout de feu avec mon bien-aimé, il me présente tout ce qu'il y a encore d'impur, d'humain en moi; il me fait voir combien cela déplaît à son amour et nuit à l'union qu'il veut contracter avec moi. Il me demande et je lui donne tout, je voudrais avoir davantage à lui sacrifier. Tout cela se fait d'une manière que je ne puis exprimer, mais dans laquelle je sens réellement les opérations du feu divin, et toujours il m'est clairement révélé que Dieu veut, par ces moyens, me conduire à une union intime avec lui, qui n'aura lieu que quand tout sera détruit en moi. Je la désire, il me fait de temps en temps éprouver quelques avant-goûts des délices qu'elle procure à l'âme, même dès cette vie; mais je puis dire que pour y arriver, il faut être résolu à souffrir un vrai martyre intérieur. Je n'ai jamais recherché ces états, je ne les ai connus qu'en les éprouvant. Je m'y suis trouvée portée sans y penser; je ne serais jamais capable de les faire revenir quand ils sont passés. De là vient que je n'en puis pas même parler quand je le voudrais. Souvent j'ai essayé de les écrire, je ne le pouvais pas davantage. Aujourd'hui encore que je le voulais, je me trouvais dans cette même impossibilité; quand tout d'un coup, au milieu d'une autre occupation, je me suis sentie comme inspirée de le faire; la liberté m'a été rendue et j'ai tracé ceci......

«Le mystère de la Passion de J.-C., son anéantissement dans celui de l'Incarnation ont toujours fait une impression des plus vives en moi, et c'est dans leur méditation surtout que j'ai puisé les premières étincelles de ce feu d'amour que je ressens. Mais depuis quelque temps surtout, c'est dans la foi de J.-C. réellement présent dans le sacrement de son amour que je reçois les traits les plus brûlants. Aussi est-ce à la sainte communion que bien souvent je me trouve dans ces états, la foi me faisant non-seulement croire mais sentir vivement l'union que j'y contracte avec J. C. C'est alors surtout que je ressens en moi ces séparations, ces destructions douloureuses et si délicieuses. Oui, je sais qu'il veut consumer, immoler tout, je le veux aussi, je m'offre à lui, je lui présente tout pour qu'il le détruise. « Vous pouvez tout, lui dis-je, faites donc dans votre pauvre servante tout ce qui vous plaît et qu'elle est incapable de faire elle-même. » Cet élan de mon cœur est accompagné d'une foi si vive en sa toute-puissance, d'une espérance si ferme en sa miséricorde, qu'il me semble que je vais obtenir cet heureux coup qui doit donner en moi la mort à tout, et que lui seul peut me porter. Mais non, il semble, au moment où je crois que je suis plus près d'être exaucée, au moment où je crois voir son cœur prêt à s'ouvrir pour laisser tomber sur le mien ce glaive teint de son sang qui doit me percer, il semble, dis-je, qu'il retire sa main miséricordieuse qui commençait à me frapper ; et je me retrouve la même. Quelque chose me dit alors intérieurement que je ne le méritais pas encore, qu'il veut que je fasse violence à son cœur, et je lui dis : « Mon bon Jésus, vous qui sembliez courir après moi lorsque je fuyais les coups de votre amour, me refuserez-vous donc de me les porter à présent que je m'y présente, que je m'y livre, que je les appelle de toute l'ardeur et la sincérité de mon cœur ? » Plus il semble sourd à mes vœux, plus je redouble de vivacité dans mes désirs et mes prières ; car il y a toujours en moi une voix intérieure qui me dit que je suis une victime qu'il s'est choisie par une grâce toute gratuite, qu'il me consumera par le feu de son amour, qu'il me réduira en cendres par les humiliations, enfin qu'il veut me conduire par un martyre intérieur, mille fois plus douloureux que celui du corps qui me ferait perdre la vie, à un état d'une union avec lui aussi grande qu'une misérable créature puisse l'avoir sur la terre, et que ce sera alors qu'il me découvrira ses volontés... »

Ces ardeurs, cet amour sans limites, cette soif de la croix, du martyre spirituel, qui se retrouvent là plus brûlants encore que dans ses autres effusions, ce colloque amoureux et douloureux avec l'Époux de sang que son cœur a choisi, n'offrent-ils pas un spectacle admirable, plus digne du regard des anges que de celui des hommes ? Et ne devons-nous pas bénir Dieu qui nous en a conservé l'expression et qui nous permet d'y jeter un coup-d'œil respectueux et presque tremblant ?

Après avoir entendu tout à l'heure ce langage si ferme, ces discours si nets et si précis, cette logique rigoureuse, cette analyse de l'âme, qui nous rappelaient Bourdaloue, ne croit-on pas entendre sainte Thérèse? Ne s'étonne-t-on pas de trouver une mystique dans cette femme extraordinaire où nous avons trouvé un orateur et un écrivain de premier mérite? et l'étonnement ne redouble-t-il pas quand on se souvient que cette mystique, cette contemplative, qui semblait passer sa vie sur le Calvaire ou le Thabor, joignait à l'oraison de Marie l'activité de Marthe, dirigeait, administrait, gouvernait son Institut avec une prudence, une fermeté, une intelligence pratique consommées, aussi surprenante dans l'action que dans l'oraison, aussi admirable dans sa stalle de supérieure qu'au pied des autels et dans les ravissements de l'amour divin?

CHAPITRE XXIII

Après ce que nous venons de raconter et de citer de madame Molé, nous n'avons plus, on l'a compris, qu'à raconter ses derniers moments et sa mort. Ses infirmités longtemps stationnaires avaient pris depuis cinq ans un développement inquiétant, et les effets si douloureux de sa maladie de cœur se faisaient péniblement sentir. Peu à peu il lui fallut modérer son activité, renoncer à une partie de ses travaux, garder plus souvent la chambre, et, privation plus sensible pour elle que toutes les autres, se priver de la communion quotidienne. Ce pain des anges dont elle se nourrissait tous les jours depuis vingt-cinq ans, comme elle le disait elle-même, l'aliment de sa vie spirituelle, la consolation de ses épreuves, la source de ses joies surhumaines, ne lui fut plus donné qu'à certains jours qui allaient s'éloignant de plus en plus. Les nécessités de sa maladie, les ordres des médecins auxquels elle obéissait avec son humilité habituelle, l'obligeaient de rompre le jeûne ecclésiastique, et elle ne pouvait se consoler de l'absence du divin consolateur. Elle s'y résignait cependant, puisque c'était la volonté de Dieu, mais sans la communion, la terre lui apparaissait de plus en plus comme un lieu d'exil et dans les longues méditations qui remplaçaient maintenant pour elle les fonctions actives du gouvernement, les yeux de son âme étaient sans cesse fixés sur le Ciel.

A quel moment commença ce qu'on a coutume d'appeler la dernière maladie, il est difficile de le préciser. Dans ces maladies organiques, on avance pas à pas, jour pour jour, vers le tombeau, et un matin, on se trouve en danger imminent de mort, sans qu'aucun accident apparent soit survenu depuis la veille. Il en fut ainsi de la Mère Saint-Louis: un jour arriva où l'enflure de son corps, l'aspect de son visage, ce je ne sais quoi de formidable et de solennel qui annonce l'approche de la mort frappèrent les médecins, les sœurs qui la soignaient et, avant tous les autres, madame de Lamoignon, sa mère. Cette sainte femme qui avait tout quitté pour ne pas quitter sa chère Louise, qui avait vécu de sa vie depuis son entrée en religion, menant elle-même à ses côtés, presque sous ses ordres, l'existence d'une religieuse, âgée déjà de près de quatre-vingt-cinq ans, devait avoir le chagrin de la perdre et de lui survivre.

Elle eut du moins la consolation de la soigner jusqu'au dernier moment, de se dire qu'elle ne tarderait pas à la rejoindre.

Les souffrances de madame Molé devenaient intolérables. Ceux qui ont été témoins de ces spasmes, de ces étouffements horribles des maladies de cœur arrivées à la période suprême, se rendront compte de ce qu'elle dut souffrir. Toujours résignée et douce, toujours victime, suivant l'habitude et le vœu de son âme, elle acceptait tout comme un bienfait, de la main du divin Époux. Quand les crises étaient plus violentes, elle prenait le petit crucifix qui, autrefois, avait été le compagnon et le consolateur de ses angoisses dans les prisons de la Terreur, et qui ne l'avait jamais quittée depuis. Elle le portait à ses lèvres, le pressait sur son cœur et unissait ses souffrances à celles de son cher Sauveur. Si on la plaignait, elle vous regardait avec un air de résignation qui voulait dire : Dieu est le maître. Lui disait-on qu'on allait prier ce Dieu bon et puissant d'apaiser ses souffrances et de lui rendre la santé, elle répondait d'une voix faible : « Demandez plutôt que sa volonté soit faite. »

Quelque temps avant sa mort, ses Filles qui, soit par leur éloignement de Vannes, soit par leurs fonctions, ne pouvaient être admises à l'approcher, lui ayant fait exprimer leur peine de ne plus la voir au milieu d'elles et d'être privées de ses leçons et de ses exemples, elle voulut leur donner un dernier témoignage de sa tendre charité en Jésus-Christ. Elle rassembla donc ses forces, et parvint, après beaucoup d'efforts et en s'y reprenant à plusieurs fois, à leur écrire une lettre qui a été conservée avec un soin pieux dans les archives de la communauté et qu'on peut considérer comme le testament et l'adieu de la fondatrice, de la supérieure, de la mère de famille, à ses filles spirituelles.

« Mes chères et bien-aimées Filles, je reçois avec une vive sensibilité les nouveaux témoignages que vous me donnez de votre attachement. Vos cœurs sont bien affligés de voir votre mère dans un état continuel de souffrances. Ah! croyez que le sien ne l'est pas moins profondément d'être privée du bonheur qu'elle aurait d'être au milieu de vous.

« Bénissons la main toujours paternelle de Dieu. Lors même qu'il nous frappe, adorons les desseins de sa divine Providence et soyons-y soumises.

« Tant qu'il m'en a donné la force et les moyens, j'ai cherché à vous être utile. A présent qu'il m'a clouée sur un lit de douleurs et que je ne puis plus rien que souffrir, croyez bien que je lui offre encore souvent mes souffrances pour vous. Puisse-t-il répandre sur vous de plus en plus ses bénédictions, et vous faire marcher avec une nouvelle ardeur dans les voies de régularité, d'obéissance, de charité, des vertus en un mot qui conviennent à votre saint état. Tels sont les vœux que je lui offre pour mes chères et bien-aimées enfants. — Votre Mère Saint-Louis. »

Ce fut la dernière exhortation, la dernière parole de madame Molé à la communauté qu'elle avait fondée

et les vœux de la sainte mourante ont été exaucés. —
Depuis ce moment, elle ne s'occupa plus qu'à paraître
devant Dieu, et n'eut plus de rapports en ce monde
qu'avec son confesseur M. le Gal, M. l'abbé Jarry,
l'aumônier de la maison de Vannes, sa mère et
Thérèse Prévoteau qui ne la quittaient pas, et les
quelques sœurs admises, dans l'intervalle de ses
crises, à venir prier un moment auprès de son lit.

Trois semaines environ avant sa mort, elle eut à
soutenir un dernier assaut du démon. Son âme
passa par le jardin de l'agonie, et des pensées de
désespoir, de découragement, d'abandon de Dieu,
l'accablèrent pendant quelques heures. Elle poussait
intérieurement le cri du Sauveur sur la croix : « Mon
Dieu ! mon Dieu ! pourquoi m'avez-vous abandonné? »
Ce fut un dernier trait de ressemblance qu'elle eut
avec son bien-aimé Seigneur, et comme un effet
suprême du pacte qu'elle avait fait avec la croix en
se donnant tout à Dieu. Puis la tentation s'éloigna
pour ne plus revenir, les flots agités de son âme se
calmèrent pour jamais, et elle connut la douceur de
cette grande et surnaturelle tranquillité qui, à la parole
de Jésus-Christ, succède aux horreurs de la tempête.
Depuis ce moment jusqu'à sa mort, la sérénité de son
regard, le sourire de ses lèvres, l'air animé de son
visage, révélaient à tous les yeux la paix céleste de
son cœur et donnaient aux témoins de ses derniers
jours l'espérance et l'assurance sensible de la bienheureuse éternité qui l'attendait.

Le 25 février 1825, sa faiblesse parut si grande

qu'on lui donna les derniers sacrements. Elle les reçut avec une foi profonde, une paix et une charité admirables. Alors, elle eut quelques jours de délire, et quand elle en fut sortie, elle dit d'une voix mourante à M. l'abbé Jarry, qui se trouvait près de son lit : « Le bon Dieu me frappe dans le physique et dans le moral; que son saint nom soit béni! » Cette parole d'humilité et d'abandon fut presque sa dernière parole. Elle passa quelques jours encore n'ayant plus qu'un souffle de vie, les yeux ou fermés ou fixés sur le crucifix, respirant toujours la plus parfaite sérénité.

Enfin, le 3 mars, elle entra dans une douce agonie. La connaissance lui fut conservée jusqu'au dernier moment, et elle témoignait encore de sa tendresse et de sa gratitude à ceux qui l'entouraient par de faibles serrements de main. Sa mère, madame de Lamoignon, l'assista jusqu'au bout. M. le Gal penché sur sa couche lui parlait encore de Dieu. Ses filles agenouillées dans la chambre priaient et pleuraient. Ce fut au milieu de ces prières, de ces bénédictions et de ces larmes qu'elle rendit son âme à Dieu, le 4 mars 1825, vers deux heures du matin. Elle était âgée de soixante et un ans et cinq mois, et avait fait sa profession religieuse vingt-deux ans auparavant, presque jour pour jour.

Dans sa communauté tout le monde la pleura comme la plus tendre des mères. Les larmes des orphelines élevées dans la maison s'unirent à celles des religieuses et coulèrent bien longtemps après sa mort. Quant aux prières, elles ne lui manquèrent point, mais ses Filles se sentaient plutôt portées à la prier qu'à prier pour elle, et toutes avaient la persuasion intime que son âme, ornée de tant de mérites, accompagnée de tant d'œuvres admirables et purifiée par les souffrances de sa longue et cruelle maladie, était entrée en possession immédiate du Dieu qu'elle avait tant aimé et tant fait aimer sur la terre.

Ses funérailles eurent lieu avec la simplicité qui convient à une religieuse, pauvre volontaire, servante des pauvres et épouse d'un Dieu crucifié. Elles eurent pour ornements les larmes des assistants. Le chapitre de la cathédrale et les directeurs du séminaire de Vannes voulurent y assister pour honorer cette grande et sainte mémoire. M. le Gal qui présidait aux obsèques pleurait si abondamment, malgré son austérité habituelle, que nul n'osa au sortir de la cérémonie lui adresser la parole de peur de troubler sa douleur. Le corps de la Mère Saint-Louis fut enterré dans la chapelle funéraire qu'elle avait fait construire à l'extrémité du jardin et où l'attendait depuis dix-huit ans la dépouille mortelle de Mgr de Pancemont. Son cœur, embaumé par les soins de madame de Lamoignon, fut enfermé dans un reliquaire d'argent et placé dans une grande salle de la communauté, dite salle des reliques, où se trouvait déjà le cœur de Mgr de Pancemont. Dans cette salle, qui sert de nos jours aux exercices de la communauté, se trouvaient déjà les reliques de saint Louis, patron de l'Institut et de la fondatrice, d'autres reliques de saints, une portion de la vraie croix que madame Molé avait reçue jadis des religieux franciscains de Terre-Sainte, et une parcelle de la sainte couronne d'épines.

Outre le cœur de sa fondatrice, la communauté possède une mèche de ses cheveux que madame de Lamoignon avait fait encadrer et entourer d'un ruban d'or sur lequel sont gravés ces mots : « Ils sont plus précieux pour moi que l'or et les pierreries. »

La pieuse mère de madame Molé ne voulut point quitter la maison de Vannes où on l'aimait et on la vénérait presque à l'égal de la fondatrice elle-même. Elle n'avait pu, à cause de son âge et de sa douleur, accompagner sa chère fille jusqu'à sa dernière demeure. Pendant l'inhumation, elle était restée à la chapelle de la communauté, répandant devant Dieu ses prières et ses larmes, jusqu'au retour des Sœurs qui la reconduisirent ensuite à sa chambre. Là, répondant à leurs interpellations anxieuses sur ce qu'elle allait faire, elle leur dit en pleurant : « Soyez tranquilles, mes chères petites, je resterai toujours avec vous près de la tombe de ma fille. »

Elle y resta en effet, continuant à suivre autant que son grand âge le comportait, les exercices de la communauté, et elle y mourut doucement et saintement au mois d'août 1831, six ans et demi après sa fille, âgée de quatre-vingt-onze ans. Son souvenir est resté vivant dans l'Institut comme celui de madame Molé, et on l'y appelle comme autrefois, notre bonne Mère de Lamoignon. Elle fut inhumée à côté de sa fille, et leurs tombes reçoivent chaque jour la visite des Sœurs de Saint-Louis qui viennent s'y prosterner après leur récréation.

La chapelle funéraire est simple, mais pieuse, et respire la paix du ciel. La pierre tombale de Mgr de Pancemont est devant l'autel, celles de madame Molé et de madame de Lamoignon sont placées à sa droite et à sa gauche. A côté est la tombe de M. l'abbé Jarry, le premier compagnon de madame Molé quand elle arriva à Vannes pour acheter la maison, qui fut au-mônier de la communauté depuis la mort de Mgr de Pancemont en 1807 jusqu'en 1846, et qui mourut, plein de jours et de mérites, au milieu de ses chères Filles de Saint-Louis.

On a pu remarquer que dans le récit très-succinct, faute de documents, que je viens de faire des derniers moments et des obsèques de madame Molé, rien n'indique la présence de ses enfants. Le vicomte de Lamoignon, son frère et son gendre, était déjà très-souffrant à cette époque, d'une blessure à la jambe reçue à Quiberon, qui s'était rouverte après plus de vingt-cinq ans et dont il devait mourir deux ans plus tard. Son absence s'explique donc d'elle-même. Quant à celle de M. Molé, nous en ignorons la cause, mais la lettre qu'il écrivit à la supérieure des Sœurs de Saint-Louis après la mort de sa sainte mère semble indiquer un état de santé qui, joint à ses graves occupations politiques, l'expliquerait également. Il est probable d'ailleurs que, dans le cours de cette longue maladie qui, pendant plusieurs mois, tint constamment madame Molé en danger imminent

de mort, ses enfants vinrent recevoir ses bénédictions et ses adieux suprêmes ; et s'ils ne revinrent
point assister à ses funérailles, peut-être fût-ce pour
obéir à un désir de la mourante, désir dicté par l'esprit d'humilité, de pauvreté et de détachement qui
faisait d'elle une parfaite religieuse.

Quoi qu'il en soit, les relations entre les enfants et
la mère, telles que nous les avons racontées, et ce
qui se passa après la mort de madame Molé, ne per-
mettent point de mettre en doute un seul instant les
sentiments de tendresse et de piété filiale que M. Molé
et sa sœur témoignèrent jusqu'à la fin à leur mère. La
lecture du testament qui leur fut immédiatement envoyé, et que nous allons reproduire en son entier, et
la réponse de M. Molé à cette communication mettent
en pleine lumière la confiance et l'affection mutuelle
de la sainte femme et de ses enfants, et montrent de
quelle vénération ceux-ci entouraient la mémoire de
leur mère.

« En présence de la très-sainte et adorable Trinité,
le Père, le Fils et le Saint-Esprit, après avoir re-
commandé mon âme à Dieu, et l'avoir supplié, par
les mérites de Notre-Seigneur Jésus-Christ, de me
faire la grâce de continuer à vivre et de mourir dans
le sein de notre sainte Mère l'Église catholique, apostolique et romaine, voulant prévenir le moment de
ma mort, j'ai résolu de faire connaître à mes enfants,
dans ce testament, mes sentiments, afin qu'ils en
profitent, et mes dernières volontés pour qu'ils s'y
conforment religieusement.

« Oui, mes chers enfants, puisque le Ciel m'a destinée à terminer ma pénible carrière loin de vous, et qu'un des sacrifices qu'il me demande est de ne vous avoir pas près de moi dans mes derniers instants pour vous parler en mère chrétienne et bien tendre, je confie aujourd'hui au papier les secrets de mon cœur; ils vous seront transmis après ma mort, et j'espère qu'ils ne feront qu'augmenter le respect et la tendresse que vous avez toujours témoignés à votre mère.

« En me séparant de vous, mes chers enfants, pour m'ensevelir dans une retraite profonde, n'en doutez pas, j'ai fait à Dieu le plus grand sacrifice. Serait-il possible que vous n'en fussiez point convaincus, après les marques de tendresse que je n'ai cessé de vous donner tant que j'ai été au milieu de vous ?

« Prévenue, dès ma plus tendre jeunesse, des grâces du Ciel, la solitude et la retraite eurent toujours pour moi des charmes et furent l'attrait de mon cœur ; cependant mes parents, dès l'âge de quinze ans, m'unirent à l'homme le plus vertueux, comme aussi le meilleur: que vous êtes malheureux de n'avoir pu le connaître davantage ! Les exemples de foi qu'il vous aurait donnés, ainsi que de toutes les vertus chrétiennes et sociales, qu'il possédait si éminemment, auraient été pour vous des leçons bien touchantes et bien convaincantes: Dieu l'a appelé à lui, et j'espère, de la manière religieuse et héroïque dont il a terminé sa carrière, qu'il a reçu le prix de ses bonnes œuvres. Cette espérance seule fait ma consolation ; il est réuni dans le ciel, j'en ai la confiance, à ceux de nos enfants qui l'ont précédé ; travaillons à les rejoindre un jour. Le ministre de la religion qui vint m'annoncer la perte que je venais de faire de mon époux reçut, au même instant, le sacrifice que je fis à Dieu de ma liberté si cruellement recouvrée, sacrifice dont l'accomplissement ne fut retardé que par les soins que je devais à l'éducation de mes enfants et à leur établissement. Aussitôt que j'eus rempli ces devoirs, je ne m'occupai plus qu'à consacrer à Dieu et à la charité le temps qu'il me laissait encore à passer sur cette terre, que je n'ai jamais considérée que comme une terre de passage et d'exil.

« Croyez-vous, mes chers enfants, avoir été étrangers au parti que j'ai pris? Vous vous tromperiez bien. Je vous voyais établis dans le monde, au milieu de tout ce qui s'appelle bonheur et prospérité : mais votre mère, désabusée du bonheur du monde qu'elle avait goûté, et dont elle avait reconnu la vanité, remplie des pensées de l'éternité, craignait pour ses chers enfants.

« Que pouvait-elle? sinon accomplir des bonnes œuvres, faire des sacrifices et les offrir à Dieu, pour attirer sur eux les bénédictions du Ciel : voilà ce qui m'a occupée sans cesse dans l'œuvre sainte et religieuse à laquelle j'ai sacrifié mon existence et ma personne. Je conjure mon fils et ma fille, que j'ai toujours aimés avec une tendresse dont j'espère que la divine Providence leur fera éprouver quelques salutaires effets, de conserver la mémoire d'une mère qui a bien souffert, mais qui souffrirait encore davantage, de bien bon cœur, si elle pouvait par ses souffrances, assurer leur bonheur dans l'autre vie, dans laquelle ils trouveront la félicité qu'ils chercheraient en vain dans ce monde.

Oui, mes très-chers enfants, n'oubliez jamais les leçons, les exemples de piété que j'ai cherché à vous donner. Vivez et élevez vos enfants dans un inviolable attachement à la foi de vos pères et à l'Église catholique, apostolique et romaine.

« Je prie mon gendre et mon frère de n'oublierjamais qu'en lui donnant ma fille, j'ai dû m'attendre à trouver en lui les sentiments d'un bon fils ; il ne peut m'en donner un témoignage plus précieux qu'en continuant de se consacrer au bonheur de sa femme.

« Je recommande à mes enfants et spécialement à mon fils, de s'intéresser et de protéger, de tout leur pouvoir, mes pauvres maisons de charité, et de considérer que, si j'ai employé mon petit patrimoine (dont ils n'avaient pas besoin et qui n'eût pas augmenté leur fortune) à former ces établissements, ils renferment des autels d'où s'elève incessamment l'encens de la prière pour leur père, pour moi, pour eux et pour leurs enfants, et que, dans leur enceinte, repose ma cendre. Respectez-les, mes tendres enfants, et accomplissez religieusement les dernières volontés de votre mère.

« Je donne et lègue à l'établissement de charité que j'ai fondé à Vannes, dit du Père-Éternel, la maison qu'il occupe avec tous les meubles et effets mobiliers généralement quelconques, qui s'y trouveront à mon décès sans aucune réserve.

« Je donne et lègue à l'établissement d'Auray tout ce qui, à mon décès, pourra s'y trouver m'ayant appartenu, sans en rien retenir.

Je conjure mon fils et ma fille, au nom de la tendresse que j'ai toujours eue pour eux, et que je ne doute pas qu'ils m'aient rendue, d'abandonner au soutien de mes établissements ce qu'ils pourraient encore trouver, lors de mon décès, des débris de ma petite fortune. Pourriez-vous, mes enfants, assez peu respecter et chérir ma mémoire, pour ne pas vous faire, je ne dis pas seulement un devoir, mais une consolation, un honneur de consolider, par un si léger sacrifice, l'œuvre de votre mère ?

« Voudriez-vous rendre à l'infortune, à la misère, un si grand nombre de malheureux que votre mère a eu la consolation d'en retirer ? Non, vous n'en seriez pas capables. Héritiers des vertus de votre père, religieux observateurs des dernières volontés de votre mère, vous vous déclarerez les protecteurs, les pères de ces établissements; vous leur abandonnerez tout ce que votre mère aura laissé à son décès, de fortune, et ils trouveront en vous des appuis solides qui ne les abandonneront jamais.

« Les lois, je le sais, ne m'autorisent pas à disposer en entier du peu que je possède ; mais, mes bien chers enfants, j'invoque, dans ce moment, une loi bien plus précieuse, et que je ne doute pas qui ne soit gravée dans vos cœurs, celle du respect et de la tendresse filiale ; écoutez-la, et elle vous dira de consolider, par cet acte de générosité, l'œuvre de charité que la piété de votre mère a élevée, qui a fait sa consolation sur la terre, et qui, je l'espère, lui aura peut-être fait trouver miséricorde devant Dieu, tout indigne qu'elle en est. Par ce don, vous attirerez sur vous et sur vos enfants, les bénédictions de Dieu, non-seulement pour cette vie mais pour l'éternité bienheureuse. Ce sont les bénédictions du pauvre qui nous ouvrent les portes du ciel ; ce sera en continuant, après ma mort, cette œuvre de charité, que nous pourrons espérer de nous réunir un jour dans notre véritable patrie.

« Telles sont mes dernières volontés, mes derniers sentiments que je veux qu'ils soient ponctuellement exécutés.

« Fait à Vannes le vingt-sept novembre mil huit cent dix.

« *Signé* : Lamoignon, veuve Molé de Champlâtreux. »

Après avoir pris connaissance de ces pages si pleines de tendresse maternelle et qui renfermaient un appel si touchant et si confiant à leur respect filial et à leur charité, M. Molé et sa sœur n'hésitèrent pas un instant. Depuis longtemps déjà, ils connaissaient les actes et les désirs de leur mère ; ils savaient que l'avenir de ses établissements pieux et charitables reposait sur l'exécution de ses dernières volontés, et il est hors de doute qu'ils avaient acquiescé d'avance à l'emploi qu'elle avait fait de sa modeste fortune.

M. Molé, au nom de sa sœur comme en son nom personnel, fit à la communication des religieuses de Saint-Louis deux réponses, l'une adressée au notaire de Vannes, dépositaire du testament, l'autre à la supérieure générale de la communauté. Les voici l'une et l'autre : elles honorent grandement la mémoire de l'homme éminent qui les a écrites.

« Monsieur, les pièces et les renseignements que vous avez eu la bonté de m'adresser et dont je vous fais mes sincères remerciements, ne nous ayant rien laissé à désirer, nous nous empressons, ma sœur et moi, de vous envoyer une procuration pour renoncer en notre nom à la succession de ma mère. Les termes en ont été calqués sur ceux du testament, de manière à ce que les intentions de la testatrice soient en tous points respectés et remplis. Par ce moyen, nous n'avons plus à intervenir dans aucun acte subséquent.

« Je joins ici le testament lui-même et son enveloppe, pour que le dépôt en soit fait devant qui de droit. C'est maintenant aux établissements qui recueillent le legs à se faire mettre en possession.

« Agréez de nouveau, Monsieur, l'expression de ma reconnaissance pour les détails dans lesquels vous êtes entré avec moi, et toute l'obligeance que vous avez bien voulu me témoigner en cette circonstance.

« Comte MOLÉ. »

Après la lettre d'affaires, voici la lettre du fils et du chrétien, adressée à la Mère Sainte-Julie, supérieure de l'Institut des Sœurs de Saint-Louis :

« Madame la supérieure, j'ai bien regretté que ma santé et mes occupations ne m'aient pas permis de répondre plus tôt à la lettre que vous m'avez fait l'honneur de m'écrire le 14 du mois dernier ; il me tardait de vous exprimer ma reconnaissance pour les sentiments qu'elle renferme et de vous dire combien j'avais été touché de ses expressions.

« Votre communauté et vous-même, madame la supérieure, ne pouviez douter que les volontés de mon excellente et sainte mère ne fussent sacrées pour ses enfants. Ce que nous avons fait à cet égard est si naturel et si simple que je ne saurais accepter, pour ma part, les éloges que vous nous donnez. Mais ce que je puis vous offrir et ce que vous accepterez, je l'espère, c'est l'assurance de ma vénération et de mon inaltérable intérêt pour de pieux établissements auxquels ma mère avait consacré son existence, sa fortune, et où elle donna si longtemps l'édification de ses célestes vertus.

Agréez, Madame, l'hommage de mon respect.

Comte MOLÉ.

Une autre lettre de M. Molé en date du 13 janvier 1830 prouve que son intérêt pour la fondation de sa mère ne s'était pas refroidi : « Croyez, écrit-il, à l'intérêt que je porterai toujours à des établissements auxquels se rattache pour moi un souvenir si cher. »

Cette renonciation, faite avec des sentiments et en des termes si généreux et si élevés, consolida l'œuvre de madame Molé et assura son avenir au point de vue temporel. Elle en fit aussi dans une certaine mesure l'œuvre de ses enfants, car ils auraient pu, la loi à la main, revendiquer la plus grande partie de l'héritage de leur mère et, en l'abandonnant sans réserve, ils devinrent les bienfaiteurs de la communauté. Celle-ci leur en resta toujours profondément reconnaissante, et sans cesse des prières montent vers le ciel du cœur des religieuses et des orphelines qu'elles élèvent, pour la famille de leur sainte fondatrice.

La congrégation a pris, depuis la mort de madame Molé, de grands développements; elle compte aujourd'hui dix maisons, cent-quatre-vingt-douze Sœurs, vingt-trois novices et huit postulantes. Elle nourrit et élève plusieurs centaines d'orphelines, instruit des milliers d'enfants, et la couronne de la Mère Saint-Louis s'accroît et s'embellit de jour en jour, avec les saintes œuvres de ses filles spirituelles et la bonne odeur de Jésus-Christ qu'elles répandent autour d'elles. Le nom des Sœurs de Saint-Louis et de leur fondatrice est populaire en Bretagne, et par une juste disposition de la Providence, madame Molé, en quittant le monde, en ensevelissant dans un monastère tous les dons qu'elle avait reçus de la terre et du ciel, a ajouté une gloire nouvelle aux gloires de sa famille, et une page illustre à l'histoire des Molé.

Dieu semble avoir voulu consacrer par une action directe de sa toute-puissance le renom de sainteté de la fondatrice des Sœurs de la charité de Saint-Louis, et quoique l'Église seule ait la mission et le droit de constater l'intervention divine, il est permis à l'historien de rapporter les faits extraordinaires que l'autorité spirituelle définit plus tard, et qui servent de base à la béatification et à la canonisation des saints. C'est dans ces limites et sous ces réserves que nous rapporterons, pour compléter l'histoire de madame Molé, quelques guérisons, en apparence au moins miraculeuses, obtenues par son intercession.

Nous ne dirons qu'un mot de la guérison d'une Sœur, attaquée d'une violente fièvre typhoïde et réduite à la dernière extrémité, qui revint à une parfaite santé, à la suite d'une neuvaine faite par la communauté sur la tombe de la sainte fondatrice, parce qu'on n'a gardé le souvenir précis ni du nom de la religieuse guérie, ni de l'époque et des circonstances de sa guérison. Mais il en est autrement des faits que nous allons raconter.

Le 24 juin 1837, au sortir de la retraite annuelle de la communauté, pendant que toutes les Sœurs prenaient la récréation d'usage en cette circonstance, une jeune Sœur, Léocadie Noëlen, en religion Sœur Saint-Ephrem, qui avait fait profession depuis treize mois seulement, fut prise d'un vomissement de sang tel que, pour qu'elle ne fût pas inondée, on dut arracher dans le jardin où l'on se trouvait, des feuilles de choux qui en un instant furent remplies. C'était au bord de l'allée qui conduit à la chapelle où repose la dépouille mortelle de madame Molé. On mena la malade pas à pas et à grand'peine jusqu'à la charmille qui en ombrage l'entrée. Là, elle fut administrée, pendant qu'on courait chercher le médecin.

Le docteur Lorvol, effrayé de l'état de la malade, demanda l'assistance d'un autre médecin. Celui-ci, appelé en toute hâte, examina le sang qui continuait à couler abondamment des lèvres de la mourante, et dit tristement : « Que voulez-vous que nous fassions, le sang est tout décomposé. » Il prescrivit néanmoins quelques remèdes et recommanda par-dessus tout de ne pas transporter la malade, le mouvement devant à coup sûr amener la mort. On prépara donc un petit lit sur la tombe même de la fondatrice, et la Mère Sainte-Julie, dans sa douleur, se jetant à genoux, s'écria au milieu des larmes de toutes ses Filles désolées : « O ma Mère, si vos Filles s'en vont ainsi, que voulez-vous donc que devienne votre congrégation ? » Les médecins n'avaient laissé aucune espoir et avaient dit en s'en allant que c'était seulement une affaire de temps. Mais les Sœurs de Saint-Louis espéraient un miracle, et elles continuèrent à prier et à pleurer près de la tombe de leur Mère en implorant son secours.

La mourante demeura deux jours étendue sur la tombe de madame Molé ; alors, se sentant mieux, elle demanda à être transportée à l'infirmerie. Elle y arriva sans accidents et ne tarda pas à se remettre assez complétement pour pouvoir reprendre la vie de communauté. Bien qu'elle restât toujours délicate et oppressée, elle vécut plus de trente ans, et ne mourut qu'en 1869, après avoir gouverné les maisons de Pontivy, Guer et Paimpont. Elle fut toujours convaincue, ainsi que toutes ses Sœurs, que son retour à la vie était dû à l'intervention de la sainte fondatrice.

L'autre fait est plus frappant encore. L'auteur de cette histoire le tient de la bouche même de la Sœur Marie-Fidèle, aujourd'hui supérieure générale de l'institut, qui fut guérie dans les circonstances suivantes d'une maladie réputée mortelle.

Le 19 mai 1853, la Sœur Marie-Fidèle, directrice du pensionnat d'Auray, revenait à Vannes, souffrant d'une maladie de poitrine déjà bien avancée. Elle crachait le sang, avait perdu un poumon presque entier, toussait beaucoup, était d'une faiblesse extrême et présentait, en un mot, tous les symptômes d'une phthisie très-caractérisée.

Elle trouva à l'infirmerie une autre jeune Sœur Jeanne Guellant, en religion Sœur Saint-Édouard, atteinte également d'une maladie de poitrine sans espoir. Sœur Marie-Fidèle n'avait pas trente ans ; sa compagne était plus âgée de quelques mois. Cette petite Sœur Saint-Édouard était un ange de douceur et de paix, toujours souriante au milieu de ses souffrances, invitant très-gaiement ses compagnes à ses funérailles, remplie des charmes de la vertu, en un mot une religieuse parfaite, dès son début dans la vie du cloître. La maîtresse des novices, les supérieures l'aimaient tendrement, ses Sœurs la vénéraient malgré sa jeunesse, et les enfants près desquelles elle avait été employée la considéraient comme une sainte.

Les deux jeunes malades étaient donc réduites, dans la force de l'âge, à un état qu'on voyait désespéré. Le médecin, M. le docteur Mauricet, s'était nettement prononcé. La Sœur Sainte-Euphémie, assistante, lui ayant demandé un jour ce qu'il pensait de Sœur Marie-Fidèle : « Madame, répondit-il, je ne connais pas ces dames par leurs noms : mais ce que je puis vous dire, c'est que la maladie de la Sœur d'Auray marche vite et qu'elle sera morte avant l'autre. « On ne s'étonnera pas de ce pronostic, quand on saura que la Sœur Marie-Fidèle en était arrivée à ce point de tousser régulièrement toutes les nuits, crachant sans relâche depuis deux heures jusqu'à cinq ou six heures du matin, et trempant chaque nuit non pas des mouchoirs qui ne suffisaient plus, mais des serviettes entières.

La communauté désolée recourut au ciel. On proposa une neuvaine à la sainte fondatrice. Les deux malades se souciaient peu de vivre, elles s'entretenaient ensemble de la mort comme d'un bonheur prochain et se disaient l'un à l'autre : « Ma Sœur, faut-il demander notre guérison ? nous serons si bien là-haut ! »

Cependant, elles réfléchirent que la communauté avait besoin de sujets pour des fondations nouvelles, et qu'il ne fallait pas refuser le travail. Elles résolurent donc de s'associer à la neuvaine sans arrière-pensée. Seulement la Sœur Saint-Édouard confia à la maîtresse des novices, la Mère Aimée de la Croix, qu'elle se sentait inspirée de s'offrir en victime pour le cas où Dieu ne voudrait rendre la santé qu'à l'une d'elles. « Mon Dieu, disait-elle dans sa simplicité et son humilité d'ange, moi, je ne suis pas bonne à grand'chose, tandis que ma Sœur Marie-Fidèle peut être bien utile à la Congrégation. S'il vous faut une victime, prenez-moi, Seigneur, et conservez-la. » On va voir qu'elle fut exaucée.

La neuvaine commença : la communauté priait avec ferveur. Les deux malades, on peut dire les deux mourantes, descendaient chaque jour péniblement de l'infirmerie, et pour traverser le jardin et gagner la chapelle, étaient forcées de s'arrêter trois ou quatre fois en route. Sœur Marie-Fidèle surtout était si faible, si oppressée, si réduite, que sa compagne se faisait avec joie son soutien. Ainsi appuyées l'une sur l'autre, elles se traînaient jusqu'à la chapelle, et là, sur la tombe de madame Molé, elles allumaient le cierge consacré à la neuvaine, faisaient une prière, puis s'en revenaient aussi péniblement qu'elles étaient venues.

Or, pendant cette neuvaine, une nuit, alors qu'un magnifique clair de lune répandait sa lumière dans toute l'infirmerie, voici ce qui se passa. Sœur Marie-Fidèle, contre son habitude, sommeillait tranquillement. Sœur Saint-Édouard ne dormait pas encore. Tout à coup, elle entend vers la cheminée un léger bruit qui attire son attention. Elle se penche un peu hors de son lit, et aperçoit la vénérable Fondatrice. C'était bien elle ! Elle était là, comme dans le portrait qu'on possède à la communauté, avec ce petit bonnet à tuyaux, ce châle noir croisé sur la poitrine, ce costume enfin tel que le portaient les premières religieuses de Saint-Louis. On comprend de quelle émotion ce spectacle remplit la jeune Sœur. Elle regarde et regarde encore, la Mère Saint-Louis semblait ne pas toucher le sol, et cependant on entendait comme le frôlement de sa robe.

Le lit de Sœur Saint-Édouard touchait la cheminée ; mais ce n'est pas vers elle que se dirigea l'apparition. Elle s'avança à travers l'infirmerie jusqu'au lit de Sœur Marie-Fidèle, entrouvrit les deux petits rideaux blancs, se pencha sur la malade qui respirait doucement, y demeura quelques instants, puis laissa retomber les rideaux, et se retira en se dirigeant vers la porte, sans se tourner vers son autre Fille qui suivait, haletante, tous ses mouvements.

Sœur Saint-Édouard ne dormit pas de toute la nuit ; elle attendait, anxieuse, le réveil de sa compagne qui dormit profondément jusqu'au matin. — Eh bien ! ma Sœur, lui dit-elle dès qu'elle la vit ouvrir les yeux, avez-vous eu une bonne nuit ? — Je crois bien, répondit Sœur Marie-Fidèle. J'ai dormi comme je ne l'avais pas fait depuis bien longtemps. Voyez ma serviette toute blanche ; je ne m'en suis pas servi une seule fois : Je ne comprends rien à cela ! — Oh ! moi, je comprends très-bien. N'avez-vous donc rien vu cette nuit ? — Moi ? Rien du tout, chère Sœur ; comment voulez-vous ? j'ai dormi tout le temps. — Pourtant, ma Mère Fondatrice est allée à vous, elle vous a regardée, elle s'est penchée sur vous comme pour vous parler. »

L'émotion de Sœur Marie-Fidèle se comprend plus qu'elle ne peut se définir. Elle doute, elle fait des objections : « Vous avez dormi, vous avez fait un rêve. — Oh! pas du tout, je n'ai dormi ni avant, ni après ; c'est une réalité. » Et elle persiste à le dire. Sœur Marie-Fidèle demande alors : « Est-ce que notre Mère n'est pas allée à vous, ma Sœur ? — Non, elle n'est pas venue à moi. Je mourrai, et vous, vous serez guérie. »

En effet, à partir de ce jour, il se fit, dans l'état des deux malades, un changement extraordinaire. L'heureuse visitée revint à la vie et fit des progrès rapides vers la santé, à tel point que, quelques semaines après, elle était en état de reprendre un emploi actif dans la communauté.

La Sœur Saint-Édouard, au contraire, déclina à vue d'œil et ses compagnes la virent s'acheminer à grands pas vers le ciel pour rejoindre la Mère qu'elle avait contemplée en cette nuit mémorable. Elle mourut le 30 novembre de cette même année 1854, dans des circonstances qui rappellent celles de l'apparition. Ses derniers moments approchaient, elle était assistée de la Mère Aimée de la Croix. On attendait son dernier soupir. Tout à coup, après une crise suprême et terrible, son visage s'illumine ; elle devient rayonnante. Ses yeux se raniment ; elle se soulève sur sa couche, elle tend ses bras amaigris, élève ses mains comme pour atteindre un objet invisible ; ses lèvres s'agitent, un sourire du Ciel y passe pour ne les plus quitter : Qu'avez-vous, mon enfant, dit la Mère Aimée de la Croix tout émue, qu'avez-vous ? — Et la mourante, sans détourner la vue de la vision qui l'attire : « Mère ! Mère ! » et elle répète d'un accent pénétrant : « Mère ! Mère ! »

Qu'avait-elle vu ! Était-ce la sainte Vierge ? Était-ce la Mère Saint-Louis ? Dieu seul le sait. Mais il est permis de croire que c'était la sainte fondatrice, qui, après avoir apporté du ciel la santé à l'une de ses Filles, venait chercher l'autre pour l'introduire au paradis.

La Sœur Marie-Fidèle orna elle-même le lit funèbre de sa bien-aimée compagne, à laquelle des liens si doux la rattachaient pour jamais, et peut-être se dit-elle, en la contemplant, sereine et souriante sur sa couche mortuaire, qu'elle avait reçu la meilleure part.

Suivant les prévisions de la Sœur Saint-Édouard, elle fut bien utile à la Congrégation. Successivement maîtresse des novices, assistante en même temps qu'économe et secrétaire, elle est, à l'heure où nous traçons ces lignes, supérieure générale de la Communauté.

Ces grâces extraordinaires obtenues sur le tombeau de madame Molé accrurent encore, si c'est possible, la vénération de ses Filles pour sa mémoire et leur confiance en son intercession près de Dieu. Elles expliquent la pieuse habitude des Sœurs de la maison de Vannes qui, après leur récréation quotidienne dans le jardin, ne manquent jamais d'entrer dans la chapelle funéraire de leur sainte fondatrice et de prier sur son tombeau. C'est là qu'elles lui exposent leurs besoins temporels· et spirituels, qu'elles demandent et qu'elles obtiennent les lumières et les grâces nécessaires à leur sanctification,.au salut et aux progrès de la Communauté.

C'est là aussi, en terminant cette histoire de la sainte femme dont j'ai l'insigne honneur d'être le petit-neveu, que j'ose me prosterner à mon tour en esprit, comme je l'ai fait plus d'une fois en réalité. Sur cette tombe sacrée et sur celle de madame de Lamoignon, ma vénérable aïeule, je ne veux demander qu'une grâce, la seule qu'il convienne de demander ici, celle de vivre et de mourir comme elle, avec tous leurs descendants, dans la foi, dans l'espérance et dans la charité de Jésus-Christ.

FIN.

APPENDICE

APPENDICE

Pléchâtel, (Ille-et-Vilaine), 14 septembre 1816.

La situation de la maison, ancien prieuré, sur une éminence ; la belle promenade, dite la Levée, qui y conduit ; la vue magnifique dont on jouit de tous côtés ; la rivière qui coule au bas de la propriété du couvent, la solitude, le calme, font de Pléchâtel une vraie maison de prière et de méditation.

Des ateliers de toile avaient été établis dans cette maison pour lui donner des ressources, car les terres sont très-ingrates et très-difficiles à cultiver et ne fournissaient point aux besoins des sœurs et des enfants.

Un pensionnat y fut aussi formé à côté des classes externes.

En 1864, M. Bellamy, recteur de Pléchâtel et supérieur de la maison, qui est mort le 7 août 1879, conçut le projet d'établir à Pléchâtel des retraites à l'instar de celles d'Auray. L'affaire fut examinée avec soin, approuvée, et les retraites s'organisèrent (1866). L'établissement fut agrandi par les soins du bon supérieur ; une jolie chapelle s'élève maintenant dans la communauté et peut recevoir bon nombre de retraitants.

Cette œuvre a reçu les témoignages de la plus vive sympathie de Monseigneur l'archevêque de Rennes, qui assista à la bénédiction de la chapelle, faite par Mgr Bécel, évêque de Vannes, en présence d'un grand nombre d'ecclésiastiques, de M. le maire et des notables du lieu (1871).

Les Missionnaires portent beaucoup d'intérêt à l'œuvre des retraites qu'ils dirigent, et lui donnent des secours de plus d'une sorte.

Les enfants internes ne purent être gardées dans la maison ; elles furent conduites à Vannes, mais les classes se continuent comme du vivant et dans les intentions des fondateurs.

Saint-Gildas, 3 mai 1826.

La sainte Fondatrice signa sur son lit de mort l'acte d'acquisition de la propriété de Saint-Gildas de-Rhuys. La maison était une ancienne abbaye des Bénédictins. tombant en ruines de toutes parts, et qui appartenait alors à la famille Brisson, de Lorient.

La Mère Sainte-Julie, qui succéda à la fondatrice, envoya des religieuses à Saint-Gildas en 1826, à la prière des recteurs de cette paroisse et des environs. qui gémissaient de voir les enfants grandir dans l'igno-rance.

Les sœurs eurent de grandes difficultés, non-seule-ment quant au matériel, mais aussi eu égard à la mauvaise impression restée dans ce pays, au sujet des moines, depuis la Révolution.

Les bâtiments étaient dans l'état le plus pitoyable, les toitures étaient enlevées en grande partie ; les seuils des portes, et quantité d'autres pierres avaient été em-portées par les gens des environs pour réparer ou construire leurs demeures. Pas un seul appartement n'était convenable. La vaste pièce au rez-de-chaussée de la maison conventuelle était transformée en écurie et les immondices des bestiaux s'écoulaient dans la belle cave voûtée, par un immense trou pratiqué dans la terrasse de cette pièce.

Le reste était à l'avenant : le jardin négligé, les terres en friche, les murs écroulés ; il y avait là un champ immense au dévouement, à l'abnégation la plus complète.

On doit rendre cet heureux témoignage à toutes les sœurs, qu'elles sont allées avec plus de joie là où il y avait plus de peine, comprenant, aimant et pratiquant ce point de leurs saintes règles : « Il est plus conforme à leur vocation de s'attacher de préférence aux lieux les moins pourvus des avantages qui flattent la nature, afin d'être plus conformes à leur divin Maître.»

Ici la nature ne pouvait être flattée, car dès les premiers jours, on sentait toutes les rigueurs de la pauvreté. Un jour, les trois premières sœurs furent réduites au pain et à l'eau ; l'une d'elles pourtant, triste de voir souffrir ses sœurs, s'en alla chercher une petite écuellée de lait, dont chacune eut une part pour tremper son pain : ce fut tout leur repas.

La première supérieure fut une sainte religieuse qui a laissé après elle des parfums de vertu : Mademoiselle Rialan, en religion Sœur Sainte-Dosithée, fille d'un Président du tribunal de Vannes.

On ouvrit une école ; un petit pensionnat se forma peu à peu. En 1830, on commença à recevoir des internes gratuites ; elles furent d'abord huit, puis dix et douze, et enfin maintenant on en reçoit ordinairement quinze. Ces jeunes filles, au lieu des travaux à l'aiguille qui occupent ordinairement les orphelines, sont formées à la culture des terres, ce qui est plus conforme à leur position. Du reste, elles apprennent aussi à coudre et à avoir soin du ménage. Elles ont leurs heures de classe et d'étude.

Leur première maîtresse fut sœur Saint-Arsène, dont nous avons déjà parlé. Elle a donné là des exemples de dévouement que l'on n'oublie pas. Ainsi, les enfants n'ayant pas suffisamment de vêtements de rechange, la bonne mère s'en allait de grand matin au lavoir, nettoyait, lavait les effets de ses chères petites, chargeait des habits tout mouillés sur ses épaules, revenait à la communauté, et, comme souvent, le son de la messe la prenait en ce pénible exercice, elle s'en allait ainsi à l'église, ne voulant pas manquer, pour se changer, le saint sacrifice qui allait s'offrir.

L'établissement des bains de mer date de 1833 ; Sœur Saint-Étienne était alors supérieure.

Les Sœurs souffraient jusque là tellement que Mère Sainte-Julie fut sur le point de rappeler ses religieuses. Le pensionnat était tombé, et les terres, malgré toutes les fatigues et les travaux des pauvres sœurs qui s'exténuaient, ne produisaient pas de quoi soutenir la maison ; les classes se continuaient et portaient leurs fruits : les enfants répondaient au dévouement de leurs Mères.

Après les épreuves vint le succès. La maison se releva peu à peu. Les soins donnés aux terres reçurent leur récompense. Nous pourrions parler de Sœur Anne Marie, Sœur Saint-Jérôme, etc., qui lassaient les hommes robustes tant elles étaient courageuses. Puis les bains de mer prospéraient ; on connaissait, on aimait Saint-Gildas ; chaque année on y venait en plus grand nombre. En 1855, sous le gouvernement de Sœur Saint-Zozime, on recevait trente personnes à la fois ; l'année suivante, il y en eut cinquante, et il s'en est vu jusqu'à quatre-vingts ensemble, à certains moments de l'année.

Les personnes qui fréquentent Saint-Gildas dans la saison des bains veulent échapper au bruit des villes, aux fêtes, au mouvement que l'on trouve dans les grands établissements de bains, et c'est dans la vue de satisfaire ces désirs de calme, de paix et de solitude que l'on a accueilli les demandes faites à cette occasion.

Une chapelle, dédiée au Sacré-Cœur, commencée en 1863, fut terminée et bénite le 10 juillet 1866 par Mgr Bécel, évêque nommé de Vannes.

La maison de Saint-Gildas a été considérablement agrandie ou réparée par les différentes supérieures qui en ont eu le gouvernement.

Lorient, Maison de la Providence, 1ᵉʳ mars 1837

Vers la fin de 1836, mademoiselle Guilloux, présidente de l'œuvre du Bureau de bienfaisance à Lorient vint trouver Mère Sainte-Julie pour la prier de vouloir bien envoyer de ses religieuses continuer l'œuvre commencée par plusieurs dames, œuvre qui allait

crouler manque de bonne direction, et qui était semblable à celle de Vannes en ce que 50 jeunes filles
pauvres étaient recueillies et qu'on leur apprenait à
travailler pour les placer ensuite comme domestiques
ou ouvrières.

L'œuvre était dirigée par des dames qui, à tour de
rôle, visitaient les enfants, surveillées par des personnes gagées à cet effet.

Mère Sainte-Julie dut réfléchir et fut grandement
portée à ne pas accepter sur certaines représentations
qui lui furent faites que l'on ne reussirait pas, vu le
manque de ressources.

Mais monsieur Charil, vicaire de Lorient à cette
époque, fit tant d'instances et donna tant d'assurances
que Mère Sainte-Julie y envoya trois Sœurs de chœur
et deux oblates.

Une Sœur, qui s'y trouvait, nous a fait la description
de la maison qu'elles occupèrent et raconté quelque
chose de ce que l'on eut à souffrir surtout pendant les
quatre premiers mois.

Jamais plus de misères de toutes sortes. En fait de
logement, la maison insuffisante, située dans le fond
de l'impasse de la rue du Morbihan, était très-malsaine.
Les fenêtres disjointes et sans rideaux permettaient au
froid d'y pénétrer de toutes parts et aux voisins de
plonger leurs regards dans les appartements, ce qui
était plus gênant encore. Les religieuses qui couchaient près des enfants étaient obligées de mettre
chaque soir leur tablier aux fenêtres pour se dérober
aux yeux des curieux.

Pour lieu de promenade et de récréation, une cour d'un mètre de large sur huit de long ou une mauvaise cave dans les temps de pluie.

La salle de travail, un grenier, dans la toiture duquel on avait pratiqué des lucarnes.

Pour dortoirs deux petites chambres ; dans chacune logeaient 25 enfants et la religieuse, toutes bien pressées, déjà à un premier étage, car au-dessus de chaque lit, il y en avait un autre, auquel on arrivait au moyen d'une échelle.

L'air n'arrivait que par deux petites fenêtres ouvrant sur l'impasse. Cet air vicié et malsain donnait lieu à des maladies : les Sœurs trouvèrent, en arrivant, au milieu de leurs petites compagnes, deux enfants atteintes de la fièvre typhoïde. Vite on les sépara, on leur donna les plus grands soins, et, contre l'attente du médecin, elles se rétablirent.

Les Sœurs n'avaient pas de quoi se nourrir. Pendant le premier carême, elles jeûnèrent plus qu'il ne fallait. Leur collation habituelle était une beurrée avec quelques salsifis qu'on leur avait donnés et qu'elles mangeaient sans assaisonnement. Un soir elles s'amusèrent beaucoup ; elles n'avaient, avec leur pain, que quatre noix à partager entre cinq.

Les ustensiles ordinaires eussent été du luxe : des bouteilles servaient de chandeliers, etc., etc...

Et l'on souffrait en patience. Enfin, par une circonstance providentielle, on sut l'état de la communauté. Alors les bons habitants de Lorient, qui toujours se sont empressés de venir en aide aux Sœurs, accoururent à leur secours. Le curé surtout, M. Rivalain, devint pour les sœurs un vrai père. Il serait trop long de nommer toutes les personnes qui devinrent les protectrices de l'établissement et de raconter toutes les bontés dont les Sœurs furent l'objet. Parfois même les provisions leur arrivaient en trop grande abondance, ce qui donnait lieu à de nouvelles mortifications, comme on va voir.

Les poissonnières appelaient souvent les passants, les ecclésiastiques surtout et les engageaient à acheter leur poisson à bon marché pour les religieuses et leurs enfants. Il arriva donc une fois qu'elles en reçurent tant qu'il y en eut pour huit jours. A la fin, Mères et enfants se bouchaient le nez en entrant au réfectoire.

M. le curé envoya souvent des plats tout préparés à ses bonnes Filles, des pièces de toile pour le vestiaire, etc...

Bientôt voyant l'impossibilité de demeurer dans une maison aussi incommode, M. le curé et mademoiselle Guilloux firent une quête dans la ville ; cette quête, annoncée par le curé, avec l'accent du plus sincère intérêt, produisit un bon résultat. Des souscriptions furent ouvertes, et l'on put entrer en jouissance d'une maison située rue de l'Hôpital, qui est celle que les sœurs possèdent aujourd'hui.

Mais les locataires ne voulurent point en sortir avant que leur bail fût échu; la maison de l'impasse était louée, d'un autre côté, pour le 1er septembre. Comment faire ! Habituées à la souffrance, les Sœurs ne s'émurent pas pour si peu. Elles vinrent habiter, rue de l'Hôpital, les chambres disponibles, eurent l'ennui des locataires pendant quelque temps, puis, comme il fallait de grandes réparations et transformations aux différentes pièces de la maison pour la rendre propre à son nouvel usage, on s'entassa de nouveau pendant trois mois. Au bout de ce temps, on respira un peu; le travail marchait bien ; les enfants étaient maintenant au nombre de soixante, et dans la suite, ce nombre s'accrut encore.

Il fut décidé à cette époque que l'établissement changerait son nom de Bureau de bienfaisance et s'appellerait Maison de la Providence des Sœurs de la Charité de Saint-Louis.

Au milieu de toutes ces peines, les Sœurs eurent de grandes consolations avec leurs enfants : ces chères petites, répondant aux soins dévoués qu'elles recevaient, devinrent dès le commencement douces, dociles, respectueuses, pleines de vénération pour leurs Mères. Elles écoutaient avec une attention qui comblait de joie les religieuses, les catéchismes, instructions, observations qu'on leur faisait, se pressant pour mieux entendre et ne détachant pas les yeux des maîtresses. Souvent les larmes de ces enfants coulaient pendant les instructions ; elles s'adonnèrent à la piété, et leur plus grande récompense était les exercices de dévotion et les pratiques pieuses.

M. l'abbé Charil n'avait jamais négligé cette œuvre qui était bien la sienne, car, sans ses vives instances, les sœurs n'y seraient pas allées. Il les visitait souvent, leur témoignait beaucoup d'intérêt et vénérait la bonne supérieure, Sœur Saint-Arsène, mademoiselle le Petit, qui succomba le 14 juin 1840, à l'âge de trente-neuf ans. Nous avons déjà parlé de cette grande et sainte religieuse, dont le nom seul suffit encore pour amener sur la physionomie des personnes qui l'ont connue, une expresssion qui témoigne de leur vénération et des sentiments les plus sympathiques.

Chaque année un bazar s'organisait au profit de la maison ; un sermon de charité était prêché à cette même fin. Mademoiselle Guilloux et plusieurs autres dames s'en occupaient avec un zèle qui mérite toute reconnaissance ; elles recueillaient aussi les souscriptions, amenaient des secours ; enfin demeurèrent toujours les protectrices de l'œuvre.

Aujourd'hui, la maison agrandie considérablement, possède une jolie chapelle, construite en 1859.

Le nombre des enfants internes est d'au moins quatre-vingts. Une école pour les enfants de familles aisées a été ouverte en 1852. Les Sœurs ont, en outre, la direction de la salle d'asile communale de Lorient et de celle de Merville ; une école libre et une classe communale aussi à Merville. En moyenne, elles s'occupent de douze cents enfants, internes ou fréquentant les classes et les asiles.

Paimpont, (Ille-et-Villaine), 1er mai 1846.

Ici encore, pour la quatrième fois, la Congrégation prit possession d'un ancien couvent, et y ramena le dévouement et la prière.

Une bonne fille de ce pays, Anne-Marie Renault, fut l'instrument dont Dieu se servit pour préparer, à la famille de Saint-Louis, une nouvelle demeure. Anne-Marie avait passé deux années au noviciat à Vannes, de 1823 à 1825 ; elle dut le quitter, n'ayant pas les moyens voulus pour remplir les obligations qu'impose le vœu de l'éducation ; mais elle avait gardé bon souvenir de son séjour à Vannes. Elle s'entendit avec le recteur, M. l'abbé Fourmond. Les Sœurs auraient pu occuper une maison, dépendant autrefois de l'abbaye, qui était attenante à l'église et qu'Anne-Marie occupait alors ; elle donnerait son mobilier, etc... Les Sœurs feraient la classe aux enfants.

Les négociations s'entamèrent avec Mère Sainte-Julie, la fondation fut décidée en conseil et acceptée. Le 1er mai 1846, la petite colonie, composée de trois religieuses de chœur, et d'une oblate, entra à Paimpont. Elle fut accueillie avec grande joie, mais ne trouva pas moyen de se loger dans la maison qui était dans un état pitoyable. Une seule pièce au rez-de-

chaussée, celle qu'habitait Anne-Marie, était passable.
Il fallait des réparations urgentes.

Le recteur offrit aux Sœurs la plus cordiale hospitalité dans son presbytère ; elles s'y retirèrent avec
reconnaissance, toutes dans une même chambre, en
attendant qu'elles pussent aller habiter la maison, qui,
réparée et entretenue, fut achetée plus tard en 1850,
par la Congrégation, d'Anne-Marie Renault et de
Métayer.

Les commencements de cette fondation furent laborieux et pénibles. Les Sœurs ont beaucoup souffert ;
heureusement elles n'avaient qu'un pas à faire pour
aller se fortifier près de Notre-Seigneur. D'un de
leurs appartements, on pénétrait dans la tribune de
l'église, et cela les consolait de tout et les soutenait.

Elles recevaient en filles aimantes et joyeuses les
saintes rigueurs de la bonne mère, la pauvreté, et
quand leur pain était couvert de moisissures et dur
comme pierre, ce qui arrivait souvent, elles en mangeaient ce qu'elles pouvaient.

Lorsque les classes purent s'ouvrir, les rétributions
donnèrent quelques secours aux Sœurs; M. Duval,
directeur des forges, leur envoyait du bois ; le travail
de la sacristie et quelque peu de couture donnaient
aussi quelque petite chose ; on sortit de la première
misère, mais longtemps encore on subit des privations
de tous genres.

En vraies pauvres de Jésus-Christ, les Sœurs n'auraient même pas songé à se plaindre. Elles étaient si

heureuses, si contentes, que de leur vie, elles n'avaient été si gaies. Elles l'ont dit, et on en a la preuve dans une lettre adressée par M. Fourmond à la Mère Sainte-Julie, lorsqu'il s'agissait de faire ériger la maison en succursale. Cette lettre est datée du 25 septembre 1847 : « Un petit mot en finissant sur la Communauté : Grâce à Dieu, tout va bien...... La paix, la joie et le bonheur règnent dans la maison. Je vais de temps en temps m'édifier et me réjouir avec elles. »

Les religieuses étaient aimées, estimées, vénérées des parents ; on leur confiait de petites pensionnaires, et plusieurs des élèves, touchées de la grâce de Dieu, entendirent la voix du Seigneur et voulurent, à l'exemple de leurs Mères, se dévouer au service de Dieu. Depuis la fondation, vingt-trois jeunes filles de Paimpont sont venues prendre place au noviciat de Saint-Louis.

Guer, (Morbihan), 11 août 1851.

Mademoiselle Bonnet, grande pensionnaire chez les Sœurs d'Auray, possédait à Guer une maison qu'elle songea à offrir à la Congrégation pour qu'on y établît une communauté. Elle vint donc à Vannes, tout aveugle qu'elle était, avec madame de Vitton, sa sœur ; ces dames causèrent à Mère Sainte-Julie du projet de fondation, et il fut résolu qu'on enverrait sur les lieux pour voir si la réalisation en était possible. La Sœur Sainte-Marie (Aimée-Guilmoto), alors supérieure à Paimpont, fut chargée de cette mission. Accompagnée de Sœur Sainte-Clotilde, conseillère secrétaire, elle se rendit à Guer. Monsieur le Curé, l'abbé Daniélo, chez qui les Sœurs se présentèrent, était absent. En l'attendant, on fit une dernière prière pour le succès de la cause.

Monsieur le Curé reçut les visiteuses avec grande politesse, mais lorsqu'elles lui firent part du motif de leur voyage, il répondit que l'institutrice suffisait à l'instruction des enfants, et que ce n'était pas le moment aux religieuses de venir à Guer. « Cependant, ajouta-t-il, si vous y restez, certainement je ne vous renverrai pas. »

Monsieur Gal, de la Telhaie, maire de la commune, chez qui les Sœurs se présentèrent ensuite, fit la même réponse.

Monsieur Daniélo, qui fut député à l'Assemblée nationale, était demi-frère de la Sœur Sainte-Ephrem. Il offrit l'hospitalité aux deux voyageuses. La Sœur Sainte-Marie écrivit à Mère Sainte-Julie, lui dit l'état des choses, et lui demanda la permission de rester à Guer, la priant, en outre, de lui envoyer une Sœur pour la classe. Sœur Sainte-Clotilde, emportant cette lettre revint à Vannes peu rassurée.

Sœur Sainte-Marie, restée seule, fit visite aux personnes les plus considérées de la ville, et leur parla du projet. Partout elle reçut le meilleur accueil : des mères qui n'avaient jamais eu l'intention de confier leurs filles à l'institutrice, furent tout heureuses de les remettre entre les mains des religieuses. Au bout de peu de temps, on fut assuré d'un petit groupe d'élèves. Sœur Sainte-Rose vint de Paimpont rejoindre la Sœur Sainte-Marie et ensemble elles entrèrent dans la maison, qui jusque-là, avait été louée en grande partie à un fermier inintelligent, qui, sur l'avis qu'on lui avait donné quelque temps avant de tailler les arbres fruitiers, les coupa jusqu'à la racine et en fit du bois à brûler.

Les deux chambres réservées à mademoiselle Bonnet furent occupées par les Sœurs : elles y trouvèrent pour tout mobilier deux lits, trois chaises, une table longue et un long banc de bois : M. le Curé, qui les avait conduites à leur demeure, leur donnait gaiement quelques paroles de compassion ; il promit de revenir les voir ; il leur accorda tout son intérêt, les regarda comme ses filles et fut toujours depuis le bon et paternel conseiller de la maison.

Les deux premiers jours, on reçut les personnes qui avaient été visitées, et comme elles venaient en plus grand nombre qu'il n'y avait de chaises, on leur présentait gracieusement le banc de bois, qu'elles acceptaient avec la même grâce. Les provisions de bouche arrivèrent par le même moyen. Un peu de mobilier, des ustensiles nécessaires arrivèrent de Vannes, et mieux que tout cela, une Sœur de plus.

Les excellentes dames de Guer se plaisaient à faire des surprises aux Sœurs ; il y en eut de charmantes et parfaitement délicates.

La charité qui animait les cœurs les comblait de joie ; l'œuvre de Dieu se faisait. Les élèves venaient plus nombreuses ; enfin tout marchait pour le mieux.

A cette petite maison, on en joignit bientôt une autre. Ni l'une ni l'autre n'existent aujourd'hui ; on a dû les abattre il y a quelques années, car elles menaçaient ruine, et on a élevé, à leur place, une vaste maison, avec cours et préau. L'école est devenue communale depuis 1857.

Pontivy, 1er mars 1852.

Les commencements de la Communauté de Pontivy, fondée quinze ans jour pour jour après celle de Lorient, ne rappellent pas mal les difficultés, les travaux, les misères que les Sœurs avaient eu à supporter en 1837.

M. l'abbé Alléosse, alors vicaire à Pontivy et aujourd'hui chanoine titulaire de la cathédrale de Vannes, fut le principal agent dont Dieu se servit pour cette fondation.

D'excellentes dames patronnesses, attendaient les religieuses avec impatience et leur furent toujours très-dévouées.

M. l'abbé Le Breton, curé de Pontivy, prit la direction de cette affaire.

Nos Sœurs trouvèrent, en arrivant, une maison louée pour l'œuvre dans la rue Neuve ; cette maison était meublée et pourvue de linge. Les enfants y étaient déjà réunies au nombre de quinze. C'était comme Vannes et Lorient, un établissement pour les enfants pauvres. Bientôt elles y furent trente et au bout de six mois trente-cinq. C'est à ce moment que la croix pesa sur les Sœurs. La maison ne devait pas leur rester aussi longtemps qu'on l'avait promis ; il fallut chercher un logement. Où ? comment ?.. Elles n'avaient pas de ressources.

Une ancienne caserne de gendarmerie était à vendre; la Congrégation la paya au prix de sacrifices qu'elle connait, et des Sœurs y entrèrent en 1853, ayant passé dix-huit mois dans la rue Neuve, où pendant un an, elles avaient connu des privations et des souffrances incroyables. Le nombre croissant des enfants nécessitant deux religieuses de plus, elles durent coucher par terre sur leur paillasse et matelas, il n'y avait pas de bois de lit, mais cela leur paraissait un jeu, et elles étaient très-heureuses, aussi bien que de se rationner d'un mauvais pain si grossier que la Sœur qui faisait la cuisine dit que bien des chiens n'en auraient pas mangé. Les Sœurs portaient gaiement leur peine, mais les deux premières supérieures qui se sont succédé pleuraient souvent, n'ayant pas un sou à donner pour acheter le dîner ou le souper.

Quand le bon M. Alléosse savait la détresse de la communauté, vite il envoyait chercher chez lui des provisions ou bien disait de prendre dans sa bourse. Mesdemoiselles Richard faisaient de même ; les dames patronnesses étaient très-bonnes, mais malgré ces

charités, ces attentions, la pauvreté se faisait rigou-
reusement sentir.

La Sœur Saint-Ephrem, Léocadie Noëlen, première
supérieure eut surtout beaucoup à souffrir ; elle était
restée délicate depuis un vomissement de sang qui
aurait dû la faire mourir, et l'on conçoit qu'elle ne
pouvait recevoir des soins que son état demandait.

Des faits très-intéressants se rattachent à cette
époque ; mais il serait trop long de les citer.

La maison de la gendarmerie n'était pas suffisante,
on était entassé les unes sur les autres ; une maison
voisine, séparée seulement par une petite cour de
trois à quatre mètres était à vendre ; on l'acheta par
les mêmes moyens que la première. La municipalité
venait, du reste, d'offrir aux Sœurs de prendre les
enfants de l'hospice, ce qui portait le nombre des
petites filles à cinquante-cinq ; il fallait bien les loger ;
puis un mauvais voisinage était à craindre d'ailleurs.

Avec ces enfants, on reçut les marchandises dépendant du magasin de commerce de leur atelier ;
chacune avait son lit complet et son trousseau.

Quand les locataires eurent quitté la maison nouvellement acquise, ce qui ne fut pas facile à obtenir,
les dortoirs des enfants y furent établis convenable-
ment ainsi que leur atelier de travail. Le magasin de
laine que l'on avait eu de l'hospice prospérait.

Les maisons aisées de la congrégation venaient généreusement en aide ; plus tard une classe payante fut
ouverte : on reçut aussi des pensionnaires et demi-
pensionnaires, et la maison, après de longues et dou-

loureuses épreuves, est aujourd'hui sur un bon pied.

Là, comme partout dans les fondations, on était heureux au milieu des privations ; les Sœurs qui se sont trouvées dans ces nécessités, s'accordent toutes à dire qu'elles n'ont jamais eu plus de bonheur.

La communauté de Pontivy possède aujourd'hui une jolie chapelle, dont M. Vételet a été l'architecte, et qui fut bénite par Mgr Dubreuil, en 1862.

Crédin, (Morbihan), 8 mai 1855.

Ici, nous ne trouverons pas le dénûment des fondations précédentes. Grâce au bon et dévoué fondateur, les Sœurs trouvèrent tout prêt à les recevoir, et n'eurent pas à endurer les privations qui accompagnent ordinairement un commencement d'œuvre.

M. l'abbé Le Crom, chanoine de la cathédrale de Vannes, avait fait construire à Crédin, sa paroisse natale, une jolie maison destinée à une communauté religieuse et bâtie en conséquence ; elle est à la sortie du bourg, séparée par une cour de la route de Rohan. Un jardin entouré de murs, et placé derrière la maison, devait fournir légumes et fruits. Une petite ferme et quelques parcelles de terre étaient aussi destinées aux religieuses.

Les sœurs donneraient gratuitement l'instruction aux enfants pauvres de la paroisse et iraient visiter les malades à domicile.

M. le Crom offrit cette maison à la congrégation, qui accepta, et le 7 mai 1855, les Sœurs partirent pour cette fondation.

La Sœur Marie-Claude Chaperon, en religion Saint-Étienne, conduisait la petite colonie composée de deux autres Sœurs de chœur et d'une oblate.

Les religieuses furent reçues avec la plus grande joie. Le 8 mai, on fit l'installation solennelle. Tous les ecclésiastiques des environs furent de la fête. On chanta la grand'messe, puis les Sœurs furent conduites processionnellement à leur maison, qu'on bénit avec solennité.

M. le Crom eut toujours de la prédilection pour cette petite communauté qu'il avait fondée. Il l'aima jusqu'à la fin, et ne cessa pas un instant de lui témoigner le plus sincère intérêt. Aussi la Congrégation lui demeura-t-elle à jamais reconnaissante.

Un nouveau bâtiment a été construit dans la cour pour les classes en 1876, aux frais de la Congrétion.

Rohan, 1er octobre 1877.

A une lieue environ de Crédin, se trouve la petite ville de Rohan. Jalouse du bonheur de ses voisins, elle voulut aussi posséder des religieuses et elle voulut des Filles de Saint-Louis.

Depuis longtemps on les désirait vivement, on en

parlait sans cesse ; enfin des négociations sérieuses s'entamèrent, et le 1er février 1877, le conseil, sur la proposition de la Mère Marie-Fidèle, supérieure générale accepta cette fondation.

Une maison relativement grande avec cour, jardin et autres dépendances, devait être acquise par la Congrégation, et destinée à recevoir les religieuses.

On devait donner l'instruction aux petites filles ; une Sœur devait soigner aussi les malades.

La classe est communale ; elle s'ouvrit le 1er octobre 1877, non dans la maison que les Sœurs occupent aujourd'hui, car on n'avait pas reçu du ministère l'autorisation de l'acquérir, mais dans une autre qu'on avait louée pour quelque temps.

L'autorisation ayant été donnée, la colonie de Rohan se compléta à la fin de novembre, mais comme la maison acquise avait besoin de réparations, les Sœurs n'y entrèrent que le 1er janvier 1878.

Sœur l'Ange Gardien, née Euphrosine Launay, en est la première supérieure.

Le dévouement de la Mère et des Filles ne faillit pas devant les travaux et les fatigues que nécessita la transformation et l'organisation de la maison.

Les parents et les enfants ne se lassent pas de faire l'éloge des religieuses et d'admirer comment elles savent se donner aux autres pour Dieu.

Les Sœurs, dès leur première entrée dans la ville, avaient été accueillies avec les plus vives démonstrations de joie ; on parlait de leur arrivée comme d'une fête, et on se préparait à leur faire une espèce d'ovation. Mais, comme la communauté ne s'installa qu'ainsi que nous l'avons dit, les sœurs entrèrent tout paisiblement dans leur demeure.

La fête pourtant n'était que remise, et remise pour être célébrée avec plus de solennité.

Monseigneur l'évêque de Vannes devait, au mois de septembre de cette année 1878, visiter la paroisse de Rohan et y donner la confirmation. Sa Grandeur bénirait en même temps la nouvelle Communauté.

En effet, le jeudi 5 septembre à huit heures et demie du matin, Monseigneur est reçu à l'entrée de la ville au milieu des témoignages de la plus filiale vénération conduit processionnellement à l'église, où il administre le sacrement des forts, puis, après la cérémonie, la procession se reforme et l'on s'avance vers la maison des religieuses. Toute la population suivait le clergé et les sœurs, ou se tenait sur le passage. La communauté fut bénite avec solennité. Monseigneur accorda la faveur tant désirée de garder le Saint-Sacrement dans l'oratoire préparé avec grand soin. Sa Grandeur promit de venir le soir, donner, dans cette petite chapelle, la première bénédiction du Dieu de l'Eucharistie. Ce fut un jour de grand bonheur, mais ce fut surtout une heure d'indicible joie que celle qui réunit au pied de l'autel, autour du premier pasteur, le clergé de la ville et plusieurs ecclésiastiques des environs, les magistrats, les bons habitants, qui venaient ainsi témoigner aux filles de Saint-Louis leur sympathie, leur respect et leurs meilleurs sentiments.

M. Charles Fanneau de Lahorie avait été le principal

agent dans l'affaire de la* fondation. Son activité persévérante avait amené la solution de bien des difficultés et pas un seul instant son dévouement n'a fait défaut.

M. Rouault de La Vigne, ancien maire de Rohan, se disait heureux puisqu'il avait pu voir entrer dans la ville, sous son administration, un Frère de l'instruction chrétienne et des religieuses.

Tout le monde était heureux, et les bons habitants de Rohan, pleins de reconnaissance de ce que la congrégation a bien voulu faire en leur faveur, ne cessent de témoigner toute leur gratitude.

Les petites filles, dociles et tout affectueuses pour leurs mères, profitent admirablement des leçons et des exemples qu'elles reçoivent.

La Mère Générale a donné la première supériorité de cette maison à Notre-Dame du Sacré-Cœur et y a envoyé une jolie statue. On ne connaissait pas encore à Rohan ce nouveau titre donné à Marie. Mais vite on l'a aimé, et maintenant la dévotion à Notre-Dame du Sacré-Cœur est la dévotion chérie.

Saint Louis, dont la statue ornait déjà l'église paroissiale, ce qui frappa vivement la révérende Mère, lors de sa première visite, Saint Louis est aussi prié avec ferveur, plus connu et mieux honoré.

TABLE

TABLE DES MATIÈRES.

Pages.

1375. — ABBEVILLE.   TYP. ET STÉR. GUSTAVE RETAUX.